AVANÇOS EM PSICOLOGIA COMUNITÁRIA

e intervenções psicossociais

AVANÇOS EM PSICOLOGIA COMUNITÁRIA

e intervenções psicossociais

Claudio Simon Hutz

© 2010 Casapsi Livraria, Editora e Gráfica Ltda.
É proibida a reprodução total ou parcial desta publicação, para qualquer finalidade, sem autorização por escrito dos editores.

1ª Edição
2010

Editores
Ingo Bernd Güntert e Juliana de Villemor A. Güntert

Assistente Editorial
Aparecida Ferraz da Silva

Capa
Carla Vogel

Produção Gráfica
Fabio Alves Melo

Projeto Gráfico & Editoração Eletrônica
Sergio Gzeschenik

Preparação de Original
Flavia Okumura Bortolon

Revisão
Luciane Helena Gomide

Revisão Final
Lucas Torrisi Gomediano

Dados Internacionais de Catalogação na Publicação (CIP)
(Câmara Brasileira do Livro, SP, Brasil)

Hutz, Claudio Simon
 Avanços em psicologia comunitária e intervenções psicossociais / Claudio Simon Hutz. -- São Paulo : Casa do Psicólogo®, 2010.

ISBN 978-85-62553-16-5

1. Intervenção (Psicologia) 2. Psicologia comunitária 3. Terapia comunitária I. Título.

10-02427   CDD-302

Índices para catálogo sistemático:
1. Terapia comunitária : Psicologia social 302

Impresso no Brasil
Printed in Brazil
Reservados todos os direitos de publicação em língua portuguesa à

Casapsi Livraria, Editora e Gráfica Ltda.
Rua Santo Antônio, 1010
Jardim México • CEP 13253-400
Itatiba/SP - Brasil
Tel. Fax: (11) 4524.6997
www.casadopsicologo.com.br

SUMÁRIO

1 Maternidade e a profilaxia da transmissão materno-infantil do HIV/AIDS 7
Evelise Rigoni de Faria, Fernanda Torres de Carvalho e Cesar Augusto Piccinini

2 Surdez: o desafio de realizar intervenções inclusivas 33
Mara Rejane Schiavo da Rosa e Lucas Neiva-Silva

3 As práticas de agentes sociais com famílias de baixa renda: em busca de interações com foco na resiliência 61
Maria Angela Mattar Yunes

4 Estresse e resiliência em profissionais da área da saúde 89
Camila Elisa Graziottin Padilha e Clarissa De Antoni

5 Intervenções na situação de abuso sexual: uma experiência de grupo com crianças e seus cuidadores 119
Samara Silva dos Santos, Jeane Lessinger Borges, Angela Ester Ruschel, Jane Iândora H. Padilha, Sandra Corrêa da Silva e Débora Dalbosco Dell'Aglio

6 Programas de educação familiar e suas contribuições para o exercício da parentalidade e cidadania 165
Narjara Mendes Garcia, Maria Angela Mattar Yunes, Luiza Bonneau Lucas e Sheila Fernandez Garcia

7 A Psicologia em uma Organização Não Governamental 191
Roberta Fin Motta e Clarissa De Antoni

8   Suicídio no Brasil: estratégias de prevenção e intervenções.... 223
    Elza Dutra

9   O que aprendemos nos Estados Unidos com a experiência de inclusão de estudantes minoritários na universidade: sugestões para apoiar estudantes cotistas em universidades brasileiras.... 265
    Aida Hutz, Bradley Midgett, Maryl Baldridge

10 Apoio institucional a estudantes estrangeiros e minoritários no Brasil: algumas considerações 297
    Marucia Patta Bardagi (UFRGS), Ana Maria Jung de Andrade (UFSM) e Marco Antônio Pereira Teixeira (UFRGS)

1

MATERNIDADE E A PROFILAXIA DA TRANSMISSÃO MATERNO-INFANTIL DO HIV/AIDS

Evelise Rigoni de Faria
Fernanda Torres de Carvalho
Cesar Augusto Piccinini[1]
(GIDEP) Grupo de Pesquisa em Interação Social,
Desenvolvimento e Psicopatologia
Universidade Federal do Rio Grande do Sul

A infecção por HIV/AIDS assumiu proporções preocupantes no Brasil e no mundo nos últimos anos. Inicialmente restrita a grupos específicos, hoje já é uma epidemia que atinge a população de maneira geral. Essa situação exige a compreensão do impacto da infecção em diferentes momentos do ciclo vital de homens e mulheres, já que a soropositividade pode ser encontrada em crianças, adolescentes, gestantes, adultos e idosos das mais variadas camadas sociais.

---

[1] Sobre os autores: Evelise Rigoni de Faria é psicóloga formada pela PUC-RS, especialista em Saúde Mental (GHC/RS) e em Psicologia Hospitalar (UFRGS), mestre e doutoranda do Programa de Pós-Graduação em Psicologia da UFRGS. Fernanda Torres de Carvalho é psicóloga formada pela PUC-RS, especialista em Saúde Coletiva pela ESP-RS, mestre e doutoranda pelo Programa de Pós Graduação em Psicologia da Universidade Federal do Rio Grande do Sul. Cesar Augusto Piccinini fez doutorado e pós-doutorado na University College London (Inglaterra), é pesquisador do CNPq, orientador das três primeiras autoras deste trabalho e professor do Programa de Pós-Graduação em Psicologia da UFRGS. Endereço para contato: everigoni@gmail.com

Ao chegar à população feminina, a infecção trouxe à tona os riscos da presença do HIV/AIDS durante o ciclo gravídico-puerperal, vulnerabilizando mães e bebês e transformando a vivência da maternidade de mães acometidas pela infecção. Do ponto de vista da saúde física, são conhecidos os riscos enfrentados pelas mães e pelos seus bebês, bem como as formas de minimizá-los. Em se tratando de questões emocionais, identifica-se o impacto gerado pela preocupação com a transmissão do vírus ao bebê e pela necessidade de procedimentos para a profilaxia da transmissão materno-infantil do HIV.

O presente capítulo destaca os sentimentos de mães portadoras de HIV/AIDS em relação ao tratamento preventivo do bebê. Discutem-se os conhecimentos atuais acerca da transmissão materno-infantil do HIV e o que deve ser feito nesses casos. Além disso, apresenta-se uma discussão sobre os aspectos emocionais envolvidos na maternidade em situação de infecção por HIV/AIDS, utilizando como pano de fundo um caso ilustrativo. Os dados trazidos neste capítulo derivam de uma investigação envolvendo diversas mães portadoras de HIV/AIDS com bebês de até seis meses de idade, realizada em 2005 (Rigoni; Pereira; Carvalho; Piccinini, *no prelo*).

CONHECIMENTOS ATUAIS SOBRE TRANSMISSÃO MATERNO-INFANTIL DO HIV E O QUE DEVE SER FEITO NESSES CASOS

A transmissão materno-infantil é uma das formas de aquisição do HIV. Outras formas de transmissão se dão pelas relações sexuais e pelo sangue, principalmente pelo compartilhamento de agulhas, seringas e outros equipamentos para uso de drogas injetáveis, acidentes com materiais perfurocortantes e transfusão de sangue. No último Boletim Epidemiológico, publicado pelo Programa Nacional de DST/AIDS em 2007 (Departamento de DST, AIDS e hepatites virais, 2007), é reportado um total de 474.273 casos de AIDS notificados no Brasil, no período de 1980 a junho de 2007. Em menores de 13 anos, o total de casos de AIDS notificados no mesmo período foi de 16.455, sendo que em 84% desses casos a forma de transmissão do vírus foi a materno-infantil, especialmente antes de 1996, quando o país passou a adotar medidas preventivas específicas, como será destacado mais adiante. É importante considerar que esses dados epidemiológicos dizem respeito somente aos casos de AIDS. Não estão estimados aí os casos de infecção por HIV sem critérios para definição de AIDS (sabe-se que o tempo médio entre a infecção e o surgimento da AIDS é de oito anos) nem os casos de AIDS não notificados às autoridades em saúde.

Considerando os objetivos do presente capítulo, serão apresentadas aqui considerações mais detalhadas a respeito da transmissão materno-infantil do HIV. O Ministério da Saúde, em suas Recomendações para a Profilaxia da Transmissão Materno-Infantil do HIV e Terapia Antirretroviral em Gestantes (Brasil, 2006a), oferece as diretrizes para o atendimento das gestantes portadoras de HIV/AIDS nos serviços de pré-natal. O objetivo dessas recomendações é proteger a saúde das mães e dos bebês, por isso é muito importante que sejam seguidas. São diversos os procedimentos aos quais as gestantes devem aderir, com destaque para os três pontos descritos sucintamente a seguir:

1. **Durante a gestação:** recomenda-se a testagem para detecção do HIV a todas as gestantes na primeira consulta pré-natal. A gestante portadora de HIV/AIDS deverá tomar os antirretrovirais a partir da 14ª semana de gestação, sem interrupções. Além disso, deverá utilizar preservativo em todas as suas relações sexuais, a fim de evitar reinfecções.

2. **Durante o trabalho de parto e o parto:** para as gestantes com carga viral em quantidade controlada (<1.000 cópias/ml) ou indetectável, o parto poderá ser normal, mas não é aconselhável um período superior a quatro horas de ruptura da bolsa. Além disso, a gestante deverá receber AZT (zidoviduna) injetável por pelo menos três horas antes de o bebê nascer e continuará a recebê-la durante todo o parto. Para as gestantes com carga viral acima de 1.000 cópias/ml ou desconhecida, o Ministério da Saúde recomenda parto por cesareana eletiva, realizada antes dos sinais de trabalho de parto.
3. **Após o nascimento do bebê:** o bebê deverá receber antirretroviral xarope de 6 em 6 horas, durante os primeiros 42 dias de vida. Além disso, a mãe não deverá alimentá-lo com leite do peito. O bebê também tomará remédio para a prevenção de pneumonia a partir da quarta semana de vida até o diagnóstico de infecção por HIV. Até os seis meses de vida do bebê, deverão ser realizados exames periódicos que darão indícios sobre o seu *status* sorológico. Entretanto, o diagnóstico definitivo poderá ser estabelecido até os dezoito meses de vida.

A adoção dessas medidas preventivas básicas tem um impacto significativo na redução das chances de o bebê se infectar pelo vírus, atingindo taxas entre zero e 2% (Brasil, 2006a). Quando nenhuma das medidas é realizada, o risco de infecção do bebê é de 25,5% (Santos; Cabral; Batista, 2005). Desde que o Brasil passou a adotar essas medidas preventivas, em 1996, os casos de AIDS em menores de treze anos decorrentes de infecção por transmissão materno-infantil tiveram uma grande redução, passando de 835 em 1996 a 320 em 2006 (Brasil,

2007). Assim, é indiscutível a importância da realização deste tratamento profilático durante o pré-natal no contexto do HIV/AIDS para a saúde do bebê e para o bem-estar materno. Este panorama demonstra as particularidades que a situação de infecção pelo HIV/AIDS agrega ao processo de maternidade. A maternidade, por si só, já representa um período marcado por ansiedades e ambivalências específicas, que tomam uma dimensão maior quando ocorre na presença da infecção pelo HIV/AIDS, como será destacado a seguir.

MATERNIDADE E HIV/AIDS

A literatura tem sistematicamente mostrado o quanto as mães vivenciam ansiedades decorrentes das mudanças que envolvem o ciclo gravídico-puerperal (Brazelton; Cramer, 1992; Maldonado, 1994; Szejer; Stewart, 1997). Elas podem ter início antes mesmo da gestação, mas são mais intensas durante o período gestacional, quando a mãe se prepara física e emocionalmente para o nascimento do bebê, e se estendem para além do nascimento, acompanhando a rotina de cuidados e de interações mãe-bebê.

A notícia da gestação por si só gera sentimentos ambivalentes na mãe, que pode se sentir feliz com a gravidez, mas também pode apresentar medo diante das mudanças provocadas pelo nascimento de um filho (Maldonado, 1994). À medida que a gestação avança, outras ansiedades se mostram presentes e tarefas específicas são exigidas da mulhercomo a aceitação da gravidez, o reconhecimento do bebê como um ser separado e a preparação para o nascimento. O enfrentamento dessas tarefas possibilita que o foco de atenção da gestante se direcione, progressivamente, da gravidez para o bebê, favorecendo a preparação da mulher para a chegada do filho (Brazelton; Cramer,

1992; Szejer; Stewart, 1997). Durante esse processo de preparação, a mãe atribui uma série de características físicas e emocionais ao bebê que oferecem maior identidade ao filho, entre as quais se destacam as relativas ao seu sexo, nome, temperamento, saúde e às interações mãe-bebê após o nascimento (Piccinini; Gomes; Moreira; Lopes, 2004).

Esse conjunto de características e expectativas atribuídas ao bebê pela mãe durante o período intrauterino contribui para a constituição do bebê imaginário, que tende a ser idealizado, o que só será amenizado após o nascimento, quando a mãe se depara com o bebê real. Essa idealização é fundamental para a constituição da relação mãe-bebê. Porém, após o nascimento, a mãe se encontra com o bebê real e há um confronto entre este e aquele imaginado na gestação. Esse confronto tem por desfecho a realização do luto pelo bebê imaginado e idealizado na gestação, já que ele sempre se mostra em algum grau diferente do bebê real (Brazelton; Cramer, 1992). Ao mesmo tempo que a mãe passa a se adaptar ao bebê real, ela deve proceder aos cuidados dele, e são esses momentos de proximidade que, aos poucos, possibilitam à mãe e ao bebê se conhecerem e estabelecerem padrões de comunicação e interações. A mãe, ao atender às necessidades do bebê de forma afetiva e sensível, proporcionará um ambiente seguro para que ele possa desenvolver-se. Ao mesmo o tempo, as características e o temperamento do bebê também fazem parte dessas interações e influenciam nas atitudes e respostas da mãe (Brazelton; Cramer, 1992).

Conforme já mencionado, todas essas etapas da maternidade são atravessadas por ansiedades específicas com as quais a mãe tem de lidar e dão base para o relacionamento inicial entre ela e o bebê, o qual tem um importante impacto sobre o desenvolvimento infantil posterior. Considerando a complexidade do processo gravídico-puerperal, pode-se pensar nas ansiedades que a situação de infecção pelo HIV/AIDS agrega àquelas já próprias da gravidez e da maternidade e que podem ser ainda mais intensas quando a mãe é primípara.

Além das tarefas específicas desse período, a mãe precisa lidar também com o seu diagnóstico de HIV/AIDS, com a possibilidade de transmissão do vírus ao bebê, com a rotina de tratamentos, além de outros possíveis fatores como estigma social e preconceito (Carvalho; Piccinini, *in press*). A forma como a gestante ou a mãe lida com cada um desses aspectos pode influenciar a vivência da maternidade no contexto do HIV/AIDS e, em particular, o tratamento do bebê após o nascimento.

Partindo dessas considerações acerca da maternidade em geral, descreve-se a seguir alguns achados da literatura que a caracterizam em situação de infecção pelo HIV/AIDS. Por exemplo, o estudo de Carvalho e Piccinini (2006) descreve os sentimentos de gestantes portadoras de HIV/AIDS. Cabe considerar que, entre as gestantes com diagnóstico de HIV/AIDS, há aquelas que faziam uso de antirretrovirais antes da gravidez e outras que o fazem pela primeira vez nesse momento. No entanto, há também aquelas que descobrem o vírus na própria gestação e, ainda sob o impacto da notícia, têm de iniciar imediatamente o uso de medicação para a profilaxia. Independentemente da situação em que esteja a mulher, os autores ressaltam que a gestação no contexto do HIV/AIDS exige uma aproximação com a condição de soropositividade, uma vez que as gestantes precisam realizar o tratamento para prevenir a infecção do filho. Isso pode mobilizar diversos sentimentos, entre os quais o medo e a culpa diante da possível infecção do bebê, o medo de que ele venha a falecer e de que elas mesmas possam morrer ou adoecer e, assim, não acompanhem o crescimento de seus filhos. Em meio a tudo isso, é bastante comum que muitas gestantes também se sintam sozinhas e se isolem como uma forma de evitar o preconceito e o estigma social que circunda a infecção por HIV/AIDS.

No entanto, em muitos casos, a maternidade ainda é idealizada e mais valorizada do que a soropositividade. A gestação é vivenciada de maneira positiva por muitas mulheres infectadas e possibilita que as gestantes reposicionem-se diante da infecção, já que precisam assumir a doença e realizar o tratamento profilático em favor do filho (Moura; Praça, 2006). Com relação à experiência da maternidade após o nascimento do bebê, um estudo realizado por Gonçalves (2007) revelou forte apego e afeto das mães portadoras de HIV/AIDS por seus bebês, além de satisfação nas interações cotidianas. No entanto, constatou-se que a influência da infecção sobre a maternidade aparece pelo temor das mães quanto à infecção e saúde do filho, o que pode levá-las a cuidados intensos com o bebê. De uma forma geral, essas mães são as principais responsáveis pelos cuidados do bebê e muitas preocupam-se exacerbadamente quando, por algum motivo, precisam delegar os cuidados a outra pessoa por algum momento. Conforme a autora, soma-se a tudo isso o fato de que várias mães sentem-se sozinhas, ou mesmo se isolam pelo temor de sofrerem preconceito, o que pode sobrecarregá-las de tarefas nos primeiros meses do bebê. Cabe lembrar que, além das tarefas inerentes aos cuidados com qualquer bebê, há aquelas que fazem parte da situação de infecção pelo HIV/AIDS, como a impossibilidade de amamentar, a administração regular de remédios e a rotina de exames e consultas.

Após o nascimento, o tratamento da mãe e o do bebê são separados. A mãe deve retomar seu acompanhamento médico que pode ou não incluir o uso de medicação. Já o bebê inicia o uso do xarope de AZT logo após o nascimento, quatro vezes ao dia, em suas primeiras semanas de vida, além de receber leite industrializado e realizar testagens periódicas até a definição de seu *status* sorológico, que ocorre até os dezoito meses. Esses procedimentos somam-se aos demais cuidados que a mãe passa a realizar e representa um momento específico de interação entre ela e o bebê. Todavia, eles têm como pano de fundo o contexto do HIV/AIDS e a possibilidade de infecção do bebê, o que pode tornar a relação mais difícil, principalmente quando a infecção é algo não revelado a toda a família. A seguir, apresenta-se um caso que caracteriza a vivência de uma mãe portadora de HIV/AIDS nos primeiros meses de vida do seu bebê, fruto da investigação de Rigoni *et al*. (*in press*), já mencionada anteriormente.

CONVIVENDO COM O HIV NA MATERNIDADE

Paula é o nome fictício atribuído a uma jovem de 23 anos que teve seu primeiro bebê, uma menina, há seis meses. Ela soube que era portadora de HIV/AIDS no terceiro mês de gestação e ainda estava confusa quanto a seus sentimentos acerca do diagnóstico: às vezes acreditava não ter o vírus, outras vezes tinha medo de morrer. Ela referiu ainda que, em alguns momentos, sentia-se mais tranquila, já que seus últimos exames de CD4 e carga viral foram satisfatórios e, por isso, não precisou iniciar o uso de medicação após o parto. Esses exames são realizados na rotina de acompanhamento das pessoas portadoras de HIV/AIDS e indicam as condições imunológicas do organismo, bem como a quantidade de vírus presente no sangue. A partir do resultado desses exames, pode ser iniciada ou não a prescrição de medicamentos antirretrovirais.

Paula não concluiu o ensino médio e não trabalhava na época. Ela contraiu o vírus do pai de sua filha, com quem esteve casada por cinco anos e de quem se separou quando soube que era portadora do HIV. Ela pediu a separação após seu ex-marido revelar-lhe que já sabia que tinha o vírus, mas que optara por não lhe contar.

Paula passou a gravidez preocupada com a saúde da filha, com medo de que ela viesse a nascer com AIDS ou com alguma malformação. Além disso, sua gestação também foi marcada pelo uso profilático de antirretrovirais, que lhe causavam náuseas e diarreia. Apesar de tudo, ela negava que o HIV tivesse afetado sua vontade de ser mãe, pois este era um plano pessoal que sempre tivera.

Após o nascimento, iniciou-se a medicação do bebê, que Paula considerou ter sido uma etapa tranquila, pois sua filha tomava facilmente o xarope. Também seguiu à risca a orientação de não amamentar, mesmo que isso lhe trouxesse sofrimento. Paula sempre teve o sonho de dar de mamar ao seu bebê e, embora soubesse que se tratava de uma medida protetora, temia que sua filha pudesse ser prejudicada no crescimento e no ganho de peso devido à falta do leite materno. De fato, seus esforços estavam dando resultado, já que os primeiros exames de sua filha indicavam que ela não tinha o HIV, mas ela garantia que sua angústia só terminaria quando recebesse o diagnóstico definitivo. Paula culpava-se pela infecção e dizia ter a "missão de salvar sua filha". Esse pensamento motivou-a a seguir à risca a profilaxia da transmissão materno-infantil. Embora amasse sua filha, ela se entristecia ao constatar que, em determinados momentos, não conseguia compreender as necessidades dela, o que pensava ser consequência de seu pensamento um pouco "distante" durante a gestação devido ao impacto do diagnóstico.

Além de revelar o diagnóstico para seu ex-marido, Paula também o contou para sua mãe e sua irmã, que lhe ofereceram apoio emocional. Já seu ex-marido afastou-se após o fim do relacionamento, e, até o sexto mês de sua filha, ainda não a havia conhecido. Esse era um dos motivos que fazia Paula sentir-se sozinha, embora a mãe auxiliasse nos cuidados do bebê. Seu sentimento de solidão, no entanto, também era-lhe percebido como resultado de "não poder contar às outras pessoas o seu diagnóstico", já que temia sofrer preconceito. Por conta desse segredo, Paula percebia que restringia suas relações pessoais.

Embora estivesse com dificuldades naquele momento, estava confiante de que em breve seria descoberta a cura da AIDS e poderia voltar a viver sem a infecção.

A história de Paula retrata a forma de vivenciar a situação de infecção pelo HIV e o tratamento em meio à maternidade. Outras mães podem apresentar sentimentos semelhantes ou diversos dos de Paula, tamanhos são a complexidade e o conjunto de variáveis envolvidas neste contexto. No caso anterior, são destacadas diversas vivências da mãe, desde o impacto do diagnóstico que levou à separação do casal, até a rotina de tratamentos, o temor da infecção do bebê, o apoio familiar recebido e o medo do preconceito.

Proceder ao tratamento profilático do bebê aumenta a confiança da mãe de que é possível que ele não tenha o vírus. Contudo, o tratamento do bebê exige procedimentos e cuidados que, dependendo das condições emocionais da mãe, podem acontecer de forma mais ou menos tranquila. Nesse contexto, diversos sentimentos de mães portadoras de HIV/AIDS estão presentes durante os primeiros meses de vida do bebê, dos quais é possível identificar quatro temáticas específicas: o diagnóstico do bebê, a impossibilidade de amamentá-lo, a saúde do bebê e o seu tratamento medicamentoso. Cada um desses temas será abordado a seguir e, para fins de ilustração, serão utilizadas informações do caso de Paula.

O DIAGNÓSTICO DO BEBÊ

Expectativas e sentimentos sobre a possível infecção do bebê estão presentes no dia a dia das mães portadoras de HIV/AIDS, desde a gestação até a definição do diagnóstico do bebê. Embora a completa profilaxia diminua em muito a probabilidade de o bebê ser infectado pelo vírus, a falta de garantia no diagnóstico é frequentemente mencionada pelas mães. O contato com essas mães demonstra que a possibilidade de um resultado positivo para HIV/AIDS no bebê é fonte de angústia constante. Esse sentimento pode se mostrar tão intenso que algumas mães nem sequer conseguem falar dessa possibilidade ou mesmo pensar conscientemente nela. Já as mães que conseguem mencioná-la referem intenso medo da morte do bebê e culpa diante da possível transmissão materno-infantil, o que foi também revelado em outros estudos (Barbosa, 2001; Carvalho; Piccinini, 2006; D'Auria; Christian; Miles, 2006).

A fala de Paula apresenta vários desses sentimentos associados ao medo de que a filha viesse a nascer com AIDS. Além disso, Paula, como muitas outras mães que vivenciam esse contexto, apresentava intensa culpa pela possibilidade de o bebê infectar-se e percebia o tratamento como uma maneira de reparar algum dano que pudesse ter provocado. Possivelmente, por essa culpa, é que Paula considerava ter a "missão de salvar sua filha".

No processo de maternidade, a mãe portadora de HIV/AIDS depara-se com diversos dilemas, como o temor pelo futuro da criança, tanto pelo medo de que a criança não sobreviva à doença caso se infecte quanto pelo medo de que ela fique desamparada diante da possibilidade de morte da mãe (Barbosa, 2001; Carvalho; Piccinini, 2006). No entanto, deve-se ressaltar que nem todas as mães vivenciam essas angústias da mesma; esses sentimentos manifestam-se de forma mais ou menos intensa para cada mãe. Como mostrou Rigoni *et al.* (*in press*), algumas mães já conscientes de sua infecção antes da gestação ou com outros filhos gerados na presença do HIV/AIDS eram mais informadas e apresentavam um preparo psicológico maior devido a essas experiências anteriores. Isso permitiu que amenizassem suas preocupações excessivas, embora provavelmente não deixassem de existir.

Atualmente, com a testagem anti-HIV no pré-natal, há um grande número de mães que, assim como Paula, recebe o diagnóstico na gestação. Nesse caso, além de terem de lidar com as mudanças da gestação e os cuidados pré-natais, precisam deparar-se com a notícia do HIV e, ainda sob o impacto do diagnóstico, proceder ao tratamento preventivo. Devido a todos esses aspectos, proceder ao tratamento do bebê pode ser uma tarefa difícil para muitas dessas mães. No caso de Paula, o diagnóstico também gerou grande conflito entre ela e o pai de sua filha, que levou à sua separação. Isso provavelmente aumentou ainda mais suas dificuldades, já que ela não pôde contar com o apoio do marido durante a gestação e o puerpério.

Outros fatores também podem influenciar os sentimentos maternos diante do diagnóstico do bebê, como as vivências que a mãe já teve em relação ao HIV/AIDS (Rigone *et al.*, *in press*). Nesse caso, mães portadoras de HIV/AIDS que apresentam boas condições de saúde ou tenham um histórico de tratamento pessoal efetivo podem mostrar-se mais confiantes com o tratamento do bebê. Por outro lado, aquelas que perderam pessoas próximas em decorrência do vírus ou que já tenham apresentado complicações graves de saúde podem demonstrar mais ansiedade quanto à possível infecção do bebê e medo de que ele venha a falecer em decorrência do vírus. Isso demonstra as particularidades e complexidades de cada caso e a importância de conhecer as vivências da mãe e os seus significados, em especial aquelas relacionadas ao convívio com o HIV/AIDS.

A RECOMENDAÇÃO DE NÃO AMAMENTAR

A impossibilidade de amamentar é frequentemente mencionada pelas mães portadoras de HIV/AIDS como uma proibição que lhes angustia muito. Paula também destacou sua tristeza em não poder amamentar por duas razões: por abrir mão de algo que sempre sonhara e imaginava como um ato prazeroso e por temer que sua filha viesse a ter prejuízos no crescimento e em sua saúde.

A amamentação é considerada um momento importante nos contatos iniciais entre mãe e bebê, o que se justifica tanto pelos seus benefícios sobre a saúde do bebê (Gamburgo; Munhoz; Amstalden, 2002) como pelo bem-estar emocional que essa relação íntima de cuidados e afeto entre a mãe e o bebê proporciona (Klaus; Kennel; Klaus, 2000; Szejer; Stewart, 1997; Winnicott, 1987).

Do ponto de vista da saúde do bebê, sabe-se dos benefícios nutricionais e imunológicos proporcionados pelo leite materno (Gamburgo; Munhoz; Amstalden, 2002). Isso é referendado pelo Ministério da Saúde (MS), que recomenda que o aleitamento materno ocorra até o segundo ano de vida do bebê, sendo alimento exclusivo nos primeiros seis meses. Essa recomendação traz benefícios para a saúde do bebê e o protege de diversas doenças e infecções. No entanto, o próprio MS também salienta que, diante de determinadas condições clínicas (e aí está incluída a infecção pelo HIV/AIDS), a substituição do leite materno por uma fórmula especial é a medida indicada para proteger a criança (Brasil, 2006b). Embora a orientação do MS torne essa recomendação indiscutível para gestantes infectadas pelo HIV/AIDS, ela contraria a escolha natural das mães pelo leite materno. Essa diretriz aparentemente contraditória do MS, embora justificada, pode gerar dúvidas e preocupações no imaginário das mães portadoras de HIV/AIDS, em especial quanto à nutrição do bebê (Barbosa, 2001). Ao mesmo tempo que as mães assistem a campanhas que ressaltam os benefícios do aleitamento materno, nos casos de infecção pelo HIV, elas devem realizar o procedimento contrário. Essa atitude pode exacerbar as preocupações maternas com a saúde do bebê, especialmente nos primeiros meses de vida, quando a possibilidade de infecção ainda é real, uma vez que não se conhece o seu diagnóstico definitivo.

Outro aspecto que torna relevante a impossibilidade de amamentar no contexto do HIV/AIDS é a forte vinculação do leite materno à demonstração de cuidados e afeto. Alguns autores (Klaus; Kennel; Klaus, 2000; Szejer; Stewart, 1997) consideraram a amamentação um dos momentos mais sensíveis nas interações iniciais, quando a mãe e o bebê começar a criar laços íntimos e a estabelecer um relacionamento, o que tem importante impacto sobre o desenvolvimento infantil. Segundo Winnicott (1987), este é o momento no qual se estabelece o padrão de relacionamento da criança com os objetos e com o mundo. Para o autor, no momento da amamentação, exerce-se o *holding*, que seria a base dos cuidados com a criança e que envolveria o ato de sustentar e manipular adequadamente o bebê, o que, gradualmente, lhe proporciona apoio e segurança, facilitando seu desenvolvimento.

Percebe-se que esses autores se detêm na análise dos aspectos emocionais que envolvem o ato de amamentar. Eles ressaltam a importância de fazer do ato um momento prazeroso para a mãe e seu filho, circundado de afeto e que ofereça segurança ao bebê. Contudo, entende-se que esses cuidados podem também ser adequadamente conseguidos por meio da mamadeira com leite industrializado. Nesse caso, a indicação da mamadeira não significa necessariamente que o momento da alimentação não possa ser prazeroso para a mãe e o bebê. No entanto, frequentemente esses dois aspectos são associados, como se a amamentação com leite materno fosse a única possibilidade de transmitir afeto e segurança e estabelecer o vínculo mãe-bebê. Conforme ressaltou Barbosa (2001), a associação entre maternidade e amamentação faz que as mães portadoras de HIV/AIDS sintam-se falhas como mães. Além disso, elas podem sentir-se frustradas por não apreciarem o contato íntimo com o bebê que a amamentação proporciona, ou temerem que a relação com seus bebês sofra algum prejuízo, em especial do ponto de vista afetivo.

Retomando o caso de Paula, era evidente o seu sentimento de tristeza por não poder amamentar. Quando ela refere que amamentar era um sonho que sempre tivera, mostra sua expectativa positiva quanto ao exercício da maternidade e o vínculo mãe-bebê proporcionado pela amamentação, como se isso não fosse possível por meio da alimentação com leite industrializado. Novamente, é importante ressaltar que, embora muitas mães tenham sentimentos semelhantes, nem todas vivenciam da mesma maneira a contraindicação da amamentação. Também cabe aqui salientar o quanto a equipe de saúde é importante nesse momento, para poder ajudar mães que, como Paula, têm dúvidas sobre a possibilidade de estabelecer uma boa relação afetiva com o bebê, mesmo se alimentá-lo com a mamadeira.

Diversos fatores parecem contribuir para os sentimentos dessas mães, como a experiência anterior de amamentação, seja dela própria, de outros membros da família ou de outros filhos. A vivência de atendimento em HIV/AIDS demonstra que as mães portadoras de HIV/AIDS de famílias que atribuem grande valor à amamentação ou cujas mulheres tradicionalmente amamentaram, podem sentir-se excluídas ou diferentes das demais, ao mesmo tempo que talvez se deparem com questionamentos sobre o uso da mamadeira por outras pessoas. Tais questionamentos podem afetar emocionalmente essas mães, principalmente quando o diagnóstico é mantido em segredo e lança-se mão de justificativas diversas para explicar o fato de não amamentarem. Algumas explicaçõesjustificativas incluem mentir sobre o uso de medicações que podem passar ao bebê pelo leite ou outra condição clínica da mãe, que não o HIV, mas que possa colocar a saúde do bebê em risco caso se alimente com o leite materno. Em muitos casos, as demais pessoas aceitam rapidamente essas justificativas. No entanto, em alguns casos, a família pressiona por mais detalhes, que são improvisados pela mãe e podem angustiar-lhe diante da possibilidade de revelar o diagnóstico de HIV/AIDS. Nota-se que, se algumas pessoas que convivem diariamente com a mãe sabem do seu diagnóstico, sua preocupação é menor. Este é o caso de Paula, que contou sobre o HIV à mãe e à irmã e, por isso, não se sentiu questionada, e sim apoiada por elas.

Apesar de toda a angústia que possa acompanhar o uso de mamadeira entre as mães portadoras de HIV, é importante ressaltar que, em geral, elas aceitam a recomendação médica. Isso pode inclusive representar mais um empenho da mãe para proteger seu filho e mostra que o temor pela infecção do bebê é mais relevante do que a frustração por não amamentá-lo.

A SAÚDE DO BEBÊ

Um aspecto bastante idealizado pelas gestantes e que as preocupam à medida que o nascimento aproxima-se diz respeito à saúde do bebê (Piccinini *et al.*, 2004). Temer problemas com a saúde do bebê ou possíveis malformações faz parte da maioria das gestações e tende a se amenizar ainda na gestação, com os exames de ultrassonografia, e, principalmente, após o parto, quando não há intercorrências e o bebê nasce saudável. Esse contexto normativo facilita o processo de luto materno pelo bebê imaginário e a adaptação ao bebê real, que faz parte da maternidade (Brazelton; Cramer, 1992).

Embora essas preocupações existam em todas as gestações, pode-se pensar que são mais exacerbadas quando há problemas de saúde reais ou potenciais. Esse é o caso da infecção pelo HIV/AIDS, em cujas mães infectadas esse temor pode ser potencializado, uma vez que a gestação já está sob um contexto de infecção e vulnerabilidade. Embora reduzido na presença da profilaxia, o risco de infecção do bebê pode aumentar essas angústias quanto a problemas de saúde e malformações. Isso pode ser observado no caso mencionado, no qual Paula refere que passou a gravidez preocupada com a saúde da filha, com medo de que ela viesse a nascer com o HIV ou com alguma malformação. Além disso, cabe ressaltar que a gestação no contexto do HIV/AIDS é acompanhada de medicação antirretroviral e, embora Paula não tenha mencionado diretamente em seus relatos, a prática de atendimento a essas mães mostra que é comum algumas referirem preocupações quanto aos possíveis efeitos colaterais da medicação no bebê.

A medicalização do processo de maternidade no contexto da infecção pelo HIV/AIDS contraria a tendência geral de evitar o uso de remédios durante a gestação. Sabe-se também que algumas medicações antirretrovirais não devem ser utilizadas na gestação pela possibilidade de afetar o desenvolvimento do bebê, por isso são suspensas ao se identificar a gestação. Além disso, ainda não há dados conclusivos sobre os possíveis efeitos a médio e longo prazos da exposição intrauterina e do pós-parto aos medicamentos antirretrovirais (Brasil, 2006c; Cardoso, 2006). É consenso que ainda assim o melhor para a saúde do bebê seja a profilaxia, mas as dúvidas quanto à segurança das medicações podem exacerbar as preocupações e os temores maternos.

Conforme dito antes, nas gestações típicas, os temores a malformações e a problemas de saúde no bebê tendem a ser amenizados após o parto, quando a mãe se depara com o bebê real (Brazelton; Cramer, 1992). Investigações com mães portadoras de HIV/AIDS têm demonstrado que é frequente as mães relatarem alívio ao verem que o bebê está bem logo após o parto (Rigoni *et al.*, *in press*). No entanto, algumas delas, após o nascimento do filho, seguem com preocupações referentes a outros problemas de saúde que possam se associar à infecção pelo HIV/AIDS, por exemplo, o medo de o bebê não crescer, de não engordar e de ser uma criança mais frágil em termos de saúde. O próprio desenvolvimento do bebê e o seu subsequente diagnóstico soronegativo podem gradativamente diminuir a intensidade dessas preocupações. Quando a mãe realiza a profilaxia corretamente, o crescimento saudável e a ausência de problemas de saúde importantes nos primeiros meses de vida do bebê certificam-na constantemente de que seu filho goza de boas condições de saúde. Essa situação é percebida nos relatos de muitas mães, que referem a satisfação de verem seus filhos crescerem e ganharem peso, sinalizando um desenvolvimento adequado e aparentemente não comprometido pela infecção ou pela ausência do leite materno (Rigoni *et al.*, *in press*).

O TRATAMENTO PREVENTIVO DO BEBÊ APÓS O PARTO

Como já mencionado anteriormente, após o nascimento, ainda existem procedimentos de profilaxia a realizar com o bebê. Além da não amamentação pelo seiopeito, o bebê deverá tomar o antirretroviral xarope por 42 dias e um medicamento de prevenção contra pneumonia por alguns meses, conforme a indicação médica. Proceder ao tratamento preventivo do bebê pode ser um momento de satisfação e de dificuldades para as mães portadoras de HIV/AIDS. Ao mesmo tempo que se caracteriza como mais uma alternativa de prevenção da infecção, o tratamento exige diversas tarefas das mães que vivenciam o contexto do HIV/AIDS.

Assim como o HIV, muitas outras condições de saúde do bebê podem exigir tratamento logo após o nascimento, como é o caso de malformações congênitas ou doenças crônicas (Castro; Piccinini, 2002). Conforme esses autores, a maternidade em meio a condições clínicas específicas pode dificultar a forma com que os pais lidam com seus filhos, em especial quando a doença da criança tem início precoce. Os autores ressaltaram que as particularidades da doença e do tratamento necessário tendem a ser fundamentais nesse processo e que as dificuldades podem variar conforme a exigência dos tratamentos. Em razão disso, a relação da mãe com seu filho tem chances de ser permeada de medo em relação ao futuro da criança e de culpa e sofrimento pela presença da doença crônica.

É importante considerar que há diferenças entre situações em que há malformações ou doenças crônicas e a possibilidade de infecção pelo HIV, quanto ao tratamento preventivo do bebê. No caso do HIV, esse tratamento ocorre sem que haja o diagnóstico do bebê, e, apesar do medo das mães, existem grandes possibilidades de o bebê não se infectar quando a profilaxia é realizada corretamente. Já no caso de doenças crônicas e malformações, o tratamento do bebê geralmente é realizado quando já se tem o diagnóstico da doença. No entanto, visto que se trata de um período no qual a infecção pelo HIV ainda é um risco real, podemos pensar que alguns dos sentimentos associados ao nascimento de bebês com malformação ou doença crônica possam também estar presentes no contexto do HIV.

A prática de atendimento às mães portadoras de HIV/AIDS tem revelado que a reação do bebê diante da medicação parece ter um impacto importante sobre os sentimentos maternos. Nesse sentido, a aceitação da medicação pelo bebê tende a tranquilizar e amenizar a ansiedade da mãe no período de tratamento, possivelmente por sentir que não está causando qualquer dano ou incômodo ao filho. No caso de Paula, a aceitação da medicação por parte do bebê tornou a o tratamento um processo tranquilo. Em meio ao cenário de angústias e preocupações inerentes à infecção pelo HIV/AIDS, deparar-se com a aceitação da medicação pela criança possibilitou satisfação e alívio por parte de Paula.

No entanto, nem todas as mães têm essa resposta positiva do bebê e algumas mencionam, ao contrário, alguns efeitos colaterais, como náuseas ou recusa à medicação (Rigoni *et al.*, *no prelo*). Quando o bebê apresenta essa reação negativa à medicação, as preocupações maternas aumentam, uma vez que ao sentir náuseas e regurgitar, o bebê pode perder também a medicação administrada, o que leva a mãe a ter de repetir a dose. Além disso, a reação negativa do bebê pode mobilizar sentimentos de culpa nas mães por causar incômodo ao filho, já que elas são as portadoras do vírus. Nesse sentido, as reações dos bebês ao uso de medicação influenciam diretamente os sentimentos maternos quanto ao tratamento preventivo do bebê.

Outros fatores também podem facilitar ou dificultar a administração da medicação do bebê, como o apoio social e familiar. Este último se mostra um importante fator de suporte e motivação para que as mães sigam as prescrições de forma correta e mais tranquila. Por outro lado, a falta de apoio e o temor do preconceito, evidenciados no contexto do HIV/AIDS (Siegel; Lekas, 2002) parecem ser um obstáculo no momento da administração da medicação do bebê. Em geral, são as próprias mães que se encarregam de medicar o filho, porém, em alguns momentos, o auxílio de outras pessoas pode ser necessário. Essa situação muitas vezes é relatada pelas mães com preocupação, pois, ao delegar o cuidado com a administração da medicação do bebê a outras pessoas, elas podem ser questionadas sobre por que o bebê precisa do remédio, reacendendo o temor à revelação do diagnóstico. Esse fato mobiliza angústias nas mães, que se somam à sobrecarga de tarefas e cuidados comumente exigidos nos primeiros meses de vida de qualquer recém nascido. Assim, o medo do diagnóstico e do preconceito pode fazer que a mãe procure menos auxílio quando da administração da medicação e dos cuidados ao bebê, isolando-a e tornando o momento ainda mais difícil.

CONSIDERAÇÕES FINAIS

Compreender os sentimentos das gestantes e mães portadoras de HIV/AIDS em relação ao tratamento preventivo do bebê ainda se constitui um desafio. Considerando o que foi exposto até aqui, constata-se que estão presentes muitas ansiedades, culpas e esperanças, que se misturam aos sentimentos do próprio processo de maternidade e de relação com o bebê. A profilaxia da transmissão materno-infantil do HIV/AIDS, que traz benefícios comprovados na prevenção da infecção, também pode mobilizar ambivalências nas mães portadoras do vírus. A padronização do tratamento nos serviços de saúde do Brasil e seus benefícios comprovados na prevenção da infecção no bebê podem deixar pouco espaço para que se leve em consideração os sentimentos ambivalentes dessas mães quanto ao tratamento. No entanto, são essas ambivalências que, se intensas, podem levar a mãe a não aderir corretamente às recomendações da profilaxia e, assim, aumentar o risco de problemas na saúde materna e do bebê.

Nesse sentido, é importante considerar que, para que as mães realizem o tratamento preventivo do bebê de maneira mais tranquila, é essencial que tenham um espaço para expressar e elaborar esses sentimentos. Por isso, a importância da presença de profissionais de saúde mental na equipe interdisciplinar que atendam a essas gestantes, de forma a intervir psicologicamente junto a elas, auxiliando-as no processo de prevenção da transmissão materno-infantil, particularmente na vivência do tratamento preventivo do bebê. Essas intervenções, ao proporcionarem alívio da ansiedade da mãe e abrirem espaço para que o tratamento preventivo seja realizado de forma mais tranquila, podem também ter um impacto importante para o desenvolvimento físico e emocional dos bebês.

REFERÊNCIAS

BARBOSA, R. E. S. *Mulheres, reprodução e AIDS:* as tramas da ideologia na assistência à saúde de gestantes HIV+. 2001. Tese (Doutorado). Escola Nacional de Saúde Pública: Fundação Oswaldo Cruz. Rio de Janeiro

BRASIL. *Recomendações para profilaxia da transmissão vertical do HIV e terapia antirretroviral em gestantes.* Brasília: Ministério da Saúde, Secretaria de Vigilância em Saúde, Programa Nacional de DST e AIDS, 2006a.

_____. *Manual normativo para profissionais de saúde de maternidade. Referência para mulheres que não podem amamentar.* Brasília: Ministério da Saúde, Secretaria de Vigilância em Saúde, Secretaria de Atenção à Saúde, 2006b.

_____. *Guia de tratamento clínico da infecção pelo HIV em pediatria.* Brasília: Ministério da Saúde, Secretaria de Vigilância em Saúde, Programa Nacional de DST e AIDS, 2006c.

_____. *Boletim Epidemiológico AIDS/DST 2007.* Brasília: Ministério da Saúde, Secretaria de Vigilância em Saúde, Programa Nacional de DST e AIDS, 2007.

BRAZELTON, B.; CRAMER, B. G. *As primeiras relações.* São Paulo: Martins Fontes, 1992.

CARDOSO, E. M. Cuidando de crianças com HIV/AIDS. In: PADOIN, S. M. M.; PAULA, C. C.; SCHAURICH, D.; FONTOURA, V. A. (orgs.). *Experiências interdisciplinares em AIDS*: Interfaces de uma epidemia. Santa Maria: Editora UFSM, 2006, p. 173-86.

CARVALHO, F. T.; PICCININI, C. A. Aspectos históricos do feminino e do maternal e a infecção por HIV/AIDS. *Revista Ciência & Saúde Coletiva, in press.*

_____. Maternidade em situação de infecção pelo HIV/AIDS: Um estudo sobre os sentimentos de gestantes. *Revista Interação em Psicologia,* v. 10, n. 2, p. 345-355, 2006.

CASTRO, E. K.; PICCININI, C. A. Implicações da doença orgânica crônica na infância para as relações familiares: Algumas questões teóricas. *Psicologia Reflexão e Crítica,* v. 15, n. 3, p. 625-635, 2002.

D'AURIA, J. P.; CHRISTIAN, B. J.; MILES, M. S. Being there for my baby: Early responses of HIV-infected mothers with an HIV-exposed infant. *Journal of Pediatric Health Care*, v. 20, p. 11-18, 2006.

DEPARTAMENTO DE DST, AIDS E HEPATITES VIRAIS. *Boletim epidemiológico*. Brasília: Ministério da Saúde, 2007. Disponível em: http://www.aids.gov.br.

GAMBURGO, L. J. L.; MUNHOZ, S. R. M.; AMSTALDEN, L. G. Alimentação do recém-nascido: Aleitamento natural, mamadeira e copinho. *Fonoaudiologia Atual*, v. 20, n. 5, p. 39-47, 2002.

GONÇALVES, T. R. *Experiência da maternidade no contexto do HIV/AIDS aos três meses de vida do bebê*. 2007. Dissertação (Mestrado em Psicologia). Universidade Federal do Rio Grande do Sul. Rio Grande do Sul.

KLAUS, M. H.; KENNELL, J. H.; KLAUS, P. H. *Vínculo*: Construindo as bases para um apego seguro e para a independência. Porto Alegre: ArtMed Editora, 2000.

MALDONADO, M. T. P. *Psicologia da gravidez, parto e puerpério*. Petrópolis: Vozes, 1994.

MOURA, E. L; PRAÇA, N. S. Transmissão vertical do HIV: Expectativas e ações da gestante soropositiva. *Revista Latino-Americana de Enfermagem*, v. 14, n. 3, p. 405-413, 2006.

PICCININI, C. A.; GOMES, A. G.; MOREIRA, L. E.; LOPES, R. S. Expectativas e sentimentos da gestante em relação a seu bebê. *Psicologia: Teoria e Pesquisa*, v. 20, n. 3, p. 223-232, 2004.

RIGONI, E.; PEREIRA, E. O. D. S.; CARVALHO, F. T.; PICCININI, C. A. Sentimentos de mães portadoras de HIV/AIDS em relação ao tratamento preventivo do bebê. *Psico USF, in press*.

SANTOS, S. P. C.; CABRAL, A. L.; BATISTA, M. F. P. Gestante HIV positiva: Evento sentinela. In: BRASIL, *Boletim Epidemiológico AIDS DST 2005*. Brasília: Ministério da Saúde, Secretaria de Vigilância em Saúde, Programa Nacional de DST e AIDS, 2005, p. 10-13.

SIEGEL, K.; LEKAS, H. M. AIDS as a chronic illness: Psychosocial implications. *AIDS*, v. 16, p. 69-76, 2002.

SZEJER, M.; STEWART, R. *Nove meses na vida de uma mulher*: Uma aproximação psicanalítica da gravidez ao nascimento. São Paulo: Casa do Psicólogo, 1997.

WINNICOTT, D. W. Os bebês e suas mães. São Paulo: Martins Fontes, 1987.

2

SURDEZ: O DESAFIO DE REALIZAR INTERVENÇÕES INCLUSIVAS

Mara Rejane Schiavo da Rosa[2]
Lucas Neiva-Silva[3]

O número de pessoas surdas na população em geral é considerado alta, seja porque nasceram surdas, tiveram alguma patologia ou por perda auditiva gradual associada ao envelhecimento. Segundo a Organização Mundial da Saúde (OMS, 2001) existem mais de 120 milhões de pessoas no mundo com perda auditiva, sendo que 8,7 milhões têm idades que variam de zero a dezenove anos. Esse dado mostra que crianças podem nascer surdas ou ter perda auditiva ainda muito jovens. Os dados atuais apontam que seis em cada mil crianças apresentam *deficit* auditivo ao nascimento e que uma em cada mil torna-se deficiente auditiva antes da idade adulta (OMS, 2001).

O censo demográfico de 2000 do Instituto Brasileiro de Geografia e Estatística (IBGE) revelou que existiam no Brasil 24 milhões de pessoas com necessidades especiais, que

---

[2] Mara Rejane Schiavo da Rosa é assistente social pela Universidade Luterana do Brasil e especialista em Saúde Comunitária pela Universidade Federal do Rio Grande do Sul (UFRGS). E-mail: mrschiavo@terra.com.br
[3] Lucas Neiva-Silva é psicólogo pela Universidade de Brasília, mestre e doutor em Psicologia pela Universidade Federal do Rio Grande do Sul e integrante do CEP-Rua/UFRGS/FURG. Professor do curso de Psicologia da Universidade Federal do Rio Grande (FURG). E-mail: lucasneiva@yahoo.com.br

correspondiamm a 14,5% da população. Dentre essas, constatou-se que 5.750.809 indivíduos tinham problemas de surdez, dos quais 519.460 tinham até dezessete anos e 276.884 tinham entre 18 e 24 anos (IBGE, 2000).

A Sociedade Brasileira de Otologia (SOB, 2004) estima que, no Brasil, de três a cinco crianças em mil nascem surdas; 2% das crianças em idade escolar são portadoras de alguma deficiência auditiva que exigiu o uso de aparelho de amplificação sonora; 10 a 15% das crianças em idade escolar são portadoras de deficiência auditiva leve e flutuante; de 7 a 12% de todos os recém-nascidos têm, pelo menos, um fator de risco para a deficiência auditiva; e de 2,5 a 5% dos recém-nascidos desse grupo de risco são portadores de deficiência auditiva moderada ou leve. A mesma sociedade salienta que de 50% a 75% das deficiências auditivas são passíveis de ser diagnosticadas ainda nos berçários através da triagem auditiva, também chamada de otoemissões acústicas, mais conhecida como "exame da orelhinha".

Goldfeld em seu livro *A criança surda* (2002) retoma os trabalhos de Vygotsky, afirmando que, ao contrário do que ocorre com os animais, a surdez no ser humano é a deficiência que mais causa danos. Isso porque essa deficiência atinge a função que o diferencia, a linguagem, e sua interminável possibilidade de utilizações. Os animais possuem aparelhos auditivos, alguns são capazes até mesmo de reproduzir vozes, como os papagaios, mas é privilégio somente do ser humano a capacidade de significar o que ouve e instituir, por meio da fonação, uma linguagem (Sole, 2005). Portanto, a perda da audição pode ser devastador na capacidade de conviver em sociedade, afinal, a fala é o recurso primário da comunicação no ser humano. Naturalmente, utiliza-se a fala como instrumento para transformar em palavras os afetos, tornando-os, assim, sentimentos dizíveis. Em geral, os ouvintes, mesmo sem se darem conta, acariciam seus filhos pelo tato e, atrelado a ele, vem o olhar e a voz: "Olha o pezinho, que lindinho", "De quem é essa barriguinha?". Se a surdez ocorre ainda cedo na vida, ela impede o bebê de escutar as vozes materna e paterna, negando-lhe a possibilidade de inserir-se na linguagem no mesmo momento e do mesmo modo que se insere um sujeito ouvinte. Dessa forma, é compreensível que a surdez de nascença apresente uma barreira significativa para que a criança possa dominar a estrutura da língua, visto que essa compreensão vem do ouvir a linguagem falada durante a infância.

Existem os surdos que nasceram ouvintes e posteriormente se tornaram surdos, ou seja, que ensurdeceram após terem adquirido uma fala útil e a capacidade de compreendê-la antes de sofrerem sua perda auditiva (Telford; Sawrey, 1984). Entre os diversos tipos de perda de audição no adulto, tem-se a deterioração progressiva do nervo, considerada a mais comum. Estima-se que o processo de envelhecimento produz uma perda auditiva de 1 dB/ano.

Atualmente, para melhorar a audição de grande parcela da população com surdez de condução – com obstrução da passagem do som por rolhas de cera e por otites, que são inflamações do ouvido onde há acúmulo de secreção –, existem modernos aparelhos auditivos que podem ser utilizados. O aparelho auditivo consiste em um amplificador sonoro, e a pessoa deve ter alguma audição residual para se beneficiar da ampliação sonora. Caso a surdez seja profunda, existe o implante coclear que pode proporcionar uma audição útil e maior habilidade na comunicação. Portanto, na medida do possível, todas as tentativas devem ser tomadas no sentido de beneficiar a pessoa com problema auditivo.

ETIOLOGIAS DA SURDEZ

De acordo com a definição da Secretaria de Educação Especial (Brasil, 2003), a surdez é um tipo de privação sensorial considerada sob os aspectos físico, psicológico e social. É uma das mais significativas limitações da oportunidade de crescimento do indivíduo. A Tabela 1 indica a classificação do grau de perda da audição, medido em termos de decibéis (dB).

Tabela 1 – Indicação da incapacidade auditiva

Perda auditiva em decibéis	Classificação do grau da perda					
	Normal	Leve	Moderado	Severo	Profundo
De 0 a 20 dB	■				
De 21 a 40 dB		■			
De 41 a 65 dB			■		
De 66 a 90 dB				■	
Superior a 90 dB					■

Fonte: Brasil (2003).

Como é difícil imaginar o que significa uma perda auditiva medida em decibéis, a Tabela 2 ilustra essas perdas com exemplos de sons presentes no cotidiano das pessoas.

Tabela 2 – Ilustração das perdas auditivas

PERDAS		
Qualidade do som	Decibéis	Tipo de ruído
Muito baixo	0 - 20	Farfalhar das folhas
Baixo	20 - 40	Conversação silenciosa
Moderado	40 – 60	Conversação normal
Alto	60 – 80	Ruído médio de fábrica ou trânsito
Muito alto	80 – 100	Apito de guarda e ruído de caminhão
Ensurdecedor	100 – 120	Ruído de discoteca e de avião decolando

Fonte: Brasil (2003).

As perdas podem ser classificadas em: condutivas, neurossensoriais, mistas, centrais e funcionais. As perdas auditivas condutivas derivam de alguma patologia que atinge o ouvido externo e/ou médio e são causadas por afecções. A pessoa apresenta uma perda bilateral e normalmente fala com voz fraca, com tendência a ouvir melhor em ambiente ruidoso do que no silêncio (Lopes Filho, 1997).

As perdas auditivas neurossensoriais resultam de distúrbios que comprometem a cóclea ou o nervo coclear. Portanto, pode haver história de perda auditiva súbita ou progressiva, com causa desconhecida ou determinada; antecedente familiar ou associação com alterações orgânicas. O indivíduo apresenta dificuldade para ouvir e entender a fala, mesmo quando está suficientemente concentrado em ouvi-la.

As perdas mistas são aquelas em que componentes condutivos e neurossensoriais aparecem em um mesmo ouvido. O indivíduo possui discriminação vocal levemente alterada. Na perda auditiva central, os distúrbios auditivos decorrem de lesões na via auditiva central. As pessoas têm dificuldades para discriminar a fala e para interpretar informações complexas. Geralmente, o desenvolvimento de linguagem é comprometido e a atenção para estímulos sonoros é curta, apresentando dificuldade em concentrar-se em uma atividade (Lopes Filho, 1997). Entre as causas frequentes de perda funcional, tem-se o longo período de trabalho em ambiente ruidoso ou problemas de origem emocional como transtornos de personalidade e ansiedade neurótica.

Existe um tipo hereditário de surdez degenerativa do nervo que pode estar presente no nascimento ou desenvolver-se posteriormente, no decurso da vida (Lopes Filho, 1997). As infecções como sífilis, herpes-zoster e rubéola no início da gravidez, bem como a gripe e a caxumba, podem provocar a surdez congênita, que não é hereditária. Existem também as causas pós-nascimento que podem resultar em danos no mecanismo auditivo e incluem em sua maioria as doenças infantis, como sarampo, escarlatina, caxumba, varicela, pneumonia, gripe, meningite e coqueluche.

Em nossa realidade, há famílias que, devido ao baixo nível cultural e à desinformação, ignoraram por muito tempo a surdez dos filhos (Melgaré, 1994). É inegável a dificuldade dessas pessoas para ter acesso aos serviços de saúde e assistência, um dos motivos pelo qual ainda hoje há quem não tenha conhecimento de que infecções e doenças infantis arroladas anteriormente podem provocar surdez congênita ou sérios danos auditivos.

CONTEXTUALIZANDO AS TERMINOLOGIAS UTILIZADAS

Além de conhecer a etiologia da surdez, é de fundamental importância na área da Saúde o uso adequado de terminologias. Isso porque, em geral, o modo com que se refere a uma pessoa demonstra a percepção que se tem dela. Os títulos, rótulos e definições utilizados transparecem o grau de desenvolvimento de políticas públicas, as concepções, os preconceitos ou até mesmo o desconhecimento a respeito de um tema.

A sociedade, por meio de seus conceitos de "normal" ou "anormal", define a capacidade de uma pessoa, que arca com as consequências dessa definição. Geralmente, os indivíduos são julgados de modo mais favorável quando são dotados de um corpo "inteiro" e possuem dotes físicos atraentes (Telford; Sawrey, 1984). O conceito de normalidade em psicopatologia é passível de grandes controvérsias, pois existem inúmeros casos que se situam na fronteira entre comportamentos e formas de sentir normais e patológicos. Os critérios de normalidade e de doença podem variar consideravelmente em função de fenômenos específicos que são trabalhados em certo momento, assim como as opções filosóficas, ideológicas e pragmáticas de cada profissional (Dalgalarrondo, 2000). Compreende-se, então, a importância das informações e do conhecimento a respeito das possíveis diferenças que pode haverentre as pessoas para que elas não sejam rotuladas como incapazes e ineficientes, mas sim como diferentes.

Em relação às terminologias utilizadas para designar a pessoa surda, com receio de humilhá-la ou ofendê-la, ao longo do tempo foram criadas várias designações, como surdo-mudo, deficiente auditivo, pessoas portadoras de deficiência, pessoas portadoras de necessidades especiais, deficiente da audiocomunicação entre outros.

Um dos exemplos do desconhecimento a respeito da surdez ocorre quando as pessoas chamam um surdo de "surdo-mudo". A expressão "surdo-mudo" não é científica e, possivelmente, é uma das mais antigas denominações já utilizadas, o que demonstra o desconhecimento do grande público a respeito dos surdos. Recentemente os meios de comunicação têm usado menos essa terminologia. O erro da maior parte da população é associar a surdez com a mudez, como se todo surdo fosse, consequentemente automaticamente, mudo. O termo "surdo-mudo", encarado pelos surdos como pejorativo, refere-se a uma suposta incapacidade de falar. No entanto, as pessoas surdas possuem o aparelho fonador em bom funcionamento como as demais pessoas. O que elas não têm é a capacidade de ouvir a própria voz e, assim, controlar a emissão do som. Desde que adequadamente estimulados por profissionais especializados, boa parte dos surdos é capaz de desenvolver a fala. Estes são chamados "surdos oralizados".

O termo "deficiente auditivo" é um dos mais controversos. Trata-se de uma expressão que se popularizou quando a surdez passou a ser tratada como uma patologia. É uma denominação utilizada no âmbito da saúde, especialmente da medicina, portanto entendida como científica e técnica. Para a medicina os surdos são deficientes auditivos, pois o termo "deficiente" caracteriza a insuficiência ou ausência de funcionamento de um órgão. Mas isso não quer dizer que devam ser rotulados socialmente dessa forma, pois o que ressalta perante a sociedade é o termo "deficiente" associado à ideia de incapacidade.

Outra expressão criada posteriormente foi "deficiente de audiocomunicação". Considera-se mais elaborada, mais requintada, mas também traz o prejuízo de confundir a característica fisiológica (funcionamento do aparelho auditivo) com a representação social associada às pessoas surdas. Se fosse usado o mesmo pressuposto para descrever problemas de outros sentidos, poderia se dizer que boa parte dos ouvintes é deficiente da visuocomunicação, o que, evidentemente, aumentaria a diferenciação entre pessoas que atualmente são tratadas como iguais.

Na tentativa de criar um termo considerado socialmente adequado e que, ao mesmo tempo, designasse um grupo de pessoas fisiologicamente diferentes da "norma", surgem então as expressões Pessoa Portadora de Deficiências (PPD's); Pessoas com Necessidades Especiais (PNE's) e Pessoas com Necessidades Educativas Especiais (PNEE's). Esses termos despertam controvérsias uma vez que, no caso dos PPD's, as pessoas não *são* mais deficientes, elas *portam* uma imperfeição, isto é, no caso dos surdos, eles carregam a sua falta de audição ao longo da vida (Sassaki, 2002).

Os Portadores de Necessidades Educativas Especiais (PNEE's) são pessoas com algum problema de aprendizagem no decorrer da sua escolarização e, por esse motivo, demandam uma atenção mais específica e maiores recursos educacionais do que os necessários para os demais colegas de sua idade (Marchesi; Martin, 1995). Por esses motivos, essa terminologia logo deixou de ser utilizada. Outro termo usado foi Necessidades Especiais. Considera-se uma expressão bem genérica, pois, na verdade, todos podem ou poderão ter necessidades individuais e específicas, o problema seriadefinir quem tem direito a ser chamado de especial ou quem não. Acredita-se que por isso atualmente o termo preferido seja Pessoa com Deficiência (PcD), aprovado após debate mundial e já utilizado no texto da Convenção Internacional de Proteção e Promoção dos Direitos e da Dignidade das Pessoas com Deficiência (Sassaki, 2003). Ressalta-se que o termo PcD não é específico para designar apenas pessoas surdas, ele engloba também indivíduos cegos, com dificuldade de locomoção, usuários de cadeiras de rodas dentre outros.

Ainda que não haja plena concordância a respeito de qual o melhor termo, geralmente as pessoas surdas ou que trabalham com esse público-alvo sugerem o uso do termo *surdo(a)*. Para eles, o termo engloba aqueles que lutam por seus direitos e pela cultura surda, pois não se refere simplesmente a uma pessoa com perda de audição, mas sim a alguém que deseja respeito à sua comunicação natural, a língua gestual, que assume sua identidade como minoria linguística e cultural. O termo Surdo – com "S" maiúsculo – significa o respeito à identificação de um elemento da Comunidade Surda, indicando que se trata de uma pessoa que luta por seus direitos políticos, linguísticos e culturais (Felipe, 2002; Goldfeld, 2002; Klein; Lunardi, 2006).

Por suas características culturais próprias, a pessoa Surda é diferente. Ela vive no mundo do silêncio, onde não existem sons em seu contexto de vida. Entretanto, não se pode considerá-la deficiente, mas sim uma pessoa que necessita de oportunidades a fim de poder desenvolver suas potencialidades. Os surdos têm suas limitações, porém são elas consequências somente da sua surdez? Não existem características pessoais ou padrões de personalidade peculiares aos surdos. No livro *A criança surda*, Goldfeld (2002) reforça essa ideia, apresentando o pensamento de Bakhtin ao afirmar que

> [...] as respostas para estas questões devem ser procuradas no meio social e não no próprio indivíduo surdo ou na sua impossibilidade de ouvir, pois ele possui capacidades orgânicas necessárias para constituir-se enquanto um indivíduo no sentido social dessa palavra. (p. 53)

O IMPACTO NA FAMÍLIA COM O NASCIMENTO DE UMA CRIANÇA SURDA

A família pode ser considerada um dos mais importantes espaços de socialização, pois por meio dela ocorre a aprendizagem das regras de convívio e relacionamento transmitidas para o indivíduo, influenciando de maneira significativa o desenvolvimento de sua personalidade. A família faz parte de um contexto social mais amplo, no qual os padrões culturais predominantes na sociedade e na comunidade local também têm um impacto sobre o sujeito surdo. O comportamento do surdo, assim como o das demais pessoas, é moldado pelas ações e atitudes dos outros. Os modos de ajustamento da família de uma criança surda podem restringir e distorcer ou estimular e facilitar seu potencial de crescimento. A criança não cria conceitos por si mesma, ela aprende em suas relações sociais e por meio dos conceitos da família e comunidade, passando a utilizá-los como seus, formando, assim, uma maneira de agir, refletir e recortar o mundo (Goldfeld, 2002).

Em geral, as expectativas de ser pai ou mãe geram inúmeras fantasias que muitas vezes são criadas ainda na infância ou adolescência. Sabe-se que boa parte dos casais sonha em ter filhos perfeitos, mas isso nem sempre acontece, e quando nasce um filho diferente a frustração das expectativas gera inúmeros conflitos no âmbito familiar (Lara, 1988). Em geral, no caso do nascimento de um filho surdo, a notícia propagada não se refere ao momento do parto da criança, e sim ao momento em que a família recebe a notícia-diagnóstico da surdez do filho. Para pais ouvintes de filhos surdos, esse momento torna-se o início de uma caminhada em busca de respostas e referenciais novos, enfim, de uma nova perspectiva de relacionamento com o filho (Cenci, 2002). Isso já não acontece quando os pais já são surdos, pois a surdez pode ser vista como algo esperado ou até mesmo almejado.

Os conflitos dos familiares iniciam ao enfrentar a situação inesperada do nascimento de um filho surdo que traz primeiramente o sentimento de perda do filho sadio, idealizado. Além disso, a surdez do filho acarreta aos pais uma reorganização da vida, tanto pessoal como social, porque implica novas responsabilidades, decisões e algumas renúncias. As crises familiares, a expectativa frustrada e os níveis elevados de tensão são considerados experiências comuns na maioria dessas famílias. Embora haja padrões diferentes de reação, algumas reações são suficientemente comuns às famílias com filhos surdos, que estendem da rejeição, do luto, do sentimento de culpa e da vergonha ao enfrentamento realista do problema (Telford; Sawrey, 1984).

Quando a família se depara com a notícia de que possui um filho surdo geralmente tende a negá-lo como estratégia de enfrentamento. Em seguida, quando percebe que não há solução para o problema, que ele é inevitável, muitas vezes tenta-se minimizá-lo com frases como "não é tão grave assim", "ainda existem chances", "a esperança é a última que morre", e, finalmente, em geral, após longo processo, aceita-se o problema. A aceitação é algo difícil de ser atingido, pois geralmente surgem situações que fazem reaparecer sentimentos de tristeza, mágoa, insegurança, até o desenvolvimento de angústia crônica (Krynsky, 1984). O sentimento de angústia e culpa são fontes de perturbação para pais que emocionalmente sobrecarregados. "Muitos pais de crianças surdas não apenas vivenciam sentimentos de culpa e vergonha, mas sentem-se também culpados e envergonhados de si próprios" (Telford; Sawrey, 1984, p. 67). A aceitação geralmente sofre variações, de família para família, mas certamente é uma trajetória lenta e sujeita a avanços e retrocessos.

É nesse contexto que surge uma das principais oportunidades de intervenção da Psicologia em relação às pessoas surdas e suas famílias. Muito pode ser feito no sentido de auxiliar a família a elaborar o luto pela frustração de não ter tido o "filho idealizado". A partir da perspectiva da Psicologia Positiva, pode-se, principalmente, mostrar os potenciais que uma criança surda possui, em especial quando se trabalha no sentido de inseri-la e adaptá-la ao mundo dos ouvintes, ampliando os espaços de educação e interação social.

LIBRAS: A LÍNGUA BRASILEIRA DE SINAIS COMO INSTRUMENTO DE INCLUSÃO

Outro grande desafio no processo de inclusão da pessoa surda é a linguagem. Apesar de ter nascido e estar geograficamente inserido em uma comunidade de ouvintes, o surdo pode ser considerado um estrangeiro que é capaz de se comunicar, mas que poucos entendem sua língua. As línguas de sinais são sistemas linguísticos independentes das línguas orais que passam de geração em geração de pessoas surdas (Quadros, 1997). São línguas naturais que se desenvolvem no meio em que a comunidade surda vive.

Do mesmo modo que existem várias línguas orais estrangeiras, existe a língua de sinais. Ela não é universal, na realidade cada país tem a sua, que é resultante da cultura do grupo social que a utiliza. As línguas de sinais são autônomas, completamente independentes das línguas faladas. Há línguas de sinais brasileira (LBS), americana (ASL), francesa (LFS), britânica (BSL) e assim por diante. Existe até mesmo uma língua de sinais universal, análoga ao Esperanto, conhecida como Gestuno (Rubino; Hayhurst; Guejlman, 1975). Segundo esses autores, o Gestuno é um agrupamento de 1.470 sinais internacionais, adaptado de várias línguas de sinais pela Comissão de Unificação de Sinais e pela Federação Mundial de Surdos. Atualmente, ele é usado principalmente em convenções e competições internacionais.

No Brasil, existe a Língua Brasileira de Sinais, a Libras. A Libras é a língua oficial dos surdos no Brasil e foi desenvolvida a partir da língua de sinais francesa. Ela possui estrutura e gramática próprias e é transmitida através do canal visual. Segundo a legislação vigente, a Libras constitui um sistema linguístico de transmissão de ideias e fatos, oriundo de comunidades de pessoas com deficiência auditiva do Brasil, nas quais há uma forma de comunicação e expressão de natureza visual-motora e com estrutura gramatical própria. Foi decretada e sancionada em 24 de abril de 2002, pela Lei nº 10.436, cujo artigo 4º afirma:

> O sistema educacional federal e sistemas educacionais estaduais, municipais e do Distrito Federal devem garantir a inclusão nos cursos de formação de Educação Especial, de Fonoaudiologia e de Magistério, em seus níveis médio e superior, do ensino da Língua Brasileira de Sinais Libras, como parte integrante dos Parâmetros Curriculares Nacionais PCNs, conforme legislação vigente. (BRASIL, 2002)

Por ser a língua natural dos surdos, deve ser respeitada e utilizada em sua educação. Durante muito tempo, a Libras foi proibida, pois foi considerada prejudicial ao desenvolvimento da pessoa surda. Hoje se sabe que não há barreiras à sua aprendizagem pelas pessoas surdas e isso ocorre porque a língua de sinais possui modalidade visuoespacial para sua realização. Sua produção é realizada por meio de signos gestuais e espaciais, e sua percepção ocorre por meio de processos visuais. A Libras, quando utilizada desde cedo, auxilia no desempenho escolar, social e comunicativo (Santos, 2003). Para esse autor, "a criança surda que aprende através da Libras terá um tempo de escolaridade menor, e apresentará um melhor desenvolvimento emocional e intelectual" (p. 64). A linguística da Língua de Sinais é uma disciplina em expansão em todo o mundo, e suas pesquisas demonstram a importância dessa língua para o aprendizado e desenvolvimento das pessoas surdas. No Brasil, percebe-se o interesse e os avanços em pesquisas, destacando-se entre estas as questões linguísticas e cognitivas do surdo (Brito, 1993, 1995; Felipe; Monteiro, 2001; Fernandes, 1990, 2000; Quadros, 1997, 2005; Quadros; Karnopp, 2004), a prática pedagógica no processo de alfabetização da criança surda e suas relações com os pares ouvintes (Souza, 1998; Souza; Góes, 1999) e a avaliação das políticas públicas na educação de surdos (Skliar, 1997, 1998, 1999).

No conjunto de pessoas surdas, algumas não conseguem adquirir uma língua, seja por falta de estímulo ou de escolarização ou outros motivos. Em geral, essas pessoas tendem a ter mais dificuldades em perceber as relações e o contexto mais amplo da atividade em que se encontram, já que para isso seria necessário que seus pensamentos se orientassem pela linguagem (Goldfeld, 2002). Nesses casos, as dificuldades cognitivas decorrem do atraso de linguagem e, em muitas situações, infelizmente ainda se observa o surdo ser tratado como um incapaz.

A Língua de Sinais tornou-se um elemento-chave na aquisição e construção de conhecimento, pois, sem se expressar com um sistema complexo e rico, uma pessoa não tem condições de interagir socialmente nem cognitivamente com qualidade e liberdade de expressão. Nesse contexto, as comunidades de Surdos têm se organizado para garantir seus direitos linguísticos nos mais diversos campos sociais: o direito à educação bilíngue, à saúde, a ser atendido dignamente com intérprete nos serviços públicos e privados, o direito a filmes legendados, enfim, o direito a ser Surdo e ter uma vida plena. Portanto, as conquistas que hoje os surdos desfrutam como escola, trabalho, universidade e associações são resultados de lutas historicamente construídas.

No cenário atual a discriminação e o preconceito ainda estão longe de serem banidos da sociedade e os poucos avanços refletem mais uma pressão jurídica do que uma consciência de respeito e garantia dos Direitos Humanos às pessoas diferentes. A situação de exclusão social vivida pelas PPD's (ou PcD's) ainda permanece no Brasil. Em um país onde a condição de pobreza e a diferença encobrem direitos, "é preciso acionar o Poder Legislativo para criar a lei e o Judiciário para que o direito adquirido seja respeitado e cumprido" (Carmo, 2001, p. 43). Exemplo disso é o mercado de trabalho, que, por ser muito competitivo, faz que a maioria dos PPD's seja deixada de lado. Poucos são os beneficiados pela Lei nº 8.213, de 24 de julho de 1991, que estabeleceu cotas nas empresas para que empreguem pessoas portadoras de deficiências. Segundo essa lei, as empresas com cem ou mais empregados são obrigadas a preencher de 2% a 5% de seus cargos com beneficiários da Previdência Social reabilitados ou com portadores de deficiência habilitada. Na aplicação da lei, deve-se seguir a seguinte proporção: empresas com 100 a 200 empregados, 2% de PPD's; de 201 a 500 empregados, 3%; de 501 a 1.000 empregados, 4%; mais de 1.000 empregados, 5% (Brasil, 1991). Apesar da existência prévia desta lei, somente a partir de 1999, quando o Decreto nº 3.298 (Brasil, 1999a, 1999b) regulamentou a Lei nº 7.853 que dispõe sobre a política nacional para integração da pessoa com deficiência, em consonância com o Programa Nacional de Direitos Humanos (Brasil, 2002b), é que a Lei nº 8.213 (Brasil, 1991) teve eficácia e as empresas de modo geral procuraram se adaptar às Leis de Cotas, contratando PPD's. A marginalização no mercado de trabalho leva as Pessoas Portadoras de Deficiência às mais variadas condições sociais.

Aquelas que não conseguem se inserir no mercado de trabalho tendem a viver na dependência da família ou procuram alternativas para sua sobrevivência (Ribas, 1998) geralmente no mercado informal ou em outros contextos.

Assim, pouco a pouco as legislações brasileiras incorporam a presença dos PPD's, mas é preciso que as políticas públicas existentes para a inclusão das pessoas surdas e demais deficiências deixem de focar unicamente as consequências da exclusão. Faz-se necessário que essas políticas implementem ações afirmativas voltadas às origens da exclusão social dos PPD's, como o preconceito, a discriminação, a baixa escolaridade, a falta de emprego, a falta de informação e a ausência do cumprimento dos direitos para pessoas diferentes.

O DESAFIO DA INCLUSÃO DO SURDO

A sociedade é constituída por pessoas que apresentam diferenças quanto à cor da pele e dos olhos, à estatura, e a outros fatores. A partir das características da maioria das pessoas, são estabelecidos padrões entendidos como "normais" ou "ideais". Em virtude do preconceito ou discriminação, no momento que um sujeito não se enquadra nesses padrões, são colocados à parte da sociedade. Infelizmente, a sociedade atual ainda não está preparada para aceitar o surdo como uma pessoa cognitivamente normal. A inclusão, seja na escola, no trabalho, no lazer ou nos serviços de saúde, significa que a sociedade deve estar aberta para se adaptar às necessidades da pessoa com deficiência para que possa desenvolver-se em todos os aspectos de sua vida (Sassaki, 1997). Da mesma maneira, a pessoa com deficiência, através dos recursos e instrumentos que lhe são disponibilizados, deve buscar inserir-se na sociedade, para que possa ser tratada da maneira mais equitativa possível.

É a partir desses pressupostos que a discussão sobre "inclusão social" vem sendo implementada nos mais diversos setores da sociedade. Como todo o processo social, este também é complexo e acontece de forma gradual. Afinal, para que a inclusão aconteça, é preciso modificar valores construídos ao longo de séculos de história e preconceitos enraizados, o que não acontece de forma imediata. A inclusão social constitui, portanto, um processo bilateral no qual as pessoas ainda excluídas juntamente ao restante da sociedade buscam equacionar problemas, decidir sobre soluções e efetivar a equiparação de oportunidades para todos (Sassaki, 1997). O desenvolvimento social, seja por meio de educação, reabilitação ou qualificação profissional das pessoas com deficiência, deve ocorrer dentro do processo de inclusão e não como um pré-requisito para que essas pessoas possam fazer parte da sociedade, como se elas precisassem pagar ingresso para integrar a comunidade. (Clemente Filho, 1996). Partindo desse pressuposto, a inclusão social pode ser entendida como um processo que contribui para a construção de um novo modelo de sociedade por pequenas ou grandes transformações, incluindo os ambientes físicos que abrangem espaços internos e externos, equipamentos, aparelhos e utensílios, mobiliários e meios de transportes.

Conforme a nova Lei de Diretrizes e Bases da Educação Nacional (Brasil, 1996), as crianças com necessidades educativas especiais devem ter sua escolaridade atendida, fundamentalmente, pela escola regular, de modo a integrá-la. No entanto, de acordo com o artigo n° 59, os Sistemas de Ensino assegurarão aos educandos com necessidades especiais: (a) currículos, métodos, técnicas, recursos educativos e organização específicos, para atender às suas necessidades; (b) terminalidade específica para aqueles que não puderem atingir o nível exigido para a conclusão do ensino fundamental, em virtude de suas deficiências, e aceleração para concluir em menor tempo o programa escolar para superdotados; (c) professores com especialização adequada em nível médio ou superior; (d) atendimento especializado, bem como professores do ensino regular capacitados para a integração desses educandos às classes comuns; (e) educação especial para o trabalho, visando à sua efetiva integração na vida em sociedade, inclusive condições adequadas para os que não revelarem capacidade de inserção no trabalho competitivo, mediante articulação com os órgãos oficiais afins, bem como para aqueles que apresentam uma habilidade superior nas áreas artística, intelectual ou psicomotora; (f) acesso igualitário aos benefícios dos programas sociais suplementares disponíveis para o respectivo nível do ensino regular. Analisando esses pressupostos, questiona-se quantos deles vêm sendo, efetivamente, implementados no cotidiano da educação brasileira.

Ao se afirmar sobre a necessidade de incluir as pessoas surdas na sociedade ouvinte, não significa negar que existam diferenças entre elas. Quando se refere especificamente à educação dos surdos, faz-se necessário compreender que eles necessitam de um espaço adaptado para seu desenvolvimento. É preciso que esses espaços atendam a um conjunto de especificidades da educação de surdos: 1) que oportunize o contato também com seus pares, professores e instrutores surdos; 2) que tenham profissionais qualificados na área da educação de surdos e com fluência na Língua de Sinais; e 3) que desenvolva o contato com a língua, cultura e história da comunidade surda. A escola de surdos privilegia todos esses elementos fundamentais para o desenvolvimento do surdo na sua totalidade. Por essas razões, ela se torna não só um lugar onde o surdo constrói seu conhecimento, mas sua identidade e autonomia, proporcionando um sentido de pertencimento a um grupo historicamente constituído. Analisando a situação brasileira, percebe-se que os contextos educacionais ainda não estão preparados para atender a essas especificidades, e, na maioria das vezes, a pessoa surda sofre grande dificuldade de adaptação quando tentam incluí-la em uma escola regular na qual nem os educadores nem os alunos ouvintes estão preparados para acolhê-la.

Em 1994, na cidade de Salamanca, Espanha, foi assinado um pacto internacional em que os delegados da Conferência Mundial da Educação Especial, representando 88 governos e 25 organizações internacionais, reafirmaram o compromisso para com a "Educação para Todos". Esse pacto, denominado "Declaração de Salamanca", reconhece a necessidade e urgência de providenciar educação para crianças, jovens e adultos com necessidades educacionais especiais no sistema regular de ensino. Além disso, reendossaram a Estrutura de Ação em Educação Especial (Organização das Nações Unidas para a Educação, a Ciência e a Cultura [UNESCO], 1994). Nesse documento consta que as políticas educativas deverão levar em conta as diversas situações, como a importância da linguagem de sinais como meio de comunicação para os surdos, bem como que todos os surdos devem ter assegurado o acesso ao ensino da linguagem de sinais de seus países. Diante das necessidades específicas de comunicação de surdos e de surdos cegos, seria mais conveniente que a educação lhes fosse ministrada em escolas especiais ou em classes de unidades especiais nas escolas comuns.

De acordo com a Política Nacional de Educação Especial, a integração é um processo dinâmico de participação das pessoas em um contexto relacional, legitimando sua integração nos grupos sociais. Não se trata de normalizar as pessoas, mas sim o contexto em que se desenvolvem. Em um dos congressos da área, realizado em Paris, em 1990, os representantes da Comissão de Educação Integrada discutiram diferentes aspectos dos conceitos de normalização. Diversas conclusões foram apresentadas, visando facilitar a inclusão dos educandos no sistema de ensino: preparação de recursos humanos; adaptação de currículos; complementações curriculares; novas tecnologias de ação;

pesquisas; divulgação de experiências e preparo da comunidade em diferentes níveis, como no lar, escola, trabalho e recreação, dentre outros. Considerando as precárias condições materiais das escolas regulares brasileiras e a inexistência de uma formação continuada para os educadores, torna-se um desafio ainda maior integrar as pessoas surdas nesse contexto educacional.

Diversos documentos da Legislação brasileira (Constituição Federal/88, LDB 9394/96, entre outras) preveem a integração do educando com necessidades especiais no sistema regular de ensino (Brasil, 1988, 1996). Essa integração, no entanto, deve ser um processo gradual, fazendo-se necessário estabelecer, para cada caso, o momento oportuno para que o estudante comece a frequentar a classe comum, com possibilidade de êxito e progresso. A integração do aluno surdo em classe comum não acontece de maneira automática. É uma conquista que precisa ser feita com estudo, trabalho e dedicação de todas as pessoas envolvidas no processo: aluno surdo, família, professores, fonoaudiólogos, psicólogos, assistentes sociais e demais recursos humanos e físicos da escola (Santos, 2003). Tem se observado que alguns casos esbarram em dificuldades que muitas vezes são inerentes à integração e motivação desses profissionais, dificultando que exista um movimento de articulação entre todos os envolvidos para que efetivamente se construa uma rede de apoio que lhe seja propícia.

São de fundamental importância a conscientização e a mudança na mentalidade de todas as pessoas, abrangendo, assim, a própria pessoa com deficiência. Nesse processo, os primeiros resultados começam a surgir, ainda que em quantidade inferior ao que seria necessário, como o fato de que em algumas universidades já existam acadêmicos surdos em seu quadro de alunos. Outras universidades atualmente preparam seu vestibular pensando nos PPD's, pois contam com instalações adaptadas com acesso e equipamentos especiais, além de profissionais capacitados para atender a todos os tipos de necessidades diferenciadas.

Além da área educacional, tem-se observado um maior número de profissionais da saúde interessados em estudar e conhecer a cultura surda. "Estes profissionais desempenham um papel significativo na vida da criança e sua família durante vários anos" (Rodrigues, 2002, p. 389). Além disso, os profissionais devem ser preparados para fazer parte de uma equipe interdisciplinar, pois "nenhum profissional tem condições especiais para se dizer dono do único campo de estudo e tratamento da família" (Krynsky, 1984, p. 37). Apenas através da união e da troca de conhecimento entre as diversas áreas, os profissionais poderão efetivar abordagens e intervenções mais efetivas junto às famílias de pessoas surdas. Nessa perspectiva, é legítimo afirmar a importância de um número cada vez maior de profissionais que compreendam as necessidades dessas famílias e possam auxiliá-las a obter informações em que possam se basear no momento de dificuldades, crises ou tomadas de decisão. Para que isso aconteça, é indispensável que os profissionais da área da saúde tenham melhor formação acadêmica, incluindo aspectos da cultura surda e, preferencialmente, a formação para se tornarem bilíngues (LIBRAS e Língua Portuguesa). "Pensar sobre a surdez demanda adentrar no 'mundo dos surdos' e 'ouvir' as mãos que através de movimentos nos possibilitam o contato entre os mundos envolvidos ou seja requer conhecer a Língua de Sinais" (Quadros, 1997, p. 119).

CONSIDERAÇÕES FINAIS

Uma parcela expressiva da população mundial apresenta alguma deficiência. A mais frequente provavelmente seja a deficiência visual, ou seja, quando a visão não é perfeita. Imagina-se como seria o mundo atual se não houvesse sido desenvolvido um instrumento de adaptação chamado "óculos". Provavelmente, boa parte das crianças com problemas de visão teria baixo desempenho escolar, pois não enxergaria adequadamente e não se alfabetizaria. Essas crianças seriam classificadas como portadoras de problemas cognitivos, pois teriam dificuldades em aprender. As famílias sofreriam muito ao receber o diagnóstico de que seus filhos não têm a visão perfeita. Em médio prazo, seriam excluídas da escola e não conseguiriam se inserir no mercado de trabalho. Em longo prazo, quem não tivesse uma visão perfeita, não teria uma escolarização adequada, não conseguiria se profissionalizar, trabalharia apenas em subempregos, teria um nível socioeconômico baixo e seria isolado entre aqueles com visão imperfeita. Felizmente nada disso aconteceu, pois se desenvolveu um instrumento de inclusão social chamado "óculos". Por outro lado, até que ponto esse processo não tem ocorrido com as pessoas surdas ou com deficiência auditiva severa? Se a sociedade transformou os óculos em acessórios de beleza, por que motivo transformou os aparelhos de amplificação auditiva em instrumentos de ridicularização ou exclusão?

A partir das problemáticas desenvolvidas ao longo do capítulo, muitos são os campos de intervenção para profissionais da Psicologia e demais profissionais das áreas sociais e da saúde. É preciso, antes de tudo, uma melhor formação desses profissionais, demandando das universidades atenção especial no desenvolvimento de habilidades e competências voltadas às pessoas com deficiência. É preciso estimular a análise, o planejamento e a implementação de programas de intervenção de maneira interdisciplinar.

Destaca-se a importância das intervenções realizadas em nível familiar, acolhendo a família desde o momento do nascimento ou da adoção de uma criança surda. E mais além, é possível trabalhar com as famílias ouvintes, incluindo-as na cultura das pessoas surdas, maximizando as potencialidades da criança para que tenha condição de viver em condições semelhantes às de qualquer outra criança.

Outras intervenções podem ser realizadas no campo educacional. Acredita-se que somente com boas escolas específicas a comunidade surda terá capacidade de construir sua identidade, ter contato com a sua língua de uso, conhecer sua cultura e realmente fazer da escola um lugar de conquista e luta por seus direitos e sua cidadania. Nesse sentido, o ideal é que a escola atenda a criança surda desde os primeiros meses de vida, promovendo o estímulo precoce e o contato com seus iguais.

Todavia, as intervenções não devem se restringir apenas às pessoas surdas ou às suas famílias, mas também e principalmente deve abranger os ouvintes. Um dos maiores desafios é a desconstrução do preconceito e da discriminação social para com as pessoas portadoras de deficiência. Questiona-se, por exemplo: por qual motivo a LIBRAS deve ser ensinada apenas a profissionais que irão trabalhar com educação especial? Por que não expandir a LIBRAS para escolas comuns, para que crianças e adolescentes ouvintes sejam capazes de se comunicar adequadamente com os surdos, transformando-se em adultos que venham a incluir as pessoas surdas em seu país de ouvintes? Se o Brasil é um país tão aberto a outras culturas, onde é amplamente difundido o ensino de línguas estrangeiras como o inglês, espanhol, francês, italiano, alemão e chinês, dentre tantas outras, por que não é ensinada também a língua de sinais nas escolas regulares?

Um primeiro passo para qualquer mudança é reconhecer o que precisa ser modificado. No caso das pessoas com deficiência, e em especial das pessoas surdas, é reconhecer que elas vêm sendo excluídas da sociedade. Apenas identificando de maneira clara esse processo de exclusão é que será possível lutar para minimizá-lo até chegar ao ponto de extingui-lo. O objetivo deste capítulo foi gerar reflexões, na expectativa de que as pessoas possam gradualmente questionar suas crenças sobre igualdade e diferença, potencialidades e incapacidades. As mudanças são passíveis de ocorrer a qualquer tempo, pois existe uma longa estrada a ser trilhada e diversos caminhos poderão ser percorridos. Em um momento social em que coabitam diferentes paradigmas, a Psicologia tem a missão de questionar e indagar sempre, mas sem temer o novo, permitindo dessa forma o surgimento de novas ideologias rumo a um novo momento de efetiva inclusão social.

REFERÊNCIAS

BRASIL. Constituição da República Federativa. Declaração Universal dos Direitos Humanos. *Diário Oficial da União*, Brasília, DF: Gabinete da Presidência da República, 5 out., 1988.

_____. Lei n° 8.213, de 24 de julho de 1991. *Diário Oficial da União*, Brasília, DF: Ministério da Previdência Social, 25 jul., 1991.

_____. Lei n° 9394, de 20 de dezembro de 1996. *Diário Oficial da União*, Brasília, DF: Ministério da Educação e Cultura, 23 dez., 1996.

_____. *Decreto Lei 3298/99 de 20 de dezembro de 1999*. Brasília, DF: Gabinete da Presidência da República, 1999a.

_____. Decreto n° 3.298, de 20 de dezembro de 1999. *Diário Oficial da União*. Brasília, DF: Ministério de Assistência Social, 20 dez., 1999b.

_____. *Lei 10436/2002 de 24 de abril de 2002*. Brasília, DF: Gabinete da Presidência da República, 2002a.

_____. *Programa Nacional de Direitos Humanos – PNDH 2*. Brasília, DF: Ministério da Justiça, 2002b.

_____. *Saberes e práticas da inclusão*. Desenvolvendo competências para o atendimento às necessidades educacionais de alunos surdos. Brasília, DF: Ministério da Educação e Cultura, 2003.

BRITO, L. F. *Integração social e educação de surdos*. Rio de Janeiro, RJ: Babel, 1993.

_____. *Por uma gramática de língua de sinais*. Rio de Janeiro, RJ: Tempo Brasileiro, 1995.

CARMO, A. A. Inclusão escolar: Roupa nova em corpo velho. *Integração*, v. 13, 2001, p. 43-48.

CENCI, L. B. *Representações acerca da surdez no contexto da escola*. 2002. Dissertação (Mestrado em Educação). Universidade Federal do Rio Grande do Sul. Porto Alegre.

CLEMENTE FILHO, A. S. Da integração à inclusão. *Jornal da APAE*, São Paulo, 1996, mar./abr., p. 124.

DALGALARRONDO, P. *Psicopatologia e semiologia dos transtornos mentais.* Porto Alegre, RS: Artes Médicas, 2000.

FELIPE, T. A. *Libras em contexto:* Curso básico do estudante. Recife, PE: Editora da Universidade de Pernambuco, 2002.

FELIPE, T.; MONTEIRO, M. S. *LIBRAS em contexto:* Curso básico. Brasília, DF: Ministério da Educação e do Desporto, 2001.

FERNANDES, E. *Problemas linguísticos e cognitivos do surdo.* Rio de Janeiro, RJ: Agir, 1990.

_____. Língua de sinais e desenvolvimento cognitivo de crianças surdas. *Revista Espaço: Informativo técnico-científico do INES*, Rio de Janeiro, vol. 13, jun. 2000.

GOLDFELD, M. *A criança surda:* Linguagem e cognição numa perspectiva sócio-interacionista. 2.ed. São Paulo, SP: Plexus, 2002.

INSTITUTO BRASILEIRO DE GEOGRAFIA e ESTATÍSTICA. *Dados sobre condições perinatais do censo de 2000.* Brasília, DF: Autor, 2000. Disponível em: http://www.ibge.gov.br. Acesso em: 23 maio de 2007.

KLEIN M.; LUNARD, M. L. Surdez: Um território de fronteiras. *ETD – Educação Temática Digital*, vol. 7, n. 2, jun. 2006, p. 14-23.

KRYNSKY, S. *Serviço social na área da deficiência mental.* São Paulo, SP: Almed, 1984.

LARA, A. T. S. Aspectos da problemática da deficiência auditiva. *Revista do Excepcional*, vol. 1, n. 3, 1988, p. 11-14.

LOPES FILHO, O. C. Deficiência auditiva. In: LOPES FILHO, O. C. (ed.), *Tratado de Fonoaudiologia*. São Paulo, SP: Roca, 1997, p. 3-25.

MARCHESI, A.; MARTIN, L. Da terminologia do distúrbio às necessidades educacionais especiais. In: COLL, C.; PALÁCIOS, J.; MARCHESI, A. (eds.), *Desenvolvimento psicológico e educação: Vol. 3. Necessidades educativas especiais e aprendizagem escolar.* Porto Alegre, RS: Artes Médicas, 1995, p. 7-23.

MELGARÉ, A. M. *Contextualização da pessoa portadora de deficiência auditiva.* São Leopoldo, RS: Centro de Educação e Humanismo da Universidade do Vale do Rio dos Sinos, 1994.

ORGANIZAÇÃO DAS NAÇÕES UNIDAS PARA A EDUCAÇÃO, A CIÊNCIA E A CULTURA. *Resolução 48/96. Declaração de Salamanca.* Salamanca, Espanha: Autor, 1994.

ORGANIZAÇÃO MUNDIAL DA SAÚDE. *Retardamento mental:* Enfrentando o desafio. Washington, DC: Author, 2001.

QUADROS, R. M. *Educação de surdos:* Aquisição da linguagem. Porto Alegre, RS: Artes Médicas, 1997.

_____. Situando as diferenças implicadas na educação de surdos: inclusão/exclusão. *Revista Ponto de Vista*, UFSC, 2005 (5).

QUADROS, R. M.; KARNOPP, L. *Língua de sinais brasileira:* Estudos linguísticos. Porto Alegre, RS: Artmed, 2004.

RIBAS, J. B. C. *O que são pessoas deficientes. Vol. 89. Primeiros Passos.* São Paulo, SP: Brasiliense, 1998.

RODRIGUES, A. F. *A surdez infantil e comportamento parental.* Lisboa, Portugal: Instituto Superior de Psicologia Aplicada, 2002.

RUBINO, F.; HAYHURST, A.; GUEJLMAN, J. *Gestuno:* International sign language of the deaf. British Deaf Association. Hardcover, 1975.

SANTOS, G. T. S. *O currículo:* um caminho a percorrer e construir na educação de surdos. 2003. Monografia (Especialização em Supervisão Escolar). Pontifícia Universidade Católica. Porto Alegre.

SASSAKI, R. K. *Inclusão. Construindo uma sociedade para todos.* Rio de Janeiro, RJ: WVA, 1997.

_____.Terminologia sobre deficiência na era da inclusão. *Revista Acional de Reabilitação*, vol. 5, n. 24, jan./fev. 2002, p. 6-9.

_____. *Inclusão no lazer e turismo:* Em busca da qualidade de vida. São Paulo: Áurea, 2003.

SKLIAR, C. B. (ed.). *Educação & exclusão:* Abordagens sócio-antropológicas em educação especial. 2.ed. Porto Alegre, RS: Mediação, 1997.

_____. *A surdez*: Um olhar sobre as diferenças. Porto Alegre, RS: Mediação, 1998.

_____. *Atualidade da educação bilingue para surdos: Currículo & emancipação*. Porto Alegre, RS: Mediação, 1999.

SOCIEDADE BRASILEIRA DE OTOLOGIA. São Paulo, SP: Autor, 2004. Disponível em: http://www.sbotologia.com.br/novo/noticias.asp. Acesso em 02 março de 2007.

SOLE, M. C. P. *O sujeito surdo e a psicanálise:* Uma outra via de escuta. Porto Alegre, RS: Editora da Universidade Federal do Rio Grande do Sul, 2005.

SOUZA, R. M. *Que palavra te falta? Linguística, educação e surdez*. São Paulo, SP: Martins Fontes, 1998.

SOUZA, R. M.; GÓES, M. C. R. O ensino de surdos na escola inclusiva: Considerações sobre o excludente contexto da inclusão. In: SKLIAR, C. (ed.), *Atualidade da educação bilíngue para surdos/Actualidad de la educación bilingue para sordos.* vol. 1. Porto Alegre, RS: Mediação, 1999, p. 163-188.

TELFORD, C. W.; SAWREY, J. M. *O indivíduo excepcional*. 5. ed. Rio de Janeiro, RJ: Zahar, 1984.

3

AS PRÁTICAS DE AGENTES SOCIAIS COM FAMÍLIAS DE BAIXA RENDA: EM BUSCA DE INTERAÇÕES COM FOCO NA RESILIÊNCIA

Maria Angela Mattar Yunes
Fundação Universidade Federal do Rio Grande
yunes@vetorial.net

As situações de adversidade que se impõem no cotidiano das famílias brasileiras que vivem em situação de pobreza social e econômica podem trazer previsões nebulosas sobre o futuro desses grupos. As lutas e os desafios a serem enfrentados diariamente para superar as complexidades das velozes alterações políticas, sociais, econômicas e culturais são amplamente reconhecidos. Portanto, estudar processos e possibilidades de resiliência nessas comunidades é tema prioritário, e a inserção desse conceito no movimento intitulado Psicologia Positiva tem sua importância reiterada por transformar práticas profissionais sociais "negativas". Trata-se de contribuir para construir um olhar coletivo direcionado para os aspectos sadios, de desenvolvimento e bem-estar dos grupos familiares menos favorecidos socialmente. Investigações realizadas junto a diferentes categorias de trabalhadores sociais brasileiros revelaram práticas pautadas por teorias implícitas pessimistas explicadas como "desestrutura", "acomodação", "carência", "violência" e "drogadição" das famílias pobres.

Esses elementos sublinham apenas as impossibilidades dessas populações e têm considerável impacto no atendimento e nas interações profissionais-famílias. Esses resultados indicam que a postura dos agentes sociais podem se mostrar desde "paralisadas" até assistencialistas e, assim, não promovem autonomia e desenvolvimento humano. O presente capítulo visa discutir a necessidade de intervenções que modifiquem esses padrões de interações para que as práticas institucionais dos agentes sociais valorizem as reais necessidades das famílias que vivem condições de vulnerabilidade social e para que sejam reconhecidos seus limites e possibilidades de resiliência.

CONSIDERAÇÕES SOBRE O CONCEITO DE RESILIÊNCIA

Resiliência é uma palavra utilizada com frequência na Europa, nos Estados Unidos e no Canadá. No Brasil, seu uso coloquial ou acadêmico ainda provoca estranhamento, principalmente no contexto das Ciências Humanas e Sociais. Oriundo da Física, o conceito de resiliência refere-se à capacidade de um material absorver energia sem sofrer deformação plástica ou permanente. Em Psicologia, os estudos datam de cerca de trinta anos, e apesar da constante busca dos autores por precisão conceitual, ainda é ampla a diversidade de definições e enfoques. Deve-se ressaltar que resiliência é um construto prioritário de investigações dos cientistas adeptos da Psicologia Positiva, movimento que vem se consolidando há cerca de dez anos. Esse movimento científico e acadêmico caracteriza aportes da Psicologia contemporânea que buscam compreender os aspectos potencialmente saudáveis dos seres humanos em oposição à Psicologia tradicionalmente voltada para a compreensão das psicopatologias. Isso não quer dizer que a Psicologia deva ignorar as doenças psíquicas e seus sintomas, mas que seja possível construir uma ciência psicológica que estude tanto o sofrimento quanto a felicidade, bem como as interações entre estas duas dimensões humanas (Seligman; Steen; Park; Peterson, 2005).

Resiliência em famílias é um construto mais recente do que a resiliência individual e vem recebendo atenção específica nos últimos dez anos. Tanto no Brasil, como no exterior, os pesquisadores da resiliência em famílias vêm divulgando com frequência cada vez maior e mais intensa as suas discussões. Os artigos teóricos, metodológicos e intervencionistas (Cecconello, 2003; De Antoni; Koller, 2000; De Antoni; Barone; Koller, 2006; Garcia; Yunes, 2006; Hawley; DeHann, 1996; Libório; Castro; Coelho, 2006; McCubbin; Thompson; Thompson; Futrell, 1999; Ungar, 2004; Walsh, 1996, 1998, 2003, 2005; Yunes, 2001, 2003, 2006; Yunes; Szymanski, 2005, entre outros) refletem que muitos pensadores dessa temática julgam necessário revisar o foco das investigações sobre a resiliência no indivíduo e reconsiderar as contribuições da família para o desenvolvimento psicológico da saúde e do bem-estar individual e social (McCubbin; Thompson; Thompson; Futrell, 1999; Rutter, 1985; Werner; Smith, 1982; Walsh, 1996, 1998; Yunes, 2003; Yunes; Szymanski, 2001). É fato que em diferentes tempos, lugares e culturas os estudos sobre família vêm enfatizando os aspectos deficitários da convivência familiar (Walsh, 1993). Esses elementos negativos das interações familiares têm sido maximizados pela sequência de situações veiculadas pela mídia e que envolvem relações abusivas entre mães/pais/madrastas/padrastos e filhos(as), demonstrando que situações de extrema violência podem permear a intimidade do mundo familiar. Percebe-se que o que acontece entre "quatro paredes" muitas vezes coloca crianças, adolescentes e adultos em condições de altíssimo risco. Portanto, o interesse pela resiliência no contexto das famílias vem contribuir para flexibilizar as noções de privacidade familiar e focar os aspectos sadios e de sucesso do grupo familiar. No entanto, ainda há muitas facetas desse construto em fases iniciais de investigação.

A pesquisa bibliográfica indica que foi no final dos anos 1980 que as questões sobre *coping*, competência, desafios e adaptação do grupo familiar começaram a ser divulgadas. Um dos primeiros trabalhos nessa área foi publicado por McCubbin e McCubbin (1988) e versava sobre a "tipologia de famílias resilientes". Os autores partiram da definição de que famílias "resilientes" resistem aos problemas decorrentes de mudanças e "adaptam-se" às situações de crise. Os autores delinearam a importância dos trabalhos de intervenção com famílias, sem esquecer suas relações com a comunidade, e se referiram à importância da formalização de programas públicos de apoio e atenção às famílias. Com a evolução dessa efervescente discussão teórica, metodológica e política, emergiu, mais tarde, sob liderança destes mesmos pesquisadores, novas perspectivas conceituais e metodológicas. Os autores referidos publicaram uma coletânea de resultados sobre resiliência em famílias que viveram diferentes situações de adversidades (McCubbin; Thompson; Thompson; Futrell, 1999), tais quais: infertilidade (Daly, 1999), homossexualidade dos filhos (Allen, 1999), membros familiares portadores de doenças do tipo AIDS (Thompson, 1999) ou diabetes (Chesla, 1999) e condição familiar pós-divórcio (Golby; Bretherton, 1999).

Quanto ao período anterior a essas notórias publicações, poder-se-ia afirmar que o potencial de pesquisas e suas idiossincrasias nessa área de conhecimento já haviam sido deflagradas quando pesquisadores como Walsh (1996) e Hawley e DeHann (1996) passaram a preocupar-se em esclarecer, conceituar, definir e propor novas perspectivas teóricas para os estudos sobre resiliência em famílias. Pioneira na construção de um modelo teórico, Froma Walsh (1998, 2003, 2005) propõe que sejam estudados processos-chave da resiliência em famílias, os quais fundamentam a proposta de análise de "funcionamento familiar efetivo". A autora organizou seus conhecimentos na área de forma a propor um panorama conceitual de resiliência em três domínios: sistema de crenças da família, padrões de organização e processos de comunicação (Walsh, 1998, 2003, 2005). Segundo a autora, esses processos podem estar organizados e expressos de diferentes formas e níveis, pois servem a diferentes constelações, valores, recursos e desafios das famílias (Walsh, 1998). Essas afirmações sugerem a importância do estudo das histórias das famílias como estratégia de análise e compreensão dos processos de interpretações das situações de adversidade, que por sua vez "impelem ou impedem" indivíduos e grupos a buscarem soluções para suas dificuldades (Yunes; Szymanski, 2005). Portanto, resiliência deixa de ser compreendida como uma característica individual para ser conceitualizada como uma qualidade ou mais um elemento sistêmico da unidade familiar (Hawley; DeHann, 1996). Indo mais além, seja no indivíduo ou na família, resiliência é um fenômeno que evidencia expressivos componentes relacionais. Vários autores indicaram em seus estudos a influência de relações próximas com pessoas significativas e contextos que formaram uma situação de apoio imprescindível para a superação das adversidades da vida (Cyrulnik, 2004; Rutter, 1985; Werner; Smith, 1992; Werner, 1993; Ungar, 2004; Yunes, 2001, entre outros). De acordo com Walsh (1998), a maioria das pesquisas e teorias sobre resiliência tem abordado esse contexto relacional da resiliência de maneira limitada, considerando apenas a influência de uma única pessoa significativa numa relação diádica. Na ótica do desenvolvimento humano e tratando-se de resiliência como importante sistema de adaptação que visa promover saúde e bem-estar (Masten, 2001), a teoria bioecológica de desenvolvimento humano de Urie Bronfenbrenner (Bronfenbrenner; Morris, 1998) apresenta-se como importante sustentáculo teórico e metodológico para a compreensão e análise dessas interações e seus sentidos, pois auxilia examinar relações que ocorrem em rede.

Em 1998, Urie Bronfenbrenner e Pámela Morris apresentaram um construto-chave denominado *processo proximal* (Bronfenbrenner; Morris, 1998) que se define como uma forma particular de interação das pessoas em desenvolvimento com seus ambientes imediatos. Esses processos que operam ao longo do tempo são os primeiros mecanismos a produzir e mover o desenvolvimento humano na dimensão da reciprocidade de influências que ocorrem nos diferentes sistemas contextuais. Eles podem promover competências ou disfunções de acordo com as formas de interações entre pessoas e outras pessoas, pessoas e objetos ou símbolos que fazem parte dos ambientes de desenvolvimento. Portanto, é necessário compreender as complexidades das interações diádicas, triádicas e intrafamiliares e também das pessoas e famílias com os diferentes integrantes e aspectos componentes da rede de apoio social.

Diante dessas considerações surgem as seguintes inquietações: qual o papel dessa rede no desenvolvimento dos processos de resiliência em famílias que vivem situações de pobreza e vulnerabilidade social e ambiental? A partir desse questionamento, apresentamos algumas reflexões sobre a situação de pobreza e suas vicissitudes para se constituírem contexto de desenvolvimento humano.

POBREZA, DESIGUALDADE SOCIAL E SUAS IMPLICAÇÕES

Muitos autores reconhecem que pobreza e miséria são importantes fatores de risco universal (Luthar; Zigler, 1991; Luthar, 1999) e que privação econômica pode constituir-se uma das principais fontes de risco sociocultural para o desenvolvimento humano (Garbarino; Abramowitz, 1992, Fincham; Grych;

Osborne, 1994). Entretanto, é preciso implementar o conhecimento científico sobre os fatores de risco que se apresentam nesses contextos, ou seja, é necessário identificar e compreender as ameaças sociais e as adversidades que permeiam a vida e o cotidiano das comunidades de baixa renda. Cabe ressaltar que esses fatores são processuais, dinâmicos e subjetivos, pois o que é risco na condição de pobreza para um indivíduo, grupo familiar ou comunidade pode ser percebido como desafiador e mobilizador de recursos para outros.

Mais uma vez, o olhar ecológico sugere a importância de uma análise macrossistêmica e reflexiva sobre as expressões de desigualdade social na sociedade brasileira. Talvez uma dessas manifestações seja o que alguns autores denominam violência estrutural. De acordo com Minayo (1990), a violência estrutural é "aquela que nasce no próprio sistema social, criando as desigualdades e suas consequências, como a fome, o desemprego, e todos os problemas sociais com que convive a classe trabalhadora" (p. 290). Essa compreensão de macrossistema requer o entendimento sistêmico das demais dimensões contextuais de influência no desenvolvimento humano (Bronfenbrenner, 1979/1996). Muitas formas atuais de expressão de violência se enquadram

> [...] nos sistemas econômicos, culturais e políticos abusivos que conduzem à opressão de grupos, classes, nações e indivíduos, aos quais são negadas conquistas da sociedade, tornando-os mais vulneráveis que outros ao sofrimento e à morte. (Minayo, 1994, p. 8)

Isso significa pensar nos valores, nas crenças, nas práticas e nas tradições que reiteram e coíbem oportunidades de bem-estar e qualidade de vida a todos os integrantes de sistemas sociais numa comunidade. Mantendo essa elaboração no patamar do raciocínio ecológico e sistêmico, é possível pensar também nas expressões de violência estrutural microssistêmica. Estas ocorrem através das consequências observadas no cotidiano de muitas famílias que são: a obrigação de viver com salários irrisórios, ter de abandonar as crianças pela impossibilidade de sustentá-las, manter crianças fora do ambiente escolar por falta de escolas ou de condições de enviá-las, acesso a cuidados de saúde inadequados ou ausentes, não ter saneamento básico na sua comunidade e perder progressivamente seus direitos sociais e civis adquiridos (Minayo, 1994). Autores americanos consideram que essas formas de viver constituem-se em "ambientes socialmente tóxicos" que retratam a privação social e cultural à qual essas populações de baixa renda estão submetidas (Garbarino; Abramovitz, 1992), muitas vezes por ciclos de gerações. Esses autores referem-se à pobreza e aos riscos socioculturais como ameaças ao desenvolvimento de crianças e adolescentes, exemplificados como "falta de comida, de afeto, de professores carinhosos, de boas condições de atendimento médico e de valores coerentes com progresso intelectual e competência social" (p. 35), condições "corriqueiras" em muitas comunidades de várias cidades brasileiras.

Com uma análise de cunho sociológico, o francês Serge Paugam distingue pobreza de exclusão social, enfocando que o fenômeno da pobreza geralmente se remete às questões de populações com dificuldades de sobreviver por baixa e insuficiente renda (Paugam, 1999). Segundo este autor, o termo exclusão é mais adequado por enfatizar processos com múltiplas causas, dentre as quais ele sublinha o desemprego como um dos fatores desencadeantes dos sentimentos de "desqualificação social". É muito comum observar que a perda do emprego associa-se a outras perdas (do casamento, dos bens materiais etc.) e pode causar isolamento e sensação de vergonha.

Na continuidade dessas reflexões, diz-se que o desemprego é uma forma de violência estrutural, que pode, portanto, ser a causa de outras tantas formas de violência social e interpessoal. Parece pertinente questionar em que medida esse aspecto, que afeta mais os homens do que as mulheres (Paugan, 1999), pode ser o desencadeante de outras formas de violência interpessoal e familiar que por vezes culminam em práticas familiares educativas abusivas e episódios de violência relacional. Sarti (1996) afirma que na condição de pobreza "a noção de ser trabalhador dá ao pobre uma dimensão positiva" (p. 67) e que "o trabalho é o instrumento que viabiliza a vida familiar" (p. 73). Portanto, o trabalho dimensionado pela empregabilidade constitui-se um elemento de honra, com rendimento moral e que entrelaça as relações familiares e fortalece o sistema moral dos pobres. Compreender como se processam as relações familiares em casos prolongados de desemprego dos responsáveis adultos em famílias de baixa renda pode contribuir para entender a violência interpessoal como reflexo ou a intensificação da violência estrutural (Minayo; Souza, 1999). A partir dessa caracterização, pode-se, então, pensar numa forma de violência à qual é submetida o "desempregado" por ser pressionado por uma ética moral rígida de sua classe social, ao mesmo tempo que é desfiliado de seu papel social, mesmo que muitas vezes até se submeta a aceitar condições de trabalho desfavoráveis e "violentas" (Martins, 1999). Considerando-se que esse fator é o exossistema de crianças e adolescentes na ótica da ecologia do desenvolvimento humano (Bronfenbrenner, 1979/1996), temos a constatação teórica das possíveis implicações na vida familiar. Apesar de todas essas vivências de risco social, muitas famílias pobres dão lições de superação para as consequências nefastas impostas pelas inegáveis desigualdades de oportunidades.

POSSIBILIDADES DE RESILIÊNCIA EM FAMÍLIAS POBRES

O que se conhece sobre os processos e a dinâmica de funcionamento de famílias brasileiras que vivem situações de pobreza ainda é insuficiente. Alguns estudos evidenciam que muitas vezes esses grupos familiares se mostram hábeis na tomada de decisões e na superação de desafios, transparecendo uma unidade familiar e um sistema moral fortalecido diante da proporção das circunstâncias desfavoráveis de sua vida (Mello, 1995; Sarti, 1996; Szymanski Gomes, 1988; Yunes; Szymanski, 2006). Conforme já referido neste texto, não se pode negar que as condições indignas e a precariedade das contingências econômico-sociais castigam a maioria das famílias pobres brasileiras. Isso pode afetar de forma adversa o desenvolvimento de crianças, adultos e de suas comunidades. No entanto, não se deve tratar esse fato como regra sem exceção, pois muitas vezes esses grupos desenvolvem processos e mecanismos de proteção que garantem sua sobrevivência, não só física, mas dos valores de sua identidade cultural, e conseguem transformar-se no contexto essencial de desenvolvimento para seus membros.

Diante disso, temos utilizado o vocábulo *possibilidades* de resiliência, expressão que sugere potencialidades que todos possuem para enfrentar situações de sofrimento e dor. Como exemplo dessas possibilidades, temos os resultados obtidos por Garcia e Yunes (2006) numa pesquisa desenvolvida com famílias monoparentais lideradas por mulheres pobres do extremo sul do Brasil. As pesquisadoras constataram fatores de risco vividos pelas "chefas" das famílias (monoparentalidade, moradia/alimentação inadequada, desemprego, renda indigna e instável, a vivência das perdas afetivas, a falta de uma rede de apoio social eficiente, entre outros). O dinamismo interacional dos riscos na presença de mecanismos de proteção atestou as habilidades de superação das mulheres diante de situações familiares difíceis, muitas vezes julgadas a partir de (pré) conceitos injustos ou crenças pessimistas dos operadores de serviços sociais acerca de suas saúde psicológica e qualidade de vida. Os "fatores de proteção" encontrados na história das famílias referem-se a questões internas da dinâmica familiar retratados pelos seguintes elementos: senso de coesão entre os membros (identificados pela presença de vínculos afetivos e o sentimento de união entre o grupo); o apoio afetivo e financeiro da família extensa; a explícita valorização do estudo e do trabalho por todos os componentes das famílias; o olhar positivo, ou seja, a forte crença na perspectiva de melhoria das condições de vida futura; e a consciência política dos direitos como cidadãos e a disposição para reivindicá-los.

Outro exemplo nessa mesma perspectiva advém de um estudo de caso realizado por Yunes e Szymanski (2006) com uma família de baixa renda, moradora de um bairro categorizado como "muito pobre" do extremo sul do Brasil. Os relatos retrataram as várias experiências de risco vividas pelo grupo, como: adoção de ambos os pais na infância, privação de necessidades básicas (fome, frio, falta de moradia adequada), migração (mudanças de endereço do campo para cidade), desemprego, doenças e presença de alcoolismo na figura paterna há doze anos. A análise dos resultados denotou que, dentre os indicadores de "superação de adversidades", o sistema de crenças da família emergiu como eixo norteador dos relatos. A família mostrou que valorizava as relações interpessoais pelas interações intra e extrafamiliares formadas em padrões de ajuda, aprendizagem, afeto e solidariedade. Os relatos do grupo evidenciaram que, diante de crises, a família buscava a compreensão e o sentido das dificuldades, procurando apoio na família extensa e na rede social para manter o controle da situação. Foram evidentes os sinais de planejamento e de organização para a tomada de decisões, o sentimento de respeito mútuo e a coesão familiar pautada em uma comunicação aberta e explícita de sentimentos e emoções.

Assim sendo, o período pós-adversidade era percebido como transformador e benéfico, e o grupo familiar sentia-se mais forte e marcado por um sentimento de solidariedade. Chamou a atenção na análise dessa família a postura dos membros em relação à vizinhança: atitudes sempre ativas no sentido de promover o bem-estar de outras pessoas (vizinhos) que compartilhavam com eles o mesmo endereço social. Entretanto, conforme já perguntado na sessão anterior, e considerando-se a resiliência um fenômeno relacional, qual é o papel das ações dos trabalhadores sociais com relação às urgências das famílias de baixa renda que vivem uma situação de risco psicossocial?

AS PRÁTICAS SOCIAIS DOS TRABALHADORES E SUAS TEORIAS IMPLÍCITAS SOBRE POBREZA

As teorias implícitas são representações mentais que fazem parte do sistema de conhecimento dos indivíduos com base no acúmulo de experiências pessoais oriundas do contato com práticas culturais e formas de interação social (Rodrigo; Rodríguez; Marrero, 1993). Outras terminologias, como sistemas de crenças, esquemas ou ideologias, também são usadas para explicar esse conhecimento de natureza social. Em geral, todos os termos remetem a um conjunto relativamente homogêneo e racional de ideias, conceitos, imagens, normas, valores e produtos culturais. Os indivíduos ou grupos sociais que sustentam determinadas teorias implícitas deixam transparecer sua relação com a realidade social por meio de comportamentos orientados pelo conteúdo de suas ideias. Com o objetivo de conhecer as crenças e teorias dos agentes sociais que lidam com famílias pobres em um município do extremo sul do Brasil, uma equipe de pesquisadores do CEP-Rua da FURG, Centro de Estudos Psicológicos sobre Meninos e Meninas de Rua da Fundação Universidade Federal de Rio Grande, vinculados ao Núcleo de Estudos e Atenção às Famílias (NEAF/FURG), realizou investigações junto às famílias pobres para compreender suas necessidades e prioridades e entrevistou trabalhadores sociais de diferentes formações para conhecer seus pensamentos e percepções sobre o funcionamento familiar dos que vivem em condição de pobreza.

Os agentes sociais entrevistados nas pesquisas forneceram informações que subsidiaram as reflexões deste texto e de outros trabalhos publicados pelos núcleos de pesquisa anteriormente referidos (Yunes, 2001, 2007; Yunes; Mendes; Albuquerque, 2004, 2005, 2007) A maioria dos participantes era do sexo feminino e trabalhava direta ou indiretamente com famílias pobres. Eram cuidadores e dirigentes de instituições de abrigo, agentes comunitários de saúde, diretores e professores do ensino fundamental de bairros da periferia, assistentes sociais e profissionais do ambiente judiciário.

As famílias pobres que compõem o cotidiano de trabalho desses profissionais investigados foram descritas na maioria das vezes como acomodadas e submissas à situação de miséria, além de "desestruturadas" pela sua configuração não nuclear e também pelas características apontadas de violência nas relações intrafamiliares: de abandono, de negligência das crianças e de incidência do uso de drogas na família. Os profissionais acreditam que essas características podem ser transmitidas através das gerações, o que perpetua os mitos familiares de "acomodação" e "desestruturação". Tal crença encontra suporte parcial na teoria dos *"scripts da família"*, de Byng-Hall (1995). Segundo esse autor, através da vida em família, ensaiamos nossas vidas em nossas futuras famílias, replicando ou corrigindo os *scripts* de vida de nossos pais e experimentando várias maneiras de nos relacionarmos. Por alguma razão os profissionais acreditam que as famílias pobres *sempre* replicam (nunca corrigem) os *scripts* das gerações precedentes, sejam estes indicativos da "superação ou não superação de dificuldades". Não foram encontradas em pesquisas brasileiras evidências científicas que comprovassem a linearidade dessas conclusões.

Ao serem solicitados para descreverem famílias "que enfrentam as adversidades da pobreza, mas conseguem viver bem", muitos profissionais apresentaram dificuldades em organizar suas ideias, pois parecia difícil fugir da configuração inicial de seus sistemas de crenças (formados por famílias pobres "acomodadas, carentes, desestruturadas, violentas"), que insistiam em aparecer no discurso. Na opinião desses profissionais, as "famílias que superam" os desafios da pobreza podem encaixar-se em dois modelos não exclusivos categorizados de acordo com a análise de dados qualitativos: relacional e normativo ou organizador. O modelo relacional enfatiza a presença de pessoas significativas na dinâmica interna da família, como a mulher, no papel de mães ou avós e outros parentes femininos da família extensa. Talvez essas crenças relacionem-se com algumas teorias de desenvolvimento feminino e masculino que reforçam pressupostos como:

> Os valores de cuidado, apego, de interdependência, relacionamentos e atenção aos contextos são primordiais no desenvolvimento feminino. Os homens definem-se em termos de trabalho e carreira, e as mulheres tendem a definir-se no contexto das relações humanas e julgam a si mesmas em termos de suas habilidades de cuidar. (McGoldric; Heiman; Carter, 1993, p. 412)

Essas crenças podem ao mesmo tempo ter suas raízes nas concepções de pobreza e relações com chefia feminina nesses contextos. Segundo Sarti (1996), "as famílias desfeitas são mais pobres, e, num círculo vicioso, as famílias desfazem-se mais facilmente" (p. 45). O papel do homem como provedor na família é o mais afetado na pobreza (Montali, 1991). São as mulheres que lideram as famílias, e a experiência das entrevistadas confirma esse dado. A vulnerabilidade dessas famílias chefiadas por mulheres é reconhecida por alguns pesquisadores (Lopes; Gottschalk, 1990), mas não o é integralmente por nossos profissionais, que percebem a mulher como "forte e poderosa" na dinâmica familiar monoparental. Esse fato é confirmado pelos resultados de pesquisas já referidas neste capítulo (Garcia; Yunes, 2006; Yunes; GARCIA; Albuquerque, 2007). Outras questões relacionais apontadas pelos profissionais como indicativas de famílias que "superam" as adversidades são a presença de "mentores" e a afetividade nas interações com as crianças e com o ambiente. O modelo de processos de resiliência em família, de Walsh (1998, 2003, 2005), e apontados pela autora nas dimensões da importância dos processos de comunicação familiar confirma esse achado.

    O segundo modelo de crenças dos profissionais sociais, intitulado normativo/organizador, enfocou as prioridades de ocupação e reforçou o papel do estudo, do trabalho e das rotinas de organização e colaboração do grupo familiar. Esses aspectos também se alinham com uma outra dimensão do modelo de resiliência em famílias de Walsh (1998, 2003, 2005) denominada padrões de organização. Se focarmos a questão do trabalho na perspectiva de Sarti (1996) como apresentada em seu estudo sobre a moral dos pobres, temos que: "é através do trabalho que os pobres demonstram *não* serem pobres" (p. 66) e buscam, como trabalhadores, a dimensão positiva de sua identidade e a força moral para "quando caírem no buraco, se levantar" (p. 67). Os resultados da análise das entrevistas dos profissionais nesse estudo validam essa posição, na medida em que se pode encontrar na perspectiva dos agentes sociais que atendem às famílias a qualificação do "pobre estudioso e trabalhador" como aquele que "dá certo na vida". Mas demonstra também que os profissionais não reconhecem a perspectiva da exploração na forma como se organiza o trabalho na sociedade capitalista, tampouco os mecanismos da intitulada violência estrutural (Minayo, 1990).

No sistema de crenças dos profissionais, o grupo familiar que "vive bem" tem maiores chances se estiver no modelo nuclear tradicional, em que pai, mãe e filhos vivem juntos. Nas concepções estudadas por Szymanski e Gomes (1988) em famílias de baixa renda, a família nuclear é uma expressão da "família pensada" como a "boa", a "natural" e a "certa". Pode-se constatar que essa ideologia não está apenas presente nas representações das próprias famílias pobres (Szymanski Gomes, 1988), mas faz também parte do ideário daqueles que atendem profissionalmente a essas mesmas famílias de baixa renda e que talvez desqualifiquem aqueles que divergem do que julgam "certo".

Portanto, a compreensão da experiência dos profissionais entrevistados sugere que a maioria acredita que as famílias pobres têm escassas probabilidades de sucesso diante das adversidades da pobreza. O discurso dos entrevistados postula que sua clientela é formada basicamente por aqueles que "não superam" as adversidades. Os profissionais entrevistados revelaram de início suas ideias organizadas com base em preconceitos de pobreza e desvantagem socioeconômica, o que confirma a inspiração ideológica do construto da resiliência (Martineau, 1999; Yunes; Szymanski, 2001) e a "patologização" da pobreza (Yunes; Szymanski, 2003). Essas atitudes não são exclusividade dos trabalhadores sociais brasileiros, pois alguns trabalhos americanos mostram que os profissionais da saúde mental apresentam uma visão de pessoas negras e pobres como "desmotivadas", "preguiçosas", "desorganizadas" e impossíveis de serem tratadas (Boyd-Franklin, 1993).

Essas reflexões nos fazem pensar no modelo de relações que tem sido adotado por esses agentes sociais no seu dia a dia com as famílias pobres. Os estudos e as reflexões ora apresentados trazem evidências suficientes sobre a complementação diádica de papéis na linha de "culpabilizar a vítima", o que parece servir para descrever o modelo de interações entre "agentes sociais e famílias pobres". Ao que parece, esses profissionais desconsideram a difícil trajetória política e social dessas pessoas ao longo de um caminho de pobreza de oportunidades que vem de gerações anteriores. Conforme perguntado anteriormente: qual o resultado dessa relação? Com toda certeza não tem sido o reconhecimento das reais dificuldades vivenciadas historicamente por essas famílias tampouco a relação empática e genuína capaz de desenvolver uma identidade positiva e a consciência transformadora nesses grupos. Ao contrário, essa atitude negativa e de descrédito dos profissionais com relação às famílias parece agir no sentido de provocar uma atuação "paralisada" e governada por um sistema de crenças que dita a incompetência das famílias pobres em modificarem sua condição de vida como se tudo dependesse apenas delas. E, a partir dessa crença, os profissionais atuam como se não houvesse "o que fazer" por essas populações, cujo sofrimento vem se exacerbando diante de tanta desconsideração política e social... Dessa forma, parece que se depender dos operadores dos serviços sociais, educacionais e de saúde pública, a identidade desses grupos manter-se-á nos personagens da "desestrutura" e "desorganização", e a qualidade de vida e os fatores de risco permanecerão inalterados. Quais seriam as alternativas para mudar esse cenário?

Propostas de intervenção: programas de reflexão junto aos agentes sociais

Os resultados apresentados neste texto sugerem que é preciso dar atenção especial às consequências do "conhecimento prático" dos agentes sociais. É preciso investir tempo e dinheiro governamental em programas de educação que possam modificar a compreensão individualística e microssistêmica que os profissionais têm da condição de pobreza. Há de se promover o entendimento coletivo do fenômeno da pobreza sob a ótica da realidade vivida, a qual tem usurpado os direitos de muitas famílias à cidadania e à felicidade. Os elementos encontrados nas histórias de vida das famílias pobres contrapõem-se claramente às crenças pessimistas dos agentes sociais, que, como já se demonstrou, mostram-se reticentes quanto às possibilidades de superação das adversidades oriundas da pobreza nessas populações. Conforme já argumentado, nota-se que as famílias pobres que compõem o cotidiano do trabalho dos agentes são percebidas por meio de adjetivos que sublinham a vulnerabilidade e a fragilidade das dinâmicas familiares. As percepções otimistas de melhoria de vida e de superação das dificuldades ficam pouco salientes ou sequer são mencionadas por esses profissionais. É relevante citar que os agentes sociais reconhecem que as famílias vivenciam uma diversidade de dificuldades e citam condições de risco como: experiência de fome, baixa escolaridade, analfabetismo, diferentes formas de violência, falta de segurança, instabilidade econômica e poucas oportunidades de emprego. Entretanto, deve-se ressaltar que estes e outros fatores, como também os mecanismos abstratos, invisíveis e implícitos de exclusão social, são consequências da miséria, do desemprego e da carência de condições de moradia e recursos básicos necessários para a sobrevivência digna. Portanto, estão distantes do alcance ou controle dessas populações. Na maioria das entrevistas, esse olhar macrossistêmico (Bronfenbrenner, 1979/1996) sobre a pobreza e as dificuldades que as famílias enfrentam, classificadas como violência estrutural e social, não está presente na descritiva dos profissionais.

    A urgência na (re)formulação e (re)construção de programas públicos de educação que visem auxiliar a (re)elaboração da visão dos agentes sociais e suas práticas educativas fatalistas, deterministas e pessimistas levaram o CEP-Rua da FURG e o NEAF a proporem encontros de reflexão com as diferentes categorias de profissionais sociais (cuidadores de instituições de abrigo, agentes comunitários de saúde, conselheiros tutelares, profissionais do judiciário e professores do ensino fundamental).

O espaço conjunto em seminários, fóruns, jornadas e cursos temáticos garante momentos de reflexões não somente sobre ações e atitudes do cotidiano relacional das díades e tríades representadas por trabalhadores sociais, por crianças/adolescentes e por famílias, mas também sobre o funcionamento e a comunicação dos contextos que compõem a rede de apoio social. Um exemplo de evento promovido nessa direção é "Cuidando dos cuidadores" – um curso anual fruto de que a experiência de institucionalização de crianças e adolescentes pode trazer riscos decorrentes do despreparo dos cuidadores que estão no contato diário com essas populações. As reuniões de reflexão com diretores de abrigo, equipe técnica e cuidadores têm sido realizadas desde 2004 e propiciam trocas de conhecimentos acadêmicos (por parte dos formadores, mediadores e pesquisadores da universidade) e experiências e inquietações (trazidas pelos coordenadores, técnicos e cuidadores em geral). Muitos dos profissionais que assistem aos encontros buscam informações imediatistas e "receitas" para futuras intervenções em casos extremos e difíceis, como em situações de abuso e violência sexual contra a criança ou adolescente ou presença de uso abusivo de substâncias psicoativas em familiares. Apesar de ser dada a devida atenção às inquietudes dos agentes, a estratégia é usar esses exemplos para ampliar as discussões teóricas e práticas, mostrando que as soluções emergem das discussões do próprio grupo. Os resultados da avaliação dessas formações apontam para a criação de mecanismos de inter-relações, por meio dos quais a rede humana interna (o corpo de funcionários dos abrigos) aproxima-se cada vez mais da rede social externa (conselho tutelar, ministério público, secretarias municipais, escolas etc.) que atende a crianças e adolescentes institucionalizados. Uma das instituições participantes das jornadas criou uma "Escola para pais" e tem promovido grupos semanais de diálogo com as famílias das crianças e dos adolescentes abrigados, o que evidencia o esforço de aproximação por parte dos profissionais e uma reprodução da metodologia já vivenciada nos cursos de formação. Outra instituição flexibilizou os horários de visitação para os pais. Em consequência, constata-se um maior número de retorno de crianças para as famílias de origem ou reinserções familiares.

Entende-se que, dessa forma, esse conjunto de pessoas e de ambientes podem efetivamente oferecer proteção e desenvolvimento humano a todos os participantes. Outras categorias de profissionais sociais têm sido convidadas a participar de eventos com planejamentos similares. Para os professores de ensino fundamental, os cursos têm seguido o formato de módulos de seis a dez encontros temáticos (Torma; Yunes, 2007), pois a demanda se caracterizou por solicitações de esclarecimentos de questões ligadas à violência doméstica e pelo atendimento de famílias com suspeita de abuso sexual contra crianças e adolescentes. Esse programa de intervenção tem sido específico para promover denúncias que protejam todos os envolvidos: crianças/adolescentes abusados, familiares e profissionais da educação (Torma; Yunes, 2007).

As observações, relatos e avaliações pós-cursos apontam para o aumento de sentimentos mútuos de confiança, empatia e reciprocidade nas interações com efeitos expressivos nos processos de vida de algumas famílias acompanhadas por nossos pesquisadores.

CONSIDERAÇÕES FINAIS

As propostas de intervenção junto aos profissionais sociais almejaram sumamente resignificar e reconstruir crenças e práticas estereotipadas de atendimento às famílias em situação de risco. Buscou-se, ainda, redirecionar o foco das ações para aspectos de saúde e resiliência dos grupos. É fato que um conjunto harmônico integrado por pessoas que convivem em ambientes interconectados possa oferecer mais oportunidades de educação, aprendizagem e desenvolvimento humano a todos os participantes. Conforme Juliano (2005), o trabalho social conjunto e cooperativo torna as fronteiras das instituições mais permeáveis. A interação e o trabalho em rede dos atores sociais certamente possibilitam a efetiva proteção da criança e do adolescente conforme prevê o ECA (Estatuto da Criança e do Adolescente, 1990). Sabemos que apenas isso não basta e que muitas outras ações, intervenções e programas de apoio ainda serão necessários para humanizar o atendimento que tem sido disponibilizado às famílias que vivem diferentes ameaças sociais. Parafraseando Bronfenbrenner (2005), passamos por um momento histórico, político e social em que é urgente intervir em todos os segmentos de nossa sociedade para formar, informar e tornar mais humanos os seres humanos...

REFERÊNCIAS

ALLEN, K. R. Reflexivity in qualitative analysis toward an understanding of resiliency among older parents with adult gay children. In: MCCUBBIN, H. I.; THOMPSON, E. A.; THOMPSON, A. I.; FUTRELL, J. A. (eds.) *The dynamics of resilient families*. Thousand Oaks, California: Sage Publications, 1999, p. 71-98.

BOYD-FRANKLIN, N. Race, class and poverty. In: WALSH, F. (ed.). *Normal family processes*. New York: The Guilford Press, 1993, p. 361-376.

BRONFENBRENNER, U. *The ecology of human development*. Cambridge, MA: Harvard University Press, 1979.

_____. *A ecologia do desenvolvimento humano: Experimentos naturais e planejados*. Trad. M. A. V. Veronese. Porto Alegre: Artes Médicas, 1996.

_____. The bioecological theory of human development. In: BROFENBRENNER, U. (ed.). *Making human beings human*: bioecological perspectives on human development. Thousand Oaks: Sage. 2005, p. 3-15.

BRONFENBRENNER, U.; MORRIS, P. The ecology of developmental processes. In: DAMON, W. (ed.), *Handbook of child psychology*, v. 1. New York, NY: John Wiley & Sons, 1998, p. 993-1027.

BYNG-HALL, J. *Rewriting family script*: Improvisation and systems change. New York: Guilford Press, 1995.

CECCONELLO, A. M. *Resiliência e vulnerabilidade em famílias em situação de risco*. 2003. Tese (Doutorado em Psicologia do Desenvolvimento). Universidade Federal do Rio Grande do Sul. Porto Alegre.

CHESLA, C. A. Becoming resilient: Skill development in couples living with non-insulin dependent diabetes. In MCCUBBIN, H. I.; THOMPSON, E. A.; THOMPSON, A. I.; FUTRELL, J. A.l (ed.) *The dynamics of resilient families*. Thousand Oaks, California: Sage Publications, 1999, p. 99-133.

CYRULNIK, B. *Os patinhos feios*. São Paulo: Martins Fontes, 2004.

DALY, K. J. Crisis of genealogy: Facing the challenges of infertility. In: MCCUBBIN, H. I.; THOMPSON, E. A.; THOMPSON, A. I.; FUTRELL, J. A. (ed.) *The dynamics of resilient families.* Thousand Oaks, California: Sage Publications, 1999, p. 1-39.

DE ANTONI, C.; BARONE, L. R.; KOLLER, S. H. Violência e pobreza: um estudo sobre vulnerabilidade e resiliência familiar. In: DELL'AGLIO; D. D.; KOLLER, S. H.; YUNES, M. A. M. (ed.) *Resiliência e Psicologia Positiva:* interfaces do risco à proteção. São Paulo: Casa do Psicólogo, 2006, p. 141-171.

DE ANTONI, C.; KOLLER, S. H. Vulnerabilidade e resiliência familiar: Um estudo com adolescentes que sofreram maus tratos intrafamiliares. *Psico,* vol. 31, n. 1, 2000, p. 39-66.

ESTATUTO DA CRIANÇA E DO ADOLESCENTE. Lei Nº 8.069 de 13 de agosto de 1990. Porto Alegre: Corag, 1990.

FINCHAM, F.; GRYCH, J. H.; OSBORNE, L. N. Does marital conflict cause child maladjustment? Directions and challenges for longitudinal research. *Journal of Family Psychology,* vol. 8, 1994, p. 128-140.

GARBARINO, J.; ABRAMOWITZ, R. H. Sociocultural risk and opportunity. In: GARBARINO, J. (ed.). *Children and families in the social environment.* New York: Aldine de Gruyter, 1992, p. 35-70.

GARCIA, N. M.; YUNES, M. A. M. Resiliência familiar: baixa renda e monoparentalidade. In: DELL'AGLIO, D. D.; KOLLER, S. H.; YUNES, M. A. M. (ed.) *Resiliência e Psicologia Positiva:* interfaces do risco à proteção. São Paulo: Casa do Psicólogo, 2006, p. 117-140.

GOLBY, B. J.; BRETHERTON, I. Resilience in post divorce mother-child relationships. In: MCCUBBIN, H. I.; THOMPSON, E. A.; THOMPSON, A. I.; FUTRELL, J. A. (ed.) *The dynamics of resilient families.* Thousand Oaks, California: Sage Publications, 1999, p. 237-269.

HAWLEY, D. R.; DeHANN, L. Toward a definition of family resilience: integrating life span and family perspectives. *Family Process,* vol. 35, 1996, p. 283-298.

JULIANO, M. C. C. *A influência da ecologia dos ambientes de atendimento no desenvolvimento de crianças e adolescentes abrigados.* 2005. Dissertação

(Mestrado em Educação Ambiental). Fundação Universidade Federal do Rio Grande. Rio Grande.

LIBÓRIO R. M. C.; CASTRO, B. M. de; COELHO, A. E. Desafios metodológicos para a pesquisa em resiliência: conceitos e reflexões críticas. In: DELL'AGLIO, D. D.; KOLLER, S. H.; YUNES, M. A. M. (ed.) *Resiliência e Psicologia Positiva*: interfaces do risco à proteção. São Paulo: Casa do Psicólogo, 2006, p. 89-115.

LOPES, J. B.; GOTTSCHALK, A. Recessão, pobreza e família: A década mais do que perdida. *São Paulo em perspectiva*. Fundação SEADE, vol. 4, n. 1, 1990, p. 100-109.

LUTHAR, S. *Poverty and children's adjustment*. Developmental Clinical Psychology and Psychiatry. London: Thousand Oaks; New Delhi: Sage Publications, 1999.

LUTHAR, S. S.; ZIGLER, E. Vulnerability and competence: a review of research on resilience in childhood. *American Journal of Orthopsychiatry*, vol. 61, n. 1, 1991, p. 6-22.

MARTINEAU, S. *Rewriting resilience:* a critical discourse analysis of childhood resilience and the politics of teaching resilience to "kids at risk". 1999. Tese. University of British Columbia. Vancouver.

MARTINS, J. J. A qualidade de vida e trabalho: o cenário atual do trabalho de enfermagem numa unidade de terapia intensiva, *Revista Texto e Contexto*, vol. 8, n. 3, 1999, p. 128-146.

MASTEN, A. S. Ordinary magic: Resilience processes in development, *American Psychologist*, vol. 56, n. 3, 2001, p. 227-238.

MELLO, S. L. Família: Perspectiva teórica e observação factual. In: CARVALHO, M. do C. B. (ed.). *A família contemporânea em debate*. São Paulo: Educ, 1995, p. 51-60.

McCUBBIN, H. I.; McCUBBIN, M. A. Typologies of resilient families: emerging roles of social class and ethnicity. *Family Relations*, vol. 37, 1988, p. 247-254.

McCUBBIN, H. I.; THOMPSON E. A.; THOMPSON, A. I.; FUTRELL, J. A. *The dynamics of resilient families*. Thousand Oaks, California: Sage Publications, 1999.

McGOLDRICK, M.; HEIMAN, M.; CARTER, B. The changing family life cycle: a perspective on normalcy. In: WALSH, F. (ed.). *Normal family processes*. New York: The Guilford Press, 1993, p. 415-443.

MINAYO, M. C. de S. A violência na adolescência: Um problema de saúde pública. *Cad. Saúde Pública*, vol. 6, n. 3, 1990, p. 278-292.

_____. Violência social sob a perspectiva da saúde pública. *Cadernos de Saúde Pública*, vol. 10, n. 1, 1994, p. 4-19.

MINAYO, M. C. de S.; SOUZA, E. R. É possível prevenir a violência? Reflexões a partir do campo da saúde pública. *Ciência e Saúde Coletiva*, vol. 4, n. 1, 1999, p. 7-32.

MIRANDA, A. T.; YUNES, M. A. M. O ato da denúncia de abuso sexual contra crianças e adolescentes no ambiente escolar. In: LEAL; M. L. P.; LEAL; M. de F. P.; LIBÓRIO, R. C. (ed.). *Tráfico de pessoas e violência sexual*. Brasília: Violes/Ser/UnB, 2007, p. 167-190.

MONTALI, L. Família e trabalho na conjuntura recessiva. *São Paulo em perspectiva*, vol. 5, n. 1, 1991, p. 72-84.

PAUGAM, S. As formas elementares da pobreza nas sociedades europeias. In: VERAS, M. P. B. (ed.). *Por uma sociologia da exclusão social*: o debate com Serge Paugam. São Paulo: Educ, 1999, p. 81-96.

RODRIGO, M. J.; RODRÍGUEZ, A.; MARRERO, J. *Las teorias implícitas*: una aproximación al conocimiento cotidiano. Madrid: Visor, 1993.

RUTTER, M. Resilience in the face of adversity: protective factors and resistance to psychiatric disorder. *British Journal of Psychiatry*, vol. 147, 1985, p. 598-611.

SARTI, C. A. *A família como espelho:* um estudo sobre a moral dos pobres. Campinas: Autores Associados, 1996.

SELIGMAN, M. E. P.; STEEN, T. A.; PARK, N.; PETERSON, C. Positive Psychology progress: empirical validation of interventions. *American Psychologist*, vol. 60, n. 5, 2005, p. 410-421.

SZYMANSKI GOMES, H. R. *Um estudo sobre o significado de família.* 1988. Tese (Doutorado em Psicologia). Pontifícia Universidade Católica. São Paulo.

THOMPSON, E. A. Resiliency in families with a member facing AIDS. In: MCCUBBIN, H. I.; THOMPSON, E. A.; THOMPSON, A. I.; FUTRELL, J. A. (ed.). *The dynamics of resilient families*. Thousand Oaks, California: Sage Publications, 1999, p. 135-163.

TORMA, A. M. *A denúncia de abuso sexual no ambiente escolar: o estudo de um programa de intervenção com professores do ensino fundamental*. 2007. Dissertação (Mestrado em Educação Ambiental). Fundação Universidade Federal do Rio Grande.

UNGAR, M. A constructionist discourse on resilience: multiple contexts, multiple realities among at-risk children and youth. *Youth and Society*, vol. 35, n. 3, 2004, p. 341-365.

WALSH, F. Conceptualization of normal family processes. In: WALSH, F. (ed.). *Normal family processes*. New York: The Guilford Press, 1993, p. 3-69.

_____. The concept of family resilience: crisis and challenge. *Family Process*, vol. 35, 1996, p. 261-281.

_____. *Strengthening family resilience*. New York, London: The Guilford Press, 1998.

_____. Family resilience: framework for clinical practice. *Family Process*, vol. 42, n. 1, 2003, p. 1-18.

_____. *Fortalecendo a resiliência familiar*. São Paulo: Editora Roca, 2005.

WERNER, E. (1993) Risk, resilience and recovery. Perspectives from the Kauai Longitudinal Study. *Development and Psychopathology*, vol. 5, 1993, p. 503–515

WERNER, E.; SMITH, R. *Vulnerable but invincible*: a longitudinal study of resilient children and youth. New York: McGraw-Hill, 1982.

WERNER, E. E.; SMITH, R. S. *Overcoming the odds*: high-risk children from birth to adulthood. Ithaca and London: Cornell University Press, 1992.

YUNES, M. A. M. *A questão triplamente controvertida da resiliência em famílias de baixa renda*. 2001. Tese (Doutorado em Psicologia da Educação). Pontifícia Universidade Católica. São Paulo.

_____. Psicologia positiva e resiliência: o foco no indivíduo e na família. *Psicologia em Estudo*, vol. 8, 2003, p. 75-84.

_____. Psicologia positiva e resiliência: o foco no indivíduo e na família. In: DELL'AGLIO, D. D.; KOLLER, S. H.; YUNES, M. A. M. (ed.). *Resiliência e Psicologia Positiva:* interfaces do risco à proteção. São Paulo: Casa do Psicólogo, 2006, p. 45-68.

_____. The ideological trap of the advocacy's discourse on resilience in poor families. *E-Journal of Applied Psychology*, vol. 3, 2007, p. 26-33.

YUNES, M. A. M.; SZYMANSKI, H. Resiliência: noção, conceitos afins e considerações críticas. In: TAVARES, J. (ed.). *Resiliência e Educação*. São Paulo: Cortez, 2001, p. 13-42.

_____. Crenças, sentimentos e percepção acerca da noção de resiliência em profissionais da saúde e da educação que atuam com famílias pobres. *Psicologia da Educação*, vol. 17, 2003, p. 119-137.

_____. Entrevista reflexiva e grounded-theory: estratégias metodológicas para compreensão da resiliência em famílias. *Revista Interamericana de Psicologia*, vol. 39, n. 3, 2005, p. 439-431.

_____. A study of a family that overcomes poverty's adversity: a case of family resilience? *Psicodebate: Psicologia, cultura y sociedad*, vol. 7, 2006, p. 119-139.

YUNES, M. A. M.; MENDES, N. F.; ALBUQUERQUE, B. de M. As interações entre os agentes comunitários de saúde e famílias monoparentais pobres: percepções e crenças sobre resiliência. *Revista Ciência, Cuidado e Saúde*, vol. 3 (n. especial), 2004, p. 12-15.

_____. Percepções e crenças de agentes comunitários de saúde sobre resiliência em famílias monoparentais pobres. *Texto & Contexto*, vol. 14, (n. especial), 2005, p. 24-31.

YUNES, M. A. M.; GARCIA, N. M.; ALBUQUERQUE, B. M. Monoparentalidade, pobreza e resiliência: entre as crenças dos profissionais e as possibilidades de convivência familiar, *Psicologia. Reflexão e Crítica*, vol. 20, 2007, p. 351-360.

4

ESTRESSE E RESILIÊNCIA EM PROFISSIONAIS DA ÁREA DA SAÚDE[4]

Camila Elisa Graziottin Padilha
Clarissa De Antoni
Universidade Federal do Rio Grande do Sul

Este capítulo propõe a investigação, por uma revisão teórica, dos conceitos de estresse e resiliência, levando-se em conta os eventos que podem estar presentes no contexto dos profissionais da área da saúde. O estudo a respeito do tema é importante, pois o trabalho que envolve contato direto com dificuldades sociais e saúde pode resultar em sofrimento para o trabalhador, tornando-se um fator de risco para a saúde mental, de acordo com as exigências que demande. Percebe-se, então, a necessidade de compreender os processos geradores de estresse e os fatores envolvidos na capacidade de resiliência que permeiam o dia a dia desses profissionais. Além disso, são propostas ações de intervenção que podem amenizar o impacto do estresse nos profissionais da área de saúde.

---

[4] Este capítulo faz parte da monografia para obtenção do grau de especialista em Psicologia Clínica, Ênfase em Saúde-Comunitária/UFRGS, escrita pela primeira autora e orientada pela segunda.
Contato: clarissadeantoni@yahoo.com.br

OS PROFISSIONAIS DA ÁREA DA SAÚDE E A ROTINA DE TRABALHO

É importante definir quem são os profissionais da área da saúde pensados como população a ser estudada e sua rotina de trabalho. As atuais Ciências da Saúde e a Organização Mundial da Saúde (OMS, 1997) definem saúde não só como ausência de doença, mas como um estado de bem-estar físico, mental, social e espiritual. O processo de saúde pode ser compreendido como o desenvolvimento de um repertório de competências do agente para agir em um ambiente ou estrutura a fim de alcançar as metas para o seu dia a dia e para sua vida em geral (Lindström, 2001). Minayo (1996) aponta que problemas de saúde não se resolvem apenas a partir de decisões no setor saúde, por exemplo com maior investimento em aparelhagem, medicamentos e na construção de hospitais, mas envolve decisões em outros espaços, como no ambiente familiar, nos centros comunitários, na escola, no Conselho Tutelar, na Secretaria e Ministério da Educação, Lazer e Cultura, na Secretaria e Ministério de Habitação, Saneamento, entre outros. Petersen, Bauer e Koller (2004) afirmam que o bem-estar pessoal relaciona-se diretamente ao bem-estar social, portanto, a saúde resulta de condições dignas de moradia, acesso à cultura, ao esporte, ao lazer e à educação, além de aspectos biológicos.

Nesse sentido, entende-se que todos os profissionais que, de alguma forma, atendem pessoas em busca da recuperação de uma funcionalidade orgânica, psíquica ou social seja em postos de saúde, hospitais, clínicas privadas ou órgãos públicos – podem ser considerados "profissionais da área da saúde". Portanto, assistentes sociais, psicólogos, fisioterapeutas, fonoaudiólogos, terapeutas ocupacionais, enfermeiros, técnicos de enfermagem, médicos entre outros são lembrados quando se pensa no contato com o usuário do serviço (o "paciente" ou cliente) e seus familiares.

No *Novo Dicionário Eletrônico Aurélio*, encontra-se a referência ao termo "Paciente":

> [Do lat. patiens, entis, part. pres. do lat. pati, 'sofrer', 'padecer', 'aturar'.] Resignado, conformado; Que espera serenamente um resultado; tranquilo; Que persevera na continuação de uma tarefa lenta e difícil. [Sin. (bras., MG e RS): paciencioso.]; Que é feito com paciência; Pessoa que padece; doente; Pessoa que está sob cuidados médicos; Aquele que recebe a ação praticada por um agente.

É interessante a referência sobre alguém passivo, que pode esperar e recebe o que lhe for oferecido. E é importante perceber como, muitas vezes, no sistema de saúde são os profissionais que assumem a responsabilidade pelo cuidado do "paciente", enquanto ele interage de forma realmente passiva diante das decisões importantes para seu tratamento, ou mesmo em relação a sua adesão.

O modelo biomédico aplicado no Brasil desde que o sistema de saúde público começou a ser empregado considera que o mal-estar físico é a porta de entrada do cidadão na rede de saúde. Entretanto, com o conceito atualizado de saúde, entende-se que quando o sujeito busca ajuda para "curar" males "aparentemente" físicos pode ser algo que vai além do físico. Pode ser de ordem social, educacional, relacional, emocional, familiar, entre outros, que podem se traduzir em melhores condições de vida. Mesmo assim, percebe-se na forma de trabalho de muitos profissionais da área da saúde que não existe em sua formação acadêmica o preparo para perceber e lidar com a hipótese de o "paciente" ter como causa da "doença" algo que não seja de ordem física e objetiva. Aprender na prática, às vezes sem o esclarecimento necessário para lidar com essas questões, já pode ser considerado um fator estressante para o profissional, que se vê sem os instrumentos ou meios para efetivamente ajudar ou "curar" o "paciente" que o procura.

Na rotina do cuidado, diante de tantas responsabilidades, pode haver falhas importantes, como falta de recursos financeiros, materiais e humanos, e estas podem ser entendidas como fatores de risco quando acionam processos de estresse nos profissionais. Entretanto, quando, além dos desafios, existem conquistas, estas, entre outras coisas, atuam como fatores de proteção que podem amenizar o impacto dos eventos estressores e colaboram nos processos de desenvolvimento da capacidade de resiliência.

A RELATIVIDADE DO CONCEITO DE ESTRESSE

O conceito de estresse pode significar muitas coisas para diferentes pessoas, pois é um termo utilizado popularmente. As definições teóricas sobre estresse trazem a noção de que o "estado de estresse" envolve situações psicofisiológicas, pelas implicações que ocasiona no organismo do ser humano nas suas relações com o mundo externo e em seu funcionamento biopsicossocial (Wallau, 2005). No trabalho que envolve a saúde de seres humanos, seja em termos biológico, social ou emocional, os agentes estressores podem levar a um nível de envolvimento com as dificuldades e a um grau de tensão que pode ser problemático.

Segundo Silva e Martinez (2005), a palavra estresse, de origem latina, vem do verbo *stringo*, que significa apertar, cerrar, comprimir, espreitar, restringir, diminuir e reduzir, de acordo com o dicionário *Webster's*, de 1950. As autoras lembram que no século XVII o termo passou a ser utilizado para designar angústia, opressão, injustiça e adversidade. Posteriormente, nos séculos XVIII e XIX, o vocábulo foi usado para expressar opressão ou forte influência sobre um objeto físico. Wallau (2005) traz a informação de que a palavra estresse vem da física e significa tensão ou esforço, resultando em deformidade. O termo foi usado pela primeira vez na área da saúde em 1925, por Hans Selye, um estudante de medicina que analisou respostas normais e patológicas de pacientes atendidos em ambulatórios (Silva; Martinez, 2005).

Selye começou a utilizá-lo em estudos sobre psicofisiologia, e indicava, nesse início, o estado de um sujeito que resulta da interação do organismo com estímulos ou circunstâncias nocivas ambientais. Os estudos sobre estresse evoluíram e constatou-se que estar em situação ou estado de estresse ocasionalmente não é considerado prejudicial ao organismo, pois este, a princípio, tem recursos para adaptar-se a situações difíceis quando não prolongadas. Entretanto, a permanência nesse estado pode causar uma infinidade de complicações, instalando-se o estresse crônico, e entre essas complicações, o enfraquecimento do sistema imunológico.

A reação do organismo aos agentes estressores tem um propósito evolutivo, essencialmente em resposta a um perigo e pode ser dividida em três estágios: alarme, adaptação e exaustão. No estágio de alarme, em que o corpo reconhece o estressor e ativa o sistema neuroendócrino, a função dessa resposta fisiológica é prepará-lo para a ação, que pode ser de "luta" ou "fuga" ao estresse, que termina em algumas horas (Bauer, 2002). Essa fase caracteriza-se, segundo Petersen, Bauer e Koller (2004), por entusiasmo e motivação e envolve eliminação de adrenalina. O segundo estágio é o de adaptação, no qual o organismo repara os danos causados pela reação de alarme, reduzindo os níveis hormonais. Aparecem aí sensação de desgaste generalizado e dificuldades de memória. Se o estresse continua, o terceiro estágio começa, o da exaustão, e pode provocar o surgimento de uma doença associada à condição estressante. Na fase de exaustão, os autores apontam o aumento de estruturas linfáticas, exaustão psicológica em forma de depressão e exaustão física na forma de doenças. O processo de adoecimento pode então acontecer, atingindo um órgão-alvo geneticamente programado. O estresse psíquico, portanto, pode predispor à doença física devido a uma ruptura da homeostase corporal, do equilíbrio interno do organismo, causada por modificações no funcionamento de sistemas e órgãos ativados e mantidos em condição de alerta. Ogden (1999) refere que o estresse pode afetar a saúde de dois modos: por meio de mudanças comportamentais, já que indivíduos com altos níveis de estresse apresentam uma maior tendência para comportamentos que aumentem as possibilidades de adoecer ou ferir-se, ou pelas mudanças fisiológicas já citadas, que interferem no aparecimento de doenças e na sua evolução.

Petersen, Bauer e Koller (2004) enfatizam que, do ponto de vista psicológico, fatores como personalidade, estado de humor, mecanismos de defesa, controle ou *coping* sobre a situação potencialmente estressora e a viabilidade de apoio social são muito importantes quando se pensa na vulnerabilidade da pessoa aos fatores estressantes. É interessante esclarecer que a palavra *coping* é geralmente utilizada no original em inglês para referir-se a esforços cognitivos e comportamentais para lidar com demandas específicas de situações adversas e avaliadas como sobrecarregando ou excedendo os recursos pessoais (Yunes, 2003).

Ogden (1999) aponta que os pesquisadores diferenciam estresse perigoso e nocivo (chamado *distress*, sofrimento) de positivo e benéfico (chamado *eustress*). Ela aponta que a definição mais comumente aceita foi desenvolvida por Lazarus e Launier – autores americanos – que consideravam o estresse uma transição entre as pessoas e o meio ambiente. Sob essa definição, o estresse implica interação entre o estressor e o sofrimento.

Na década de 1980, diversos autores trabalharam também o modelo transacional no qual o estresse é entendido como um processo dinâmico, interativo e reativo entre sujeito e meio.

Segundo esse modelo, cada indivíduo possui estratégias próprias e particulares para emitir uma resposta de estresse.

As reações do estresse podem ser manifestadas em níveis físico e psicológico, e as reações físicas podem ser: aumento da sudorese, hiperacidez estomacal, tensão muscular, taquicardia, hipertensão arterial, bruxismo (ranger os dentes involuntariamente durante o sono) e náuseas. Psicologicamente, as reações podem ser: ansiedade, angústia, dúvidas quanto a si próprio, dificuldade de concentração, preocupação excessiva e hipersensibilidade excessiva (Silva; Martinez, 2005).

Para Lozano, citado por Wallau (2005), o estresse define-se como uma combinação de três elementos: o ambiente, os pensamentos negativos e as respostas físicas que atuam para que o profissional sinta-se mal. Nas profissões em que a carga emocional é intensa, como nas áreas da saúde em seu âmbito geral, podem ser fatores estressantes na rotina de trabalho: as condições físicas, as responsabilidades exigidas da área da assistência, a deficiente participação de colegas dos quais dependem, baixo salário e insatisfação em relação às aspirações e à promoção profissionais, além da jornada de trabalho contínua e extenuante. Kebbe, Ferreira e Rossi (2004) apontam para a importância das relações no trabalho e o ambiente que se cria com elas. O estabelecimento de diferenças, marcadas pela constituição de hierarquias, jogos de poder, delimitação e atribuição de funções, podem impor à tarefa profissional conotações de pressão e sofrimento. Os autores complementam como possíveis agentes estressores nos profissionais da área da saúde o número limitado de profissionais, a sobrecarga de funções, a possível exposição a agentes químicos e biológicos e o desgaste emocional na execução de tarefas como fatores altamente tensiogênicos.

Ogden (1999) considera como estressor o que é causado pelo ambiente externo (por exemplo, problemas no trabalho) e como estresse a resposta ao estressor ou sofrimento (por exemplo, a sensação de tensão), visto como algo que envolve mudanças bioquímicas, fisiológicas, comportamentais e psicológicas. É enfatizado o fato de que o estresse tem sido insistentemente estudado em função do seu potencial efeito na saúde do indivíduo: pelas mudanças comportamentais ou fisiológicas. Segundo a autora, os acontecimentos da vida podem mediar a ligação estresse-doença, além de o maior apoio social estar relacionado com a diminuição da resposta de estresse e subsequente redução de doença. Peiró, autor espanhol citado por Wallau (2005), evidencia em seus estudos a relação entre o estresse laboral e a saúde, ao afirmar que a exposição a estressores de diferentes naturezas está intimamente ligada com a deterioração da saúde. A aparição de determinadas patologias é considerada a consequência mais importante da exposição prolongada a situações estressantes e da desadaptação que produz no organismo.

    Silva e Martinez (2005) mencionam autores que se referem ao estresse como uma reação do organismo, com componentes físicos e psicológicos, e que ocorre quando a pessoa se confronta com uma situação que, de um modo ou de outro, a irrite, amedronte, excite ou confunda, ou mesmo que a faça imensamente feliz. A ocorrência do estresse varia de acordo com quanto o indivíduo foi afetado. Quando o estresse atua por um longo período de tempo ou é muito intenso, o organismo tem de despender muita energia, provocando um desequilíbrio e podendo tornar o indivíduo vulnerável a doenças. Entretanto, um pouco de estresse desencadeia um movimento do organismo para a ação, de modo que haja energia para lidar com as situações. Em uma visão subjetiva do fenômeno, Yunes e Szymanski (2002) sugerem que, segundo a percepção que o indivíduo tem da situação, da sua interpretação do evento estressor e do sentido a ele atribuído, teremos ou não a condição de estresse. A mesma situação pode ser experimentada por certo indivíduo como perigo e para outro como um grande desafio.

A "SÍNDROME DE BURNOUT"

Petersen, Bauer e Koller (2004) encontraram estudos que incluem o estresse laboral como um fator importante no estresse do adulto. Moura (2004) ressalta que as investigações baseadas no conceito da síndrome de esgotamento profissional – *Burnout* –, embora nem sempre o explicitem, estão muito próximas ao modelo de estresse ou, até mesmo, utilizam-se do conceito de estresse como apoio teórico.

Burnout, segundo Benevides-Pereira (2002), é o termo empregado para designar o que deixou de funcionar por absoluta falta de energia. A autora refere que a literatura indica Herbert J. Freudenberger como o primeiro a utilizar essa denominação em um artigo em 1974, para alertar a comunidade científica acerca dos problemas a que os profissionais de saúde estão expostos em função do seu trabalho. Vários autores adotam diferentes denominações para o mesmo fenômeno: alguns utilizam o termo *Estresse Laboral* para assinalar que não se trata de uma síndrome específica, mas de um tipo de estresse que se dá no contexto do trabalho, entretanto, há os que acrescentam o caráter de ajuda no intuito de definir o tipo de trabalho empregado, usando o termo *Estresse Laboral Assistencial*.

Dejours (1986), quando fala a respeito das repercussões do processo de trabalho sobre a saúde do trabalhador, entende que elas derivam tanto das condições de trabalho como de sua organização. Enquanto as primeiras, que dizem respeito às condições físicas, químicas e biológicas do ambiente de trabalho, refletem sobre o físico do trabalhador, aquelas que dizem respeito à divisão técnica e social do trabalho (as que se referem à organização) repercutem sobre sua saúde psíquica, podendo causar sofrimento, doenças físicas e mentais.

Ao examinar o trabalho em Psicologia, verifica-se que, por suas peculiaridades, independente da área de atuação, trata-se de uma ocupação de risco para o desenvolvimento da síndrome de *Burnout* (Benevides-Pereira; Moreno-Jiménez, 2002). A Psicologia, enquanto atividade, requer do profissional que ele mantenha uma relação muito próxima com as pessoas às quais deve atender, sejam os clientes do consultório, os funcionários e/ou usuários da empresa ou os professores e/ou alunos do colégio. Essa relação tão estreita frequentemente se relaciona com problemas emocionais, o que muitas vezes chega a repercutir na vida pessoal do psicólogo. Além disso, os autores apontam que os conflitos entre os interesses oriundos da organização, seja a escola, a família, a empresa ou a instituição, e as pessoas objeto de seu trabalho, sobrecarregam e desgastam o profissional.

Wallau (2005) constata, em pesquisas publicadas na literatura, que existe estresse no trabalho dos psicólogos. Segundo ela, são cinco os fatores desencadeantes de estresse: manutenção da aliança terapêutica, agendamento, dúvidas profissionais, envolvimento excessivo no trabalho e esgotamento. São pontos que denotam a importância do vínculo paciente-terapeuta e os investimentos, normalmente dispendiosos do ponto de vista emocional que esse vínculo exige do profissional quando ele se coloca como apoio e ajuda nas situações difíceis das pessoas que atende.

Em outras áreas além da saúde também são percebidos agentes estressores: em uma pesquisa realizada nos Estados Unidos, em uma amostra de 173 psicólogos escolares, observou-se que 40% dos sujeitos relataram níveis de exaustão emocional, 19%, um sentimento diminuído de realização profissional e 10%, reações de despersonalização. Além disso, o surgimento de novos campos laborais para o psicólogo que tragam a necessidade de especialização e aperfeiçoamento profissionais em áreas novas de atuação podem se tornar agentes estressores em profissionais que não se beneficiem dessas alterações e as tomem como fontes de estresse.

Moura (2004) refere que a diferenciação entre os dois tipos de sofrimento psíquico no trabalho (criativo e patogênico) permite analisar e compreender as articulações entre saúde mental e trabalho, destacando o papel da situação do trabalho no encaminhamento para a saúde ou para a doença. Sob essa perspectiva, quando a doença eclode no trabalho, a forma pela qual seus sintomas se manifestam (físicos ou mentais) está diretamente vinculada à história de cada sujeito e, portanto, será sempre um evento de ordem individual, tornando difícil o desenvolvimento de estudos epidemiológicos quanto a problemas de saúde (física e/ou mental) do trabalho.

Como variáveis antecedentes e pré-disponíveis ao *Burnout*, pode-se encontrar o excesso de demanda, a rotina e a remuneração insuficiente. São também fatores atribuídos como consequência do trabalho: o esgotamento físico e mental, irritabilidade e distanciamento (físico ou mental), aumento na ingestão de substâncias, depressão e até suicídio. São sintomas atribuídos e evidenciados da Síndrome de *Burnout*: dificuldades com o sono, problemas gastrintestinais, pouca vontade de se comunicar, pouca satisfação nas relações sexuais, falta de vontade de começar algo, estado de aceleração contínua, entre outros. Kebbe, Ferreira e Rossi (2004) referem que, na prática, nota-se que a subjetividade do profissional, como alguém que ao atuar também vivencia emocionalmente o próprio fazer, é pouco considerada no contexto da assistência, mas nem por isso deixa de manifestar-se no cotidiano por meio dessa patologia.

Soratto e Ramos (1999) sugerem que os relacionamentos interpessoais estão entre os principais determinantes de como o ambiente de trabalho objetivo afeta o estado subjetivo do indivíduo. Inclusive apontam que em algumas situações é mais viável tentar proporcionar e reforçar o suporte social, com o objetivo de oferecer ou manter a boa saúde, do que reduzir a exposição aos fatores estressantes.

Além disso, entendem-se ainda como fatores de proteção ao trabalho do psicólogo: submeter-se à psicoterapia, constante atualização, muito treino, habilidade, experiência e autoconhecimento. A psicoterapia seria o principal meio apontado para o incremento do conhecimento pessoal, da capacidade de empatia e resolução de problemas pessoais.

RESILIÊNCIA

Segundo Grotberg (2005) resiliência é "a capacidade humana para enfrentar, vencer e ser fortalecido ou transformado por experiências de adversidade" (p. 15). Resiliência é um conceito relativamente novo nas Ciências Humanas. Dentro das áreas de Engenharia, Física e Odontologia, entretanto, há familiaridade com a palavra quando se refere à resistência de materiais. Em Psicologia, tem sido foco de estudos e nos últimos anos o significado do conceito nas áreas da Educação e da Saúde tem facilitado as produções acadêmicas e o interesse por elas.

Invulnerabilidade ou invencibilidade são conceitos precursores da definição do termo resiliência na Psicologia (Poletto; Koller, 2006). Michel Rutter, um dos pioneiros do estudo sobre resiliência, acredita que a invulnerabilidade significa uma resistência absoluta ao estresse, uma característica intrínseca do indivíduo, principalmente porque a resistência ao estresse é variável. Morais e Koller (2004) entendem que a compreensão do conceito de resiliência é importante, assim como diferenciá-lo de invulnerabilidade, que passa uma ideia de resistência total e característica imutável. As pesquisadoras entendem resiliência como uma reafirmação da capacidade humana de superar adversidades, o que não quer dizer, segundo elas, que o indivíduo saia da crise ileso, como implica o termo invulnerabilidade.

Os primeiros estudos do psiquiatra Rutter datam do princípio da década de 1970, com a investigação de diferenças entre meninos e meninas que viviam em lares desfeitos por conflitos. Os resultados dessa pesquisa apontaram que os meninos eram mais vulneráveis que as meninas em relação a estressores físicos e psicossociais. As pesquisas seguintes apontaram que um único fator estressante não possui impacto significante, mas a combinação de dois ou mais desses fatores pode diminuir a probabilidade de consequências positivas no desenvolvimento, e estressores adicionais aumentam o impacto de outros presentes (Poletto; Koller, 2006).

Num mundo em que desafios e dificuldades como a competição e a busca por espaços profissionais e pessoais se apresentam, em que as expectativas externas se chocam com as possibilidades de realização do sujeito, este precisa se preservar psicologicamente e ser capaz de reagir diante das adversidades sociais e emocionais que se atravessam. A formação desse sujeito, segundo Placco (2002), traduz sua resiliência, isto é, a capacidade de responder de forma mais consistente às limitações e aos problemas, de reagir com flexibilidade e capacidade de recuperação diante desses desafios e circunstâncias desfavoráveis, com atitude otimista, positiva e perseverante. Pode-se, portanto, entender o conceito de resiliência como uma característica da personalidade, que, se ativada e desenvolvida, possibilita ao sujeito superar-se e às pressões do seu mundo e ainda desenvolver um autoconceito realista, autoconfiança e um senso de autoproteção que não desconsidera a abertura ao novo e à mudança.

Lindström (2001) traz resultados de pesquisas sobre resiliência com crianças, acompanhadas durante seu desenvolvimento. Os estudos apontaram que muitas delas, apesar de adversidades extremas em seus ambientes, ainda assim conseguiam desenvolver-se adequadamente. Percebeu-se que não era apenas, portanto, uma questão de qualidade e quantidade de eventos de vida difíceis que estavam em jogo na forma como lidavam com esses eventos, e sim os fatores relacionados com o próprio indivíduo.

Rutter, citado por Yunes e Szymanski (2002) define resiliência como uma variação individual em resposta ao risco, e afirma que os mesmos estressores podem ser experienciados de maneira diferente por diferentes pessoas. Segundo ele, a resiliência não pode ser vista como um atributo fixo do indivíduo, pois se as circunstâncias mudarem, a resiliência se altera. A reflexão das autoras, apartir do embasamento teórico que trazem, aponta para o fato que diversas pesquisas trouxeram à tona uma rede temática e conceitual que passa a fazer parte dos relatos empíricos, exercendo forte influência como referenciais para se pensar no fenômeno da resiliência: risco, vulnerabilidade, estresse, *coping*, competência e proteção merecem considerações especiais. Yunes (2003) traz o conceito de resiliência como processos que explicam o enfrentamento de situações de crise ou adversidades.

Segundo Pereira (2002), uma das grandes apostas para o próximo milênio será tornar as pessoas "mais" resilientes e prepará-las para certa invulnerabilidade que lhes permita resistir a situações adversas que a vida proporciona. Só será possível se forem identificados os fatores de risco e de proteção, pessoais e interpessoais. Já Morais e Koller (2004) apontam que a definição de resiliência, a partir da compreensão da interação do indivíduo com seu ambiente, implica entendimento dinâmico dos chamados fatores de risco e de proteção. Segundo essas autoras, a definição de fatores de risco refere-se aos eventos negativos de vida que podem aumentar a probabilidade de o indivíduo apresentar problemas físicos, psicológicos e sociais. Elas destacam que é importante entender que o risco não deve ser visto como uma categoria *a priori*, mas como um processo, em que ele tem de estar ligado às suas consequências. A resiliência, segundo elas, refere-se a processos que operam na presença do risco para produzir características saudáveis, e não na evitação ou eliminação dos fatores para que ocorra.

Poletto e Koller (2006) entendem que os fatores de risco estão relacionados a toda sorte de eventos negativos de vida, que, se presentes no contexto, aumentam a probabilidade de o indivíduo apresentar problemas físicos, psicológicos e sociais. Elas apontam que o termo risco tem sido utilizado na área da saúde mental com a significação de estressor ou fator que predispõe um resultado negativo ou indesejado. O risco pode desencadear, segundo elas, um distúrbio ou uma doença, de acordo com sua severidade, duração, frequência ou intensidade de um ou mais sintomas ou comportamentos. Risco, assim, é um processo, e não um evento estático. Pode ser conceituado por suas implicações nas relações e em resultados específicos, ou seja, determinada situação poderá ter qualquer variável agindo como indicador de risco.

A literatura internacional aponta, segundo Poletto e Koller (2006), que quaisquer mudanças no ambiente, que comumente levam a um alto grau de tensão e interferem nos padrões normais de resposta do indivíduo, são consideradas eventos estressantes de vida. Baixo nível socioeconômico, baixa escolaridade, famílias numerosas e ausência de um dos pais são alguns fatores estressores encontrados e apontados por pesquisadores. O risco psicológico, então, pode mudar à medida que há transformações nas circunstâncias de vida, quando o indivíduo passa a ter chances aumentadas de defrontar com novos riscos, desenvolver novas vulnerabilidades e possuir novas oportunidades de desenvolver resiliência.

Entretanto, Yunes e Szymanski (2002), alertam para a questão de atentar-se para os mecanismos de risco e não fatores de risco, já que o que é risco numa situação pode ser proteção em outra. É preciso estar atento para a plasticidade do conceito de risco. Focar isoladamente um evento de vida e atribuir-lhe uma condição de adversidade de forma arbitrária e calcada em preconceitos pode ser um erro. Uma análise criteriosa dos processos ou mecanismos de risco parece imprescindível para que se possa ter a dimensão da diversidade de respostas que podem ser observadas, sobretudo quando se trata de riscos psicossociais ou socioculturais.

De acordo com Morais e Koller (2004), os fatores de proteção dizem respeito às influências que modificam, melhoram ou alteram respostas pessoais a determinados riscos de desadaptação. Elas também enfatizam uma abordagem de processos, através dos quais diferentes fatores interagem entre si e alteram a trajetória da pessoa, seja para produzir uma experiência estressora ou protetora em seus efeitos.

Risco implicaria alta probabilidade de consequências negativas, enquanto resiliência seria o resultado positivo. Rutter (1996) refere que vários avanços conceituais e metodológicos têm sido feitos no campo das pesquisas sobre risco. Dos mais importantes avanços citados por ele, são os diferentes mecanismos envolvidos na relação pessoa-interação com o ambiente, as diferenças individuais na percepção das situações de estresse, os mecanismos de proteção nas situações de estresse e as reações em cadeia indiretas que ocorrem ao longo do tempo.

ESTRATÉGIAS DE COPING

Coping é definido como um conjunto de esforços, cognitivos e comportamentais, utilizado pelos indivíduos com o objetivo de lidar com demandas específicas, internas ou externas, que surgem em situações de estresse e sobrecarregam ou excedem os recursos pessoais (Antoniazzi; Dell'Aglio; Bandeira, 1998).

Ogden (1999) pontua alguns estilos de *coping* ou padrões comportamentais dos indivíduos já definidos: resolução de problemas, evitamento do problema, crença na realização dos desejos, apoio social emocional, apoio social instrumental e reestruturação cognitiva e distração. O tipo de *coping* pode mediar a ligação estresse-doença e determinar a medida do efeito do acontecimento estressante no estado de saúde.

Yunes e Szymanski (2002) apontam que o uso de estratégias de *coping* eficientes na redução do estresse e consequente adaptação do indivíduo no seu ambiente expressam a essência do conceito de competência. Na literatura internacional, as autoras encontraram o conceito de competência entendido como o sucesso diante de tarefas de desenvolvimento esperadas para uma pessoa de determinada idade e gênero no contexto de sua cultura, sociedade e época. Elas apontam que a competência do indivíduo manifesta-se no decorrer da trajetória do indivíduo, apesar das crises e experiências adversas, quando sistemas de proteção passam a operar para garantir e sustentar o desenvolvimento. Estes operam em diferentes pontos do desenvolvimento do indivíduo e em diferentes contextos.

A diferença entre mecanismos de risco e processos de proteção reside no fato de que o risco leva o indivíduo a apresentar desordens de diversos níveis, enquanto a proteção opera indiretamente com seus efeitos, apenas quando houver interação com as variáveis de risco. Rutter, em seus estudos, afirma que proteção se refere à maneira como a pessoa lida com as transições e mudanças de sua vida, o sentido que ela mesma dá às suas experiências e como ela atua diante de circunstâncias adversas. Isso quer dizer que não se supõe ser preciso fugir ou escapar dos riscos, o essencial é podermos pensar no que o indivíduo faz quando está na situação, pois isso determinará se a experiência será estressora ou protetora em seus efeitos (Yunes; Szymanski, 2002).

Yunes e Szymanski (2002) apontam quatro principais mecanismos que colaboram para a ocorrência de processos de proteção, descritos por Rutter: 1. a redução do impacto dos riscos, ou seja, alterar a exposição da pessoa à situação estressora; 2. a redução das reações negativas em cadeia que seguem a exposição do indivíduo à situação de risco; 3. estabelecer e manter a autoestima e autoeficácia, por meio da presença de relações de apego seguras e incondicionais e o consequente cumprimento de tarefas com sucesso; e 4. criar oportunidades, nos momentos em que houver uma mudança no curso esperado de vida, causada por eventos negativos.

As autoras apontam diversas pesquisas, publicadas entre 1985 e 1992, que corroboram a importância de alguns aspectos tidos como fundamentais para a identificação da resiliência: em primeiro lugar, os atributos disposicionais do indivíduo, como nível de atividade e sociabilidade, inteligência em nível médio, competência em comunicação, autonomia e similares. Em segundo, os laços afetivos dentro da família que oferecem suporte emocional em momentos de estresse, e em terceiro os sistemas de suporte social, uma rede de apoio social bem definida com recursos individuais e institucionais igualmente bem definidos que propiciam competência, determinação, e um sistema de crenças para a vida. Além disso, mais fatores de proteção específicos seriam a inteligência, o senso de humor, a empatia e a disponibilidade de recursos financeiros adequados da família.

Ogden (1999) ressalta que a relação entre estresse e doença não é linear e muitos fatores podem mediar essa ligação. A autora sugere que o exercício físico pode reduzir o estresse, e, além disso, existem algumas indicações de que o sexo da pessoa se relaciona com a resposta de estresse e seu papel na doença. O sexo pode determinar a resposta ao estresse para um acontecimento desencadeante e, consequentemente, determinar o efeito dessa resposta no estado de doença ou saúde do indivíduo. Outro fator que media a ligação estresse-doença é o estilo de *coping* ou padrões comportamentais do indivíduo. Além disso, os acontecimentos de vida e o "comportamento ou personalidade de tipo A" (com características como competitividade, impaciência, hostilidade excessiva, discurso vigoroso, vigor, energia, vigilância, confiança, falar alto, falar rápido, discurso tenso e entrecortado, impaciência, hostilidade, interrupções, uso frequente das palavras "nunca" e "absolutamente") podem influenciar a resposta do indivíduo a uma situação estressante, assim como o apoio social e o controle real ou percebido do estressor também podem diminuir os efeitos do estresse no estado de saúde dos indivíduos.

Pereira (2002) diz que são personalidades que se envolvem em muitas atividades, e com elevada ativação fisiológica e ansiedade. Essas pessoas, segundo a pesquisa da autora, têm sete a dez vezes mais probabilidade de desenvolverem doenças cardíacas coronárias do que as pessoas que vivem a vida de forma mais descontraída. A personalidade tipo B é oposta ao tipo A, com tempo para lazer e recreação, apreciando as amizades e o auxílio dos outros quando necessário.

Edith Grotberg, pioneira na noção dinâmica da resiliência, em seus estudos para o Projeto Internacional de Resiliência (PIR), em 1993, define que esta requer a interação de fatores resilientes advindos de três diferentes níveis: suporte social (eu tenho), habilidades (eu posso) e força interna (eu sou e eu estou). Assim, apesar de organizar os fatores de resiliência num modelo triádico, incorpora como elemento essencial a dinâmica e a interação entre esses fatores (Infante, 2005).

Petersen, Bauer e Koller (2004) definem que eventos de vida podem determinar situações de estresse agudo e crônico, podendo precipitar o aparecimento de diferentes doenças, embora o estresse não possa ser definido pelo estressor, mas pela interpretação que a pessoa dá ao evento que vive. Apontam também que o apoio recebido pela família, pelos amigos e por sistemas de saúde é determinante para manter a integridade física do cuidador, potencializando sua capacidade de *coping* frente ao estresse crônico.

Encontram-se na literatura diferentes formas de entender os processos de adaptação, que vão desde uma forma mais rígida, na qual se entende adaptação como característica de uma "personalidade resiliente", até uma mais flexível, em que a resiliência é compreendida como um processo, que pode acontecer de forma diferente em diferentes momentos e situações de vida.

Segundo Infante (2005), a adaptação positiva permite identificar se houve um processo de resiliência. A adaptação pode ser considerada positiva quando o indivíduo alcançou expectativas sociais associadas a uma etapa de desenvolvimento, ou quando não houve sinais de desajuste. Em ambos os casos, se a adaptação positiva ocorre, apesar da exposição à adversidade, considera-se uma "adaptação resiliente" (p. 27). Segundo a autora, pesquisadores internacionais desafiam os cuidadores a trabalhar de forma interdisciplinar, para que se possa medir e promover a resiliência, já que as estratégias mais eficazes serão as que promovem resiliência política, institucional, comunitária, familiar e individual, contemplando variações culturais que afetam o processo de adaptação positiva.

Pereira (2002), citando a literatura internacional, aponta a existência de um tipo de personalidade particularmente resistente ao estresse: um tipo atribuído a pessoas autoconfiantes, que acreditam em si e naquilo que são capazes de fazer. São, segundo a autora, pessoas que têm revelado percepção de controle sobre o que lhes acontece e que gostam e/ou aceitam mudanças, e encaram situações de estresse como desafios, sendo-lhes possível crescer através da adversidade. A autora propõe que personalidades com *locus* de controle interno (que acreditam que as consequências obtidas numa determinada situação dependem do seu comportamento e das suas aptidões pessoais), extrovertidas, emocionalmente estáveis, com elevado autoconceito e boa autoestima funcionam de maneira a minimizar os fatores de estresse. Esses seriam considerados elementos fundamentais para o processo de desenvolvimento de personalidades resilientes.

Entretanto, quando se considera a influência que as questões temporais e espaciais podem ter sobre o indivíduo, podemos pensar que o termo "personalidade resiliente" pode limitar as habilidades que o sujeito está apto a utilizar, sendo competente em diferentes momentos da vida. Por exemplo, o sujeito pode se mostrar resiliente diante de determinada situação e, em outra, mais fragilizado. Em determinado momento, por circunstâncias especiais, pode estar mais vulnerável às influências externas e, em outros, estar mais "forte".

Cecconello (2003) cita diversas referências ao termo "adaptação". Vários autores, segundo ela, definem adaptação baseados nas tarefas evolutivas esperadas para o ser humano ao longo do seu desenvolvimento e nas expectativas culturais, que variam de acordo com o contexto histórico-político-social-econômico no qual ele está inserido. Neste texto, entende-se resiliência como um processo que envolve tanto a presença de habilidades e características que favoreçam a competência (autoestima, autoeficácia e empatia), como a ausência de processos que produzem disfunção.

Kebbe, Ferreira e Rossi (2004), ao estudarem grupos de profissionais que lidam com pacientes fora de possibilidades terapêuticas (com diagnósticos e prognósticos diretamente associados à morte e ao morrer), acreditam que o contato do profissional com a dor do outro também pode gerar amadurecimento profissional e pessoal. Principalmente se houver espaço para a reflexão sobre a prática, tornando emergente a subjetividade do profissional. A respeito da subjetividade do profissional, Luft (1991, p. 580) define subjetividade como "o que exprime apenas as ideias ou preferências da própria pessoa".

INTERVENÇÃO: O MANEJO COM O SOFRIMENTO DO PROFISSIONAL

Encontra-se também em Luft (1991) a definição do termo "Intervenção", que significa "ação ou efeito de intervir, interferência, mediação" (p. 364). Ao pensar na forma como auxiliar os profissionais no dia a dia permeado por fatores estressantes ou considerados de risco, encontraram-se estudos sobre o "cuidado com cuidadores" que apontam intervenções com os profissionais, na maioria enfermeiros, auxiliares de enfermagem e médicos, e os resultados das práticas pesquisadas. Nesse sentido, Campos (2006) afirma que do mesmo modo que os pais precisam ser cuidados para melhor desempenharem sua "função cuidadora", os profissionais de saúde também necessitam dessa atenção, e por isso a necessidade de pensar na melhor intervenção com eles. A seguir serão expostos alguns métodos ou intervenções que podem beneficiar os profissionais de saúde na promoção de resiliência.

Programas educacionais

Estudos sobre o cuidado com familiares cuidadores de idosos, por exemplo, também podem ser adaptados como possibilidades de intervenção junto aos profissionais de saúde. São estratégias para se lidar com o estresse causado pelo contato constante com a doença e suas consequências e assim melhorar as condições de atendimento familiar aos pacientes. Cerqueira e Oliveira (2002) estudaram um "Programa de Cuidadores de Idosos" com o objetivo principal de oferecer condições que favorecessem a preservação da qualidade de vida de cuidadores de idosos e o melhor para os idosos. Para isso, desenvolveram um curso para familiares e o programa englobou módulos centrados no cuidador, no cuidado e na relação. Nos módulos centrados no cuidador, algumas das perguntas iniciais foram: por que cuidamos? Que consequências são atribuídas à sobrecarga decorrente do cuidado prestado? Que sentimentos são despertados pelo cuidar?

No módulo centrado no cuidado, são convidados outros profissionais para abordarem tópicos como envelhecimento, cuidados, nutrição e recursos. No módulo centrado na relação, são abordados os principais problemas na relação com os familiares e são discutidas propostas para superá-los, como a comunicação com os familiares e o enfrentamento dos problemas difíceis. Para finalizar, o curso retoma o cuidado com o cuidador, e são apresentados sinais de alerta de manifestação de sobrecarga, como distúrbios do sono, perda de energia, fadiga crônica, isolamento, uso abusivo de substâncias, fumo, problemas físicos, alteração de memória, baixa concentração, agressividade, dificuldade de concentração. Incentiva-se a busca de formas de cuidar-se, de pedir ajuda, de buscar serviços especializados, estabelecer limites, planejar o futuro e cuidar da própria saúde. Propõe-se a criação e integração de grupos de autoajuda e a organização de grupos para reivindicação de direitos sociais e assistência médica. Talvez esse modelo possa ser adaptado para os profissionais de saúde, a fim de trabalhá-los em relação ao seu papel de cuidador.

Intervenções grupais

Pereira (2002) cita que resolução de problemas, apoio social, redefinição da situação, redução da tensão, evitamento, procura de informações e religiosidade são estratégias de *coping*. Dentre elas, encontra-se como primordial o apoio social, que pode ser definido como as redes de ligações sociais, de amigos, colegas e família. Segundo essa pesquisa, o apoio social é visto como um determinante de saúde mental. Estudos mostram que a percepção do suporte social protege contra a desestabilização, e disso entende-se que o que importa não é o meio socioambiental, mas sim as representações internas que existem na mente das pessoas. Uma forma de fomentar a rede de apoio social e afetivo é por meio de grupos formados por profissionais que vivenciem aspectos comuns entre si. A seguir serão descritos formatos de grupos que podem auxiliar os profissionais de saúde a lidarem com o estresse gerado por sua tarefa.

• Formação de equipe de cuidadores

Campos (2006) sugere que os profissionais de saúde procurem ser efetivamente cuidadores e busquem trabalhar em equipes de cuidadores – estabelecendo entre si um objetivo comum e primordial: cuidar conjuntamente dos pacientes, com o compartilhamento de tarefas (e saberes), e buscar decisões em consenso, estimulando relações empáticas. Ele propõe que a própria equipe seja cuidadora de si mesma, ao disponibilizar entre seus membros trocas afetivas, protetivas e empáticas. "Ingredientes" que, segundo o autor, lhes permitem cuidar bem dos seus pacientes. Os papéis de cada um na equipe devem ser bem definidos, e ela deve encontrar-se com regularidade e onde haja possibilidade de trocas afetivas, cuidados mútuos e comunicação precisa e franca. O desafio nessa proposta seria romper com o modelo de atenção à saúde que, na verdade, privilegia a doença e estimular os profissionais de saúde a romperem com as barreiras que os impedem de estabelecer vínculos interpessoais próximos, acolhedores, afetuosos e empáticos, resgatando, assim, o que foi essencial na construção de indivíduos suficientemente autônomos, confiantes e criativos, sensíveis e preocupados com os outros e abertos ao intercâmbio e aos cuidados a serem partilhados.

- Grupos *"Balint"*

Kebbe, Ferreira e Rossi (2004) apontam como uma das estratégias para movimentar os profissionais na busca de desenvolvimento, amenizando o sofrimento decorrente do contato com a dor do paciente, a organização em grupos, como os do tipo *"Balint"*, nos quais seus componentes se reúnem regularmente e discutem suas experiências no cotidiano do trabalho. O objetivo desses grupos, segundo os autores, é que profissionais que lidam com questões difíceis, coordenados por um profissional da área da saúde mental, tenham a possibilidade de compreeder diferente seus pacientes de forma diferente e de ampliar as possibilidades terapêuticas deles pela exposição dos casos problemáticos no âmbito grupal.

- Grupos de reflexão e operativos

Em termos de saúde comunitária, uma estratégia que pode ser utilizada é a do grupo de reflexão, que favorece mudanças nas atitudes dos participantes, na medida em que se relacionam à intensidade das experiências vivenciadas no decorrer dos encontros. Essa modalidade de grupo propõe-se a refletir sobre o cotidiano de trabalho dos participantes por meio da exposição de casos clínicos, possibilitando aos indivíduos pensar sobre a prática e, consequentemente, a aprendizagem (Kebbe; Ferreira; Rosse, 2004).

Zimerman (1997) discorre sobre diversos tipos de abordagens grupais, entre elas os grupos operativos. Aponta que a expressão "grupo operativo" é bastante genérica, e que, em sua essência, designa mais propriamente uma ideologia do que uma técnica específica. Essa ideologia, segundo ele, visa sempre a um aprendizado conectado a uma mudança psicológica (atitudes), especialmente a de "aprender a aprender" (p. 351). No capítulo que se dirige a grupos de educação médica, o autor afirma que escolhe o termo educação para aludir a uma facilitação do desabrochar de capacidades já existentes, que podem estar latentes e, portanto, mal aproveitadas. Esse pode ser um tipo de grupo a ser trabalhado com todos os profissionais da área da saúde, numa abordagem operativa e de reflexão. Neste trabalho, surgem exemplos de como os profissionais da saúde podem aproveitar a dinâmica dos grupos de reflexão e trabalhar questões como: a possibilidade de fazer identificações e compartir códigos de valores; a possibilidade de se reconhecer nos outros, diferenciar-se deles e se colocar no lugar deles; a vivência dos problemas fundamentais que cercam a comunicação entre as pessoas; o desenvolvimento do senso de identidade do profissional da saúde e de atributos inerentes à profissão; entre outros.

CONSIDERAÇÕES FINAIS

A formação e o aperfeiçoamento dos profissionais da área da saúde, por meio de congressos, cursos, grupos de estudo, reuniões técnicas, estudos de caso são importantes referenciais de troca para os profissionais. O estímulo cognitivo e as trocas efetuadas a partir disso podem aliviar as ansiedades causadas pela falta de conhecimento ou criar uma oportunidade para os profissionais manifestarem ideias e sentimentos.

Além disso, o desenvolvimento e aprimoramento da rede de apoio social e afetiva, o trabalho com grupos de apoio multiprofissionais e outras formas de intervenção podem contribuir para a saúde mental e a promoção de resiliência desses grupos. A efetivação de uma rede de apoio social e afetiva, com recursos individuais e institucionais bem definidos é uma proposta cabível neste contexto. Nesse sentido, o grupo de trabalho pode funcionar como um importante fator de proteção. Esse é um campo de intervenção psicológica que se abre e se coloca para ajudar os trabalhadores da saúde a lidar com os fatores estressantes ou considerados de risco do seu dia a dia em contato com a doença mental, física ou social.

A saúde dos profissionais que cuidam da saúde é um dos aspectos mais importantes a ser estudado e pensado como um instrumento de trabalho para os psicólogos. As técnicas de intervenção devem ser aprimoradas, principalmente quando se pensa em saúde comunitária e coletiva. Os fatores estressantes existem e tendem a não diminuir. Cabe às equipes de saúde encontrar formas de vencer os desafios que se colocam e reforçar os aspectos que podem contribuir para a saúde física e emocional desses profissionais.

REFERÊNCIAS

ANTONIAZZI, A. S.; DELL'AGLIO, D. D.; BANDEIRA, D. R. O conceito de *coping*: uma revisão teórica. *Estudos de Psicologia*, vol. 3, n. 2, 1998, p. 273-294.

BAUER, M. Doenças associadas ao estresse crônico. *Ciência Hoje*, vol. 30, n. 179, 2002, p. 21-25.

BENEVIDES-PEREIRA, A. M. T. Burnout: o processo de adoecer pelo trabalho. In: BENEVIDES-PEREIRA, A. M. T. (ed.). *Burnout:* quando o trabalho ameaça o bem-estar do trabalhador. São Paulo: Casa do Psicólogo, 2002, p. 21-92.

BENEVIDES-PEREIRA, A. M. T.; MORENO-JIMÉNEZ, B. O Burnout em um grupo de psicólogos brasileiros. In: BENEVIDES-PEREIRA, A. M. T. (ed.). *Burnout:* Quando o trabalho ameaça o bem-estar do trabalhador. São Paulo: Casa do Psicólogo, 2002, p. 157-186.

CAMPOS, E. P. Equipe de saúde: cuidadores sob tensão. *Epistemo-somática*, vol. 3, n. 2, 2006, p. 195-222.

CECCONELLO, A. M. *Resiliência e vulnerabilidade em família em situação de risco*. 2003. Tese (Doutorado em Psicologia do Desenvolvimento). Universidade Federal do Rio Grande do Sul. Porto Alegre.

CERQUEIRA, A. T. A. R.; OLIVEIRA, N. I. L. Programa de apoio a cuidadores: uma ação terapêutica e preventiva na atenção à saúde dos idosos. *Psicologia USP*, vol. 13, n. 1, 2002, p. 133-150.

DEJOURS, C. Por um novo conceito de saúde. *Revista Brasileira de Saúde Ocupacional*. vol. 54, n. 14, 1986, p. 7-11.

GROTBERG, E. H. Introdução: Novas tendências em resiliência. In: MELILLO, A.; OJÉDA, E. N. S. (ed.). *Resiliência:* descobrindo as próprias fortalezas. Porto Alegre: Artes Médicas, 2005, p. 15-22.

INFANTE, F. A resiliência como processo: Uma revisão da literatura recente. In: MELILLO, A.; OJÉDA, E. N. S. *et al. Resiliência:* descobrindo as próprias fortalezas. Porto Alegre: Artes Médicas, 2005, p. 23-38.

KEBBE, L. M.; FERREIRA, C. B.; ROSSI, L. Profissionais de saúde na assistência a pacientes fora de possibilidades terapêuticas. *Psicologia Argumento*, vol. 22, n. 38, 2004, p. 55-63.

LINDSTRÖM, B. O significado de resiliência. *Adolescência Latino-americana*, vol. 2, n. 3, 2001, p. 133-137.

LUFT, C. P. *Minidicionário Luft*. São Paulo: Ática: Scipione, 1991.

MASTEN, A. S.; GARMEZY, N. Risk, vulnerability and protective factors in developmental psychopatology. In: LAHEY, B. B.; KAZDIN, A. E. *Advances in clinical child psychology*, vol. 8. Nova York: Plenum Press, 1985, p. 1-52.

MINAYO, M. C. S. *O desafio do conhecimento – Pesquisa qualitativa em saúde*. São Paulo: Hucitec/Abrasco, 1996.

MORAIS, N. A.; KOLLER, S. H. Abordagem ecológica do desenvolvimento humano, psicologia positiva e resiliência: ênfase na saúde. In: KOLLER, S. H. Koller (ed.). *Ecologia do desenvolvimento humano – Pesquisa e intervenção no Brasil*. São Paulo: Casa do Psicólogo, 2004, p. 91-107.

MOURA, E. P. G. Esgotamento profissional (Burnout) ou sofrimento psíquico no trabalho: o caso dos professores da rede de ensino particular. In: SARRIERA, J. C. (ed.). *Psicologia comunitária:* estudos atuais. Porto Alegre: Sulina, 2004, p. 93-128.

OGDEN, J. *Psicologia da saúde – Manuais universitários*, Vol. 11. Lisboa: Climepsi, 1999.

PEREIRA, A. M. S. Resiliência, personalidade, stress e estratégias de coping. In: TAVARES, J. (ed.). *Resiliência e educação*. São Paulo: Cortez, 2002, p. 77-94.

PETERSEN, C. S.; BAUER, M E.; KOLLER, S. H. Psiconeuroimunologia e Bioecologia. In: KOLLER, S. H. (ed.). *Ecologia do desenvolvimento humano*. São Paulo: Casa do Psicólogo, 2004, p. 401-434.

PLACCO, V. M. N. S. Prefácio. In: TAVARES, J. (ed.). *Resiliência e educação*. São Paulo: Cortez, 2002, p. 07-12.

POLETTO, M.; KOLLER, S. H. Resiliência: uma perspectiva conceitual e histórica. In: DELL'AGLIO, D. D.; KOLLER, S. H.; YUNES, M. A. M.

(ed.). *Resiliência e psicologia positiva:* interfaces do risco à proteção. São Paulo: Casa do Psicólogo, 2006, p. 19-44.

RUTTER, M. Stress research: accomplishments and tasks ahead. In: HAGGERTY, R. J. *et al* (ed.). *Stress, risk and resilience in children and adolescents:* processes, mechanisms and interventions. New York: Cambridge University Press, 1996, p. 354-385.

SILVA, E. A. T.; MARTINEZ, A. Diferença em nível de stress em duas amostras: capital e interior do estado de São Paulo. *Estudos de Psicologia*, vol. 22, n. 1, 2005, p. 53-61.

SORATTO, L.; RAMOS, F. Burnout e relações sociais no trabalho. In: CODO, W. (ed.). *Educação:* carinho e trabalho. Petrópolis, Rio de Janeiro: Vozes, 1999, p. 272-277.

WALLAU, S. M. O estresse laboral e a síndrome de Burnout nos profissionais da área da saúde. *Revista da Sociedade de Psicologia do Rio Grande do Sul*, vol. 4, n. 1, 2005, p. 73-87.

YUNES, M. A. M. Psicologia positiva e resiliência: o foco no indivíduo e na família. *Psicologia em Estudo*, vol. 8, 2003, p. 75-84.

_____. *Reflexões sobre a necessidade de programas de educação de trabalhadores sociais que atuam junto às famílias de baixa renda*. Trabalho apresentado no II Seminário Internacional: Educação Intercultural, gênero e movimentos sociais. Florianópolis, Brasil, 2003, abril.

YUNES, M. A. M.; SZYMANSKI, H. Resiliência: noção, conceito, afins e considerações críticas. In: TAVARES, J. (ed.). *Resiliência e educação*. São Paulo: Cortez, 2002, p. 13-42 .

ZIMERMAN, D. E.; OSÓRIO, L. C. *Como trabalhamos com grupos*. Porto Alegre: Artes Médicas, 1997.

5

INTERVENÇÕES NA SITUAÇÃO DE ABUSO SEXUAL: UMA EXPERIÊNCIA DE GRUPO COM CRIANÇAS E SEUS CUIDADORES

Samara Silva dos Santos, Jeane Lessinger Borges,
Angela Ester Ruschel, Jane Iândora H. Padilha,
Sandra Corrêa da Silva e Débora Dalbosco Dell'Aglio[5]
Universidade Federal do Rio Grande do Sul

> Fiquei sabendo de tudo porque a M. escreveu uma carta e quando tava saindo pra escola atirou a carta na minha direção. A carta caiu no chão, peguei e comecei a ler, fiquei sem saber o que fazer, paralisada, passei a tarde esperando ela voltar da escola e pensando: ela não iria inventar algo desse tipo. Decidi procurar ajuda e denunciar, mesmo que todos me chamassem de louca. (Participante 3, 39 anos, mãe de M.).

O presente capítulo tem como objetivo relatar a experiência de atendimento realizado com um grupo de meninas vítimas de abuso sexual e suas mães e/ou cuidadoras. Ao longo dos últimos anos, as vítimas de violência sexual têm conseguido, aos poucos, romper um *complô* de segredo, quebrando a *invisibilidade do abuso* e evidenciando a necessidade de atenção e de cuidados

---

[5] E-mail: dalbosco@cpovo.net

de saúde e proteção. Torna-se fundamental compreender e caracterizar como o abuso sexual manifesta-se, sua prevalência e suas principais consequências no desenvolvimento infantil, a fim de efetivar formas de atendimento terapêutico às crianças e/ou aos adolescentes vítimas. Este parece ser um dos novos desafios dos serviços de saúde, que não podem mais apenas centralizar seus esforços em identificar e prevenir esses problemas.

A experiência relatada a seguir foi realizada em 2005 por profissionais da saúde mental do Ambulatório de Atenção às Situações de Violência, do Hospital Materno Infantil Presidente Vargas (HMIPV), em parceria com pesquisadores do Núcleo de Estudos e Pesquisas em Adolescência (NEPA/UFRGS) do Programa de Pós-Graduação em Psicologia da Universidade Federal do Rio Grande do Sul (UFRGS). O HMIPV é vinculado ao Sistema Único de Saúde (SUS) e caracteriza-se em priorizar o atendimento materno-infantil, sendo referência no município de Porto Alegre, desde 1995, para o atendimento de mulheres, crianças e adolescentes vítimas de violência. O hospital disponibiliza serviços de acolhimento, encaminhamentos legais e atendimentos clínicos e de saúde mental para atender esse público. O Ambulatório de Atenção às Situações de Violência, criado em 2003, objetiva oferecer atendimento na área de saúde mental (psicologia, psiquiatria e serviço social), viabilizando os encaminhamentos na rede de serviços e/ou instituições do município engajados na luta contra a violência praticada contra crianças, adolescentes e mulheres. Assim, este capítulo discute, de forma geral, o fenômeno da violência contra mulheres e crianças e caracteriza o abuso sexual infantil (ASI), bem como descreve as principais consequências psicológicas e comportamentais associadas a essa condição e as abordagens de tratamento a vítimas de ASI. Finalmente, é apresentado o relato de uma experiência de atendimento de grupo com meninas vítimas de ASI e com suas mães e/ou cuidadoras, desenvolvida pelas autoras.

VIOLÊNCIA CONTRA A MULHER E A CRIANÇA: BREVE HISTÓRICO

A temática da violência e dos maus-tratos contra crianças e adolescentes tem se tornado, a cada dia, presença constante nas discussões problematizadas em nossa sociedade. Observa-se na literatura, no cinema, nos meios de comunicação e no meio acadêmico diferentes saberes que tentam dar visibilidade ao tema. É sabido que a violência tem feito parte de diversas culturas ao longo do tempo e, tanto contra as mulheres quanto no âmbito familiar, não é um problema recente (Blay, 2003; Ferrari; Vecina, 2002).

Em nível mundial, ao longo das últimas cinco décadas, temas como direitos humanos, infância e adolescência, cidadania, trabalho, sexualidade e violência originaram grandes debates e reflexões (Lerner, 2000). Nas questões ligadas à infância, a Declaração dos Direitos da Criança, proclamada em 20 de novembro de 1959, na Assembleia Geral da Organização das Nações Unidas (ONU), pode ser apontada como um marco, por ser um documento que institui a preocupação das nações com a infância como um compromisso social.

A violência familiar passa a configurar-se um problema social grave nos anos 1960, quando, nos Estados Unidos, tem início uma campanha de denúncias e notificações impulsionada pela divulgação dos trabalhos de Kempe e seus colaboradores (1962) sobre a *síndrome da criança espancada* (Ferrari; Vecina, 2002). O movimento feminista, nas décadas de 1960 e 1970, também motivou a reflexão acerca das formas e consequências da violência contra as mulheres, mobilizando a inserção dessa temática no campo das políticas públicas (Blay, 2003). Na área da Psicologia, as teorias psicanalítica e sistêmica contribuíram para compreender e intervir no fenômeno da violência doméstica, *dessacralizando* a família e seus laços, abrindo, com isso, a possibilidade de questionamento e reflexão do que, até então, era entendido como pertencente ao âmbito privado. Começou-se a perceber que os laços familiares também podem ter características violentas, abusivas e manifestações de condutas *fora da lei* (Perrone; Nannini, 2006).

Mais recentemente, o conceito de infância foi modificado com a percepção de que há um padrão assimétrico nas relações entre as gerações o chamado *padrão adultocêntrico* (Azevedo; Guerra, 1988). O novo entendimento da criança como *sujeito de direito*, não mais como propriedade de seus pais (Brasil, 1988; Estatuto da Criança e do Adolescente, 1990; Ministério da Saúde/Secretaria de Assistência à Saúde, 2002), e a valorização da infância como etapa diferenciada com necessidades específicas de atenção e cuidado (Estatuto da Criança e do Adolescente, 1990; Ferrari; Vecina, 2002) denotam as mudanças significativas impostas a essa temática.

No Brasil, a atenção à violência era reconhecida e enfrentada, inicialmente, apenas pelas esferas da segurança pública e da justiça (Ferrari; Vecina, 2002; Oliveira; Schraiber, 1999). Com a criação das Delegacias de Defesa da Mulher (DDM), iniciaram-se alterações importantes, entre as quais o treinamento e a conscientização dos profissionais que prestavam atendimento às mulheres, propiciando o entendimento de que meninas e mulheres tinham o direito de não aceitar a violência (Blay, 2003). Já o fenômeno da violência na infância e adolescência passou a ser questionado e pensado a partir da década de 1980 (Ferrari; Vecina, 2002).

A área da saúde, por sua vez, olhava para o fenômeno da violência como um espectador, contabilizando e reparando os estragos provocados pelos conflitos sociais. A atenção à violência ocorreu de maneira fragmentada e progressiva, iniciando-se pela atenção dos epidemiologistas e psiquiatras, seguidos pelos pediatras (Minayo; Souza, 1999). Ao inserir e pensar a violência como demanda de saúde, o setor passa a reconhecê-la como um sério problema social que causa agravos à saúde e não mais como uma doença do agressor ou uma doença da vítima, centrada apenas no corpo (Ministério da Saúde/Secretaria de Assistência à Saúde, 2002).

ASI: O QUE É ISSO?

O abuso sexual infantil (ASI) pode ser definido como todo e qualquer ato ou jogo sexual numa relação homo ou heterossexual, com o envolvimento de uma criança ou adolescente em atividade sexual inapropriada, com um ou mais adultos, sendo que a atividade sexual destina-se à gratificação e prazer sexual do adulto. Pode variar desde atitudes em que não exista contato físico (*voyeurismo*, exibicionismo) a diferentes atos com contato sexual sem penetração (toques, carícias, masturbação) ou com penetração (vaginal, anal e oral) (Azevedo; Guerra, 1998; World Health Organization, 2004). Essas práticas eróticas e sexuais são impostas à criança ou ao adolescente pela força física, por ameaças ou indução de sua vontade (Araújo, 2002; Habigzang; Koller; Azevedo; Machado, 2005).

Furniss (1993) destacou que os relacionamentos sexuais entre adultos e crianças constituem abuso sexual porque essas relações somente deveriam acontecer por livre vontade e livre escolha, sem coerção, e a criança, pelo seu estágio de desenvolvimento, é incapaz de fornecer esse consentimento. Além disso, tanto o medo da criança em revelar o fato quanto o medo da reação do adulto diante da revelação tornam o ASI uma das formas mais ocultas de maus-tratos (Gabel, 1997).

Considerando dados epidemiológicos sobre o abuso sexual, estima-se que sua prevalência tem variado de 3% a 16% em homens e de 2% a 62% em mulheres (Finkelhor, 1994). De acordo com o relatório do sistema nacional de combate à exploração sexual infantojuvenil divulgado pela Associação Brasileira Multiprofissional de Proteção à Infância e Adolescência (Abrapia, 2003), no período de janeiro de 2000 a janeiro de 2003, foram realizadas 1.547 denúncias sobre abuso sexual. Do total de denúncias realizadas, 54% representavam casos de abusos intrafamiliares, e em 42% dos casos o pai era o principal suspeito. No entanto, segundo dados discutidos por Pires e Miyazaki (2005), numa revisão da literatura sobre maus-tratos contra criança e adolescente, estima-se que, no Brasil, para cada caso notificado, de dez a vinte não o são, apesar da obrigatoriedade do registro de notificação. A subnotificação é um problema grave, pois dificulta a compreensão do fenômeno e, consequentemente, a implantação de efetivas ações sociais de prevenção (Azambuja, 2005; França-Junior, 2003).

ASI: IMPLICAÇÕES NO DESENVOLVIMENTO

As consequências do ASI para o desenvolvimento infantil são múltiplas e severas e incluem sequelas emocionais, comportamentais e cognitivas (Briere; Elliot, 2003; Kendall-Taket; Williams; Finkellor, 1993; Tyler, 2002). Crianças vítimas de ASI podem apresentar sintomas e comportamentos como: sentimentos de culpa, dificuldade em confiar no outro, conduta hipersexualizada, medos, pesadelos, isolamento, sentimentos de desamparo e ódio, fugas de casa, baixa autoestima, somatizações, agressividade, entre outros (Amazarray; Koller, 1998; Kendall-Tacket; Williams; Finkellor, 1993; Nurcombe, 2000; Tyler, 2002). Transtornos psicológicos como Transtorno de Estresse Pós-Traumático (TEPT), depressão, ansiedade, Transtorno de *Deficit* de Atenção e Hiperatividade (TDAH), transtorno de conduta e transtorno de abuso de substâncias têm sido associados à ocorrência de abuso sexual na infância (Ackerman; Newton McPherson,; Jones; Dyckman, 1998; Lynskey; Fergusson, 1997; MacMillan *et al.*, 2001; Paolucci; Genius; Violato, 2001). Alta prevalência de ansiedade, depressão, TEPT e do Transtorno de Personalidade *Borderline* foi encontrada em mulheres que sofreram abuso sexual na infância (Grassi-Oliveira, 2005; MacMillan *et al.*, 2001), indicando que as consequências do ASI podem persistir ao longo da adolescência e na vida adulta.

Múltiplos fatores são considerados mediadores do impacto das consequências do ASI no desenvolvimento infantil, os quais podem estar relacionados à etiologia, à manutenção e à resposta dos transtornos emocionais e ao processo de adaptação a situações estressoras (Masten; Garmezy, 1985). Variáveis do abuso (idade de início, duração, frequência, severidade, tipo, proximidade afetiva com o abusador), reações familiares após a revelação, estilo atribucional da vítima, uso de estratégias de *coping*[6], presença de história de doença mental anterior ao ASI e exposição a múltiplos eventos estressores ou à sobreposição de riscos pessoais e ambientais têm sido citados com fatores mediadores do ASI (Lynskey; Fergusson, 1997; Place; Reynolds; Cousins; O'Neill, 2002; Steel; Sanna; Hammond; Whipple; Cross, 2004; Tyler, 2002).

Particularmente, o TEPT consiste no quadro psicopatológico de maior prevalência em vítimas de ASI (Ackerman *et al.*, 1998; Kessler; Sonnega; Bromet; Hughies; Nelson, 1995; Nurcombe, 2000; Ruggiero, McLeer; Dixon, 2000). O diagnóstico de TEPT é realizado após a pessoa vivenciar, testemunhar ou ter sido confrontada com um ou mais eventos traumáticos (Critério A1) e reagir com intenso medo, pavor ou comportamento de

---

[6] As estratégias de coping referem-se a um conjunto de esforços cognitivos e comportamentais apresentados pelas pessoas diante de situações de estresse, conforme o Modelo de Lazarus e Folkman (1984).

esquiva (Critério A2). O TEPT é um transtorno de ansiedade, caracterizado pela presença de três categorias de sintomas: 1. re-experiência intrusiva (Critério B); 2. evitação e entorpecimento (Critério C); e 3. excitabilidade fisiológica aumentada (Critério D) (DSM-IV-TR, APA, 2002). Os sintomas devem estar presentes por um período superior a um mês (Critério E), após a exposição ao evento traumático, e deve interferir em diferentes áreas do desenvolvimento infantil e provocar prejuízos no funcionamento cognitivo, emocional, social e escolar das crianças (Critério F).

A presença e a qualidade dos fatores de proteção, como reação familiar positiva frente ao abuso, suporte materno e vínculo afetivo com um cuidador não abusivo após a exposição ao ASI, foram ressaltadas como importantes para a saúde mental (Hanson *et al.*, 2006; Jonzon; Lindblad, 2004; Lynskey; Fergusson, 1997; Pintello; Zuravin, 2001; Spaccarelli; Kim, 1995). Além disso, a presença de uma rede de apoio social e afetiva foi associada a uma melhor adaptação psicológica (De Antoni; Koller, 2000; Jonzon; Lindblad, 2004).

Vários estudos apontam que a adaptação das crianças após o abuso está associada à forma como as mães ou cuidadores não abusivos conseguem lidar com a situação e prover suporte emocional (Leifer; Kilbane; Grossman, 2001; Paredes; Leifer; Kilbane, 2001; Pintello; Zuravin, 2001), podendo atuar como amortecedores dos efeitos negativos que o abuso sexual pode promover no ajustamento emocional das vítimas (Hershkowitz; Lanes; Lamb, 2007). A rede de apoio social e afetiva proporciona reforço às estratégias de enfrentamento e um ambiente acolhedor (Brito; Koller, 1999). A percepção das crianças e dos adolescentes vítimas e de suas mães ou cuidadores não abusivos sobre o apoio recebido por parte de seus familiares, por exemplo, tem sido mencionada como uma importante estratégia frente às consequências do abuso sexual (Steel *et al.*, 2004). De acordo com o estudo de Plummer (2006), mães de crianças vítimas de ASI que receberam apoio de pessoas próximas apresentaram mais ações de proteção do que as que não tiveram alguém para compartilhar esse problema. Nesse sentido, a interação de fatores de risco e fatores de proteção, no nível individual, familiar e social, pode aumentar ou minimizar o efeito das consequências do ASI, direcionando um melhor ou pior ajustamento psicológico (De Antoni; Koller, 2000; Masten; Garmezy, 1985; Pesce; Assis; Santos; Oliveira, 2004).

ASI: ABORDAGENS DE TRATAMENTO

A intervenção em situações de ASI é um aspecto, ainda, pouco explorado na literatura nacional, embora se possa observar a iniciativa e o interesse de alguns pesquisadores (Azambuja, 2005; Habigzang; Caminha, 2004; Habigzang; Hatzenberger; Corte; Stroeber; Koller, 2006; Padilha; Gomide, 2004). Diferentes aspectos das estratégias de atendimento em casos de ASI são abordados em estudos clínicos, focalizando predominantemente o processo diagnóstico e não de atendimento, refletindo a ausência de uma visão integral (Souza; Assis; Alzuguir, 2002).

O atendimento psicológico às vítimas de ASI é fundamental para a reestruturação das experiências traumáticas, buscando diminuir sequelas do abuso e melhorar o repertório de enfrentamento (Padilha; Gomide, 2004). Para o trabalho com crianças ou adolescentes pode-se utilizar jogos dramáticos e técnicas de *role-playing*, por exemplo, visando manejar ansiedades relacionadas às situações passadas, presentes e futuras disparadas por esse processo (Ferrari; Vecina, 2002).

O atendimento psicológico de crianças vítimas de abuso sexual deve ser ampliado para os demais membros da família (Ministério da Saúde; Secretaria de Atenção à Saúde;

Departamento de Ações Programáticas Estratégicas; Área Técnica de Saúde da Mulher, 2005), principalmente a mãe (Padilha; Gomide, 2004), tendo em vista que algumas áreas do funcionamento familiar foram rompidas (SOUZA et al., 2002; Furniss, 1993; Ministério da Saúde; Secretaria de atenção à Saúde; Departamento de Ações Programáticas Estratégicas; Área Técnica de Saúde da Mulher, 2005). O acompanhamento, individual ou em grupo, aos pais ou cuidadores, não abusivos, pode oferecer a todos a oportunidade de se integrar, sensibilizando-os sobre seu papel dentro da família e trabalhando o quanto a criança vítima necessita de sua ajuda, proteção e confiança, para que sua história possa ser confirmada e compreendida. Tal acompanhamento também deve trabalhar a importância deste adulto não responsabilizar a criança ou o adolescente pela alteração na dinâmica familiar, como por exemplo: a separação dos pais e o afastamento do agressor do ambiente ou convívio familiar (Ferrari; Vecina, 2002). Assim, trabalhar com as crianças vítimas de violência e suas famílias oportuniza a construção de fronteiras intergeracionais, de um senso de autoestima, autoconfiança e segurança (Furniss, 1993), além de possibilitar a identificação do outro como uma rede de apoio afetiva e social.

Diferentes abordagens teóricas têm favorecido a compreensão e a intervenção desse fenômeno, contribuindo para a remissão dos sintomas, como a psicoterapia sob enfoque psicodramático, psicanalítico e/ou sistêmico (Ferrari; Vecina, 2002) e cognitivo-comportamental (Cohen; Deblinger; Mannarino; Steer, 2004; Deblinger; Stauffer; Steer, 2001; Heflin; Deblinger; Fischer, 2004). Habigzang (2006), ao escrever sobre um modelo de atendimento às vítimas de abuso sexual, apontou alguns aspectos importantes que devem perpassar qualquer intervenção, independente do referencial teórico adotado. Esses aspectos referem-se ao vínculo terapêutico, aos objetivos, ao tempo e às modalidades de tratamento. O estabelecimento do vínculo favorece um clima de segurança e aceitação para que as marcas dessa experiência possam ser trabalhadas (Habigzang, 2006).

Além das diferentes abordagens teóricas em intervenção de ASI, há outro aspecto a ser considerado: atendimento individual ou em grupo. Souza *et al.* (2002) ressaltam que cada modalidade terapêutica possui vantagens: enquanto a terapia individual propicia privacidade, a de grupo dá oportunidade de compartilhar experiências e aprender com os outros. De modo geral, todas as vítimas de ASI se beneficiam de intervenções em crise e de acompanhamento por um ano ou mais, conforme a gravidade do caso, havendo uma indicação de psicoterapia inicialmente individual, seguida de terapia de grupo com maior enfoque no apoio afetivo e identificação entre os participantes (Souza *et al.*, 2002).

Ferrari e Vecina (2002) referem diversas vantagens do atendimento psicoterápico grupal, entre as quais: proporcionar às crianças e aos adolescentes um ambiente seguro no qual possam discutir as questões da violência, dos limites, da manutenção da complementaridade de quem foi vitimizado/quem agrediu, propiciando trabalhar com a autoestima, a prevenção e a não revitimização. Além disso, o ambiente de grupo pode proporcionar aos pacientes a introjeção de um novo modelo relacional, trabalhar a conscientização da necessidade de proteção, facilitar a comunicação sobre a dinâmica da violência, criando um sistema de apoio no grupo e diminuindo, assim, ansiedades e sintomatologias. Aponta-se ainda a coterapia como um procedimento recomendável nesses grupos, pois facilita o estabelecimento da relação transferencial, acelerando o processo terapêutico. A experiência de grupo permite às vítimas romperem o segredo e o isolamento, bem como dividirem sentimentos de culpa, vergonha e perda da confiança (Padilha; Gomide, 2004). Com isso, percebe-se que uma das tarefas terapêuticas consiste em fortalecer o ego, melhorar a autoimagem e ensinar as crianças a confiarem e a se sentirem seguras novamente (Ferrari; Vecina, 2002).

A atuação dos profissionais da rede de serviço de saúde da comunidade, para Vasconcelos e Figaro-Garcia (2004), deve ajudar as pessoas a saírem ou interromperem o ciclo de violência no qual estão inseridas e fornecer suporte psíquico na tentativa de diminuir os efeitos psicossociais que a violência sexual produz nas crianças, nos adolescentes e nas famílias. Essa estratégia de ação potencializa a capacidade de os membros da família e/ou cuidadores serem terapêuticos e apoiadores (Feeny; Foa; Treadwell; March, 2004; Heflin *et al*., 2004). Nesse sentido, esses serviços podem funcionar como uma rede de apoio social a essas famílias, muitas vezes fragilizadas, tendo em vista que o apoio social exerce um papel mediador (amortecedor) diante dos eventos estressores (Steel *et al*., 2004).

RELATO DE EXPERIÊNCIA: GRUPOTERAPIA COM MENINAS VÍTIMAS DE ASI E SUAS MÃES E/OU CUIDADORAS – INÍCIO DO PROCESSO

A equipe do Ambulatório do HMIPV, que até 2004 atendia individualmente as crianças e/ou aos adolescentes vítimas de abuso, constatou a necessidade de implementar um trabalho terapêutico grupal com crianças vítimas de ASI. A partir disso, iniciou-se a construção da proposta do atendimento de grupo, tendo-se como um dos critérios iniciais a efetivação de um trabalho focado junto ao cuidador não abusivo, ou seja, que não tenha pactuado com o abuso sexual da criança. O projeto para o atendimento grupal foi aprovado pelo Comitê de Ética do hospital, constituindo-se tanto uma proposta de intervenção quanto um projeto de pesquisa.

Dessa forma, fez-se uma avaliação inicial com sete crianças e suas mães ou cuidadoras. Concluído esse processo, a equipe procedeu à discussão dos casos, verificando a indicação clínica e terapêutica para a inclusão das meninas e suas cuidadoras na modalidade de atendimento grupal.

Após a avaliação, as meninas e suas mães e/ou cuidadoras foram convidadas a participar do grupo. Os atendimentos realizaram-se em grupos concomitantes – um com as meninas e outro com as mães e/ou cuidadoras – com duração de 1h30min cada encontro e frequência quinzenal, totalizando dezoito sessões. Duas psicólogas e uma terapeuta ocupacional coordenaram o grupo de meninas e três psicólogas o grupo de mães. A proposta foi de coordenação mútua entre as profissionais envolvidas no projeto. Os objetivos gerais dessa intervenção foram: reduzir os sintomas de TEPT, depressão e ansiedade nas meninas, reestruturar distorções cognitivas e ressignificar os afetos decorrentes da experiência traumática do ASI, potencializar habilidades de enfrentamento das consequências do ASI, tanto nas meninas quanto em suas cuidadoras não abusivas, e fortalecer a rede de apoio social e afetiva dessas famílias. A descrição dessa intervenção grupal está dividida em:

- avaliação e intervenção com as meninas;
- avaliação e intervenção com as cuidadoras.

Avaliação e intervenção com as meninas

Avaliação inicial

Para o presente projeto foram convidadas a participar da avaliação sete meninas vítimas de abuso sexual intrafamiliar, com idades entre sete e nove anos, que cursavam entre a segunda e a terceira série do ensino fundamental e residiam em Porto Alegre ou região metropolitana. Evidenciou-se que os abusos sexuais foram recorrentes, exceto em um caso (episódio único), e cometidos pelo pai, padrasto, avô materno, tio ou primo. A idade média de início do abuso sexual foi de cinco anos e seis meses e o tempo para a revelação foi de aproximadamente dois anos.

    A partir da aceitação e do interesse em participar do atendimento grupal, as meninas e suas mães e/ou cuidadoras foram avaliadas individualmente em três entrevistas. No primeiro encontro, a equipe apresentou às mães e/ou cuidadoras os objetivos do atendimento e o seu caráter experimental, sendo solicitada a assinatura do Termo de Consentimento Livre e Esclarecido. Após aceitar participar da atividade proposta, as mães respondiam ao Questionário dos Dados Sociodemográficos e de Saúde, que incluía dados sobre idade, escolaridade, cidade de origem e questões referentes à saúde mental (transtornos psiquiátricos e neurológicos, uso de medicações etc.). Características do ASI (idade do primeiro episódio, tempo de exposição, presença de ameaça, proximidade afetiva com o abusador e encaminhamentos legais sobre o caso) e o contexto da revelação (para quem a criança revelou o abuso, reação da família e presença de suporte familiar após a revelação) foram avaliados. Foi também investigada a presença de indicadores de risco à ocorrência do ASI: intergeracionalidade, violência doméstica, abuso de substâncias pelos pais, transtornos psiquiátricos na família, separação dos pais, entre outros.

    Num segundo momento, ainda de forma individual, foi solicitada a concordância verbal das meninas em participar da avaliação, estabelecendo-se a vinculação com as terapeutas que acompanhariam o grupo (*rapport* inicial). No processo de avaliação foram utilizados os seguintes instrumentos: Protocolo Adaptado de Entrevista com Meninos Vítimas de Abuso Sexual (Kristensen, 1996); Inventário de Depressão Infantil (CDI; Kovacs, 1992, versão adaptada de Hutz; Giacomoni, 2000); e Entrevista Clínica Estruturada para TEPT (First; Spitzer;

Gibbon; Williams, 1997), traduzida e adaptada para o português por Del-Ben *et al.* (2001).

O Protocolo Adaptado de Entrevista com Meninos Vítimas de Abuso Sexual (Kristensen, 1996) visa avaliar, a partir da perspectiva da criança vítima, o contexto do abuso e da revelação. O CDI avalia a presença e a severidade de sintomas de depressão infantil, sendo que a aplicação desse instrumento justifica-se pela alta prevalência de depressão em meninas vítimas de ASI (Paolucci *et al.*, 2001) e pela comorbidade com TEPT (Runyon, Faust; Orvaschel, 2002). A Entrevista Clínica, por sua vez, consistiu em uma entrevista diagnóstica, baseada nos critérios do DSM-IV, idealizada para verificar os sintomas do TEPT e foi realizada com as meninas e suas mães e/ou cuidadoras.

O processo de avaliação foi concluído por seis meninas, cujo resultado evidenciou que duas delas preenchiam critérios para o diagnóstico de TEPT, enquanto as demais apresentavam sintomas parciais do mesmo quadro. Os sintomas mais frequentes foram: insônia, irritabilidade, dificuldade de concentração e hipervigilância. Duas meninas manifestaram sintomas de depressão. Além desses quadros, observou-se a presença de raiva, medo, tristeza e baixa autoestima, bem como de brincadeiras sexualizadas, masturbação e enurese. Apenas uma menina fazia uso de medicação psiquiátrica no momento da avaliação.

Intervenção

A intervenção com o grupo de meninas foi realizada a partir do modelo adaptado de grupoterapia cognitivo-comportamental proposto por Santos, Borges e Caminha (2002). Essa abordagem propõe a redução dos sintomas de TEPT em crianças vítimas de maus-tratos, a partir do Treino de Inoculação do Estresse (pelo uso de desenhos) e de técnicas cognitivas e comportamentais, como as técnicas de respiração, relaxamento muscular e interrupção do pensamento. Com relação às características do grupo, ele foi descrito como terapêutico, de autoajuda e educativo. A intervenção grupal foi dividida em quatro etapas: Etapa 1 – Construção de identidade grupal; Etapa 2 – Revelação do abuso; Etapa 3 – Enfrentamento de sentimentos e crenças a respeito do abuso; e Etapa 4 – Fortalecimento de rede de apoio social, educação quanto à sexualidade saudável e ao Estatuto da Criança e do Adolescente (ECA).

Etapa 1 – Construção de identidade grupal (sessões 1 a 3)

Nesta etapa, buscou-se trabalhar a construção da identidade do grupo e o fortalecimento de vínculo entre as participantes. Na primeira sessão, utilizou-se a técnica do "jogo de dados", na qual cada menina jogava um dado que continha, em cada um dos seus lados, tópicos facilitadores para a apresentação individual (por exemplo, nome, apelido, idade, escola...). Depois, foram distribuídos crachás com os nomes das meninas, e foi solicitado que cada participante fizesse um desenho de si mesma, apontando uma qualidade ou um aspecto positivo próprio. Nesse encontro, também foi estabelecido o contrato terapêutico, enfocando os objetivos e as regras de funcionamento do grupo.

Um cartaz foi confeccionado por todas as participantes, a fim de identificar o grupo com um nome. O nome escolhido foi "Grupo reencontro das meninas geniais". Esse cartaz permenceu exposto na sala de atendimento ao longo de todas as sessões. Também foi proposto que as meninas desenhassem sua família, destacando as figuras afetivas, os aspectos positivos e as situações-problema.

Ainda nessa primeira etapa, iniciou-se a abordagem para a revelação do abuso. Para tanto, apresentou-se a técnica da "caixa de memória" (Santos; Borges; Caminha, 2002), que foi utilizada como ferramenta terapêutica para o enfrentamento dos sintomas de revivência e pensamentos intrusivos do TEPT. Foi mostrada às participantes uma caixa com divisórias, com várias gavetas (lugar, som, pessoas presentes na situação abusiva, sentimentos, pensamentos etc.). A cada sessão, mesmo nas demais etapas, as lembranças foram relatadas ou desenhadas semelhante a uma gaveta da "caixa da memória".

Etapa 2 – Revelação do abuso (sessões 4 a 8)

A segunda etapa objetivou ressignificar a experiência do abuso, sendo abordados os seguintes temas: descrição de uma situação negativa, revelação do abuso sexual e monitoramento de sentimentos e pensamentos. Ao longo das sessões, as meninas foram encorajadas a contar suas histórias, aos poucos, por meio de desenhos. Como suporte para o processo, foi utilizado o livro *Quando alguma coisa terrível acontece* (Heegaard, 1998). Paralelamente, também foi utilizada uma escala de ansiedade, com graduação de zero a dez, a fim de facilitar a descrição em etapas da situação abusiva. Como exemplo: feito o desenho de uma situação positiva, em seguida cada menina nomeou uma emoção associada à experiência, escolhendo uma nota – de zero a dez – para a intensidade da emoção (esse recurso recebeu o nome de Gráfico de Sentimentos).

Na quarta sessão, as meninas realizaram um desenho de uma situação ruim que haviam vivenciado. Algumas meninas desenharam a situação do ASI e algumas desenharam outros eventos estressores, como, a morte dos pais ou de algum familiar. Foi ensinada a técnica de respiração, de relaxamento muscular e também a técnica do treino de inoculação do estresse (Dancu; Foa, 1998) como formas de enfrentar os altos níveis de ansiedade no relato do ASI.

Entre a quinta e a oitava sessões, as meninas relataram o abuso sexual que haviam sofrido. Algumas apresentaram sintomas de ansiedade, evitação e pesadelos no intervalo entre as sessões, que foram referidos e constatados também na discussão com as profissionais que acompanhavam o grupo de mães. Verificou-se a necessidade de um tempo individualizado, de acordo com a capacidade de cada menina para que pudessem falar do abuso. Os desenhos foram realizados "passo a passo", isto é, os aspectos menos ameaçadores foram desenhados inicialmente e, à medida que as meninas foram capazes de lidar com suas ansiedades, passaram a apresentar uma maior riqueza de detalhes. Essa técnica faz parte de uma das etapas do Treino de Inoculação ao Estresse (Dancu; Foa, 1998).

Durante a fase de revelação do abuso, as meninas relataram sentimentos ambivalentes em relação ao abusador, por exemplo, *"Ele era meu amigo antes de fazer aquilo"* ou *"Meu pai fez isso errado, mas ele é legal comigo e com meu irmão"*. Pensamentos distorcidos também foram referidos, como *"Tentei me defender e pedir ajuda, mas não consegui – logo, sou culpada"* e *"Ele me beijou, será que vou ficar grávida?"*.

As meninas relataram que, ao saber que outras meninas haviam passado pela mesma situação, sentiam-se melhor. Um dos pontos positivos do grupo, portanto, foi a identificação entre as participantes, uma vez que as histórias de abuso eram semelhantes. Ao longo do processo de revelação, as meninas mostraram-se solidárias e compreensivas com o relato das outras, buscando encorajar-se, fazendo do grupo um espaço de fortalecimento da autoestima.

A seguir, seguem trechos de relatos que exemplificam o processo de revelação do abuso no grupo.

> Quando eu me lembro disso, eu fico mal, tenho muitos sentimentos ao mesmo tempo. Mas, aqui

> no grupo, eu me sinto bem falando. Me ajuda a se sentir melhor. (M., 9 anos)
> Eu também me sentia assim, mas agora eu vi que não é só comigo que isso aconteceu. (G., 8 anos)
> Meu tio fez tchaca-tchaca na minha butchaca. (M., 9 anos)
> Aqui nós vamos falar daquilo que foi errado, triste, feio que aconteceu com nós. (G., 8 anos)

Durante esta etapa, trabalhou-se a discriminação entre afeto sexualizado e afeto entre pais e cuidadores, sinalizando que este último envolve aspectos de cuidado e proteção, e não contatos erotizados. Um aspecto particularmente importante de ser enfocado na terapia com vítimas de ASI diz respeito aos papéis familiares. Em famílias abusivas há confusão entre papéis e funções, sendo comuns cenas de sedução, carinho e violência entre seus membros (Araújo, 2002). Esses aspectos foram explorados ao longo das sessões da segunda etapa da intervenção com as meninas. Também foram abordadas as distorções quanto à sexualidade, como *"Vou engravidar do meu tio?"*; *"Quando crescer eu vou poder engravidar?"*, e vergonha quanto a nomear áreas genitais, por exemplo *"Aquele nome feio"*, referindo-se a pênis e vagina.

À medida que esses relatos apareceram, trabalhou-se com o grupo os diferentes nomes e apelidos utilizados para descrever os órgãos genitais: vagina, pênis, *pepeca, pinto, saco, xexeca, xoxota, pirulito* etc. As meninas relataram vergonha, medo, raiva ao falarem desses nomes e do que *"havia acontecido"* (ASI). Assim, foi-lhes mostrado que o grupo se constituía como um espaço para conversarem sobre o ASI, sobre seus sentimentos, sobre como havia sido a revelação e para aprenderem novas habilidades de enfrentamento dessas lembranças. Ainda quanto à sexualidade, foi abordado o motivo de realização e a importância do exame ginecológico e da profilaxia contra doenças sexualmente transmissíveis (DSTs), procedimentos realizados anteriormente por algumas meninas.

Após as participantes terem desenhado a situação abusiva e compartilhado com o grupo suas histórias, foi proposto que elas relatassem o fato como uma história, a qual era registrada por um dos coordenadores do grupo.

> Era uma vez, uma menina que se chamava M. Ela estava sozinha na casa do tio. Ele oferecia dinheiro para ela. Ele botava um CD que a menina gostava. Ele deixava a menina mexer no computador, mas a menina não gostava, porque ele pegava ela no colo e botava no colo dele. Teve um dia em que a menina teve coragem e contou para a mãe dela. Depois, para o pai dela. Ninguém acreditou na menina, só a mãe dela. Um dia, o tio botou a menina na cama dele, no quarto dele. Daí, a menina mordeu o braço dele. Ela mordeu ele, porque ele estava mexendo no corpo dela. Então, ela ficou triste chorando. (M., 9 anos)

Etapa 3 – Enfrentamento de sentimentos e crenças a respeito do abuso (sessões 9 a 14)

A terceira etapa visou potencializar os recursos individuais e coletivos no enfrentamento dos sentimentos e das lembranças do abuso. Entre os sentimentos relatados, destacam-se: o medo – de ver o abusador ou acontecer novamente o abuso; a raiva – do abusador e/ou da família frente ao descrédito da denúncia; e a tristeza – pelas consequências da revelação do abuso (hospitalização, abrigagem etc.). Outro sentimento importante identificado no grupo foi o de justiça – *"Queremos justiça"* – manifestado pelas meninas devido ao desejo de que os abusadores fossem presos.

A fim de que as meninas expressassem seus sentimentos, realizou-se uma atividade com o uso de massa de modelar, na qual foi proposta a construção de um boneco que representasse o abusador. A orientação foi de que elas escolhessem o que fazer com o boneco. A maioria optou por amassá-lo e destruí-lo, criando a possibilidade de extravasar simbolicamente seus sentimentos com relação ao abusador. A seguir o relato de uma menina no momento em que destruía o boneco do abusador:

> Por que você fez aquilo comigo? Eu tenho raiva de você. Benfeito você ter ido preso, você mereceu. (J., 8 anos)

Outra técnica utilizada foi de interromper o pensamento (PARE), que faz parte do Treino de Inoculação ao Estresse (Dancu; Foa, 1998), com o objetivo de interromper as lembranças intrusivas que eram relatadas. Além disso, as meninas levaram para casa uma folha com a frase: "O que eu posso fazer?". E foram orientadas a escrever sobre como lidar com os pensamentos fruto da situação abusiva. O objetivo da atividade foi proporcionar um espaço de reflexão e de planejamento de ação, utilizando-se as técnicas cognitivas e comportamentais aprendidas nas sessões. No grupo das cuidadoras, as mães foram orientadas a auxiliar as meninas na atividade.

Etapa 4 – Fortalecimento de redes de apoio, sexualidade saudável e educação quanto ao Estatuto da Criança e do Adolescente (ECA) (sessões 15 a 18)

A quarta etapa teve como objetivo fortalecer a rede de apoio afetivo, o cuidado com o corpo, principalmente em relação à sexualidade saudável, bem como discutir os direitos das crianças e dos adolescentes. Mapeou-se a rede de apoio social e afetivo (Heegaard, 1998), pela qual foram nomeadas as pessoas e as instituições que pudessem proteger e dar apoio.

Com relação à sexualidade saudável, desenhou-se em um papel pardo o corpo, contornando-o com pincel atômico, e foi solicitado que os aspectos positivos do próprio corpo e também das áreas erógenas fossem eleitos. Esse trabalho possibilitou discutir a valorização do corpo feminino, da sexualidade saudável e protegida, dos cuidados com o corpo da criança, bem como da autoestima.

Na 17ª sessão, foi trabalhado o Estatuto da Criança e do Adolescente (ECA) e a folha *"Eu estou feliz agora"*, do livro *Quando alguma coisa terrível acontece* (Heegaard, 1998). A tarefa visou possibilitar a avaliação dos aspectos positivos e já superados desde o ASI. O material construído nas sessões (desenhos, história do ASI, técnicas de enfrentamento, lista de rede de apoio social e afetiva, páginas "O que eu posso fazer?", "Eu estou feliz agora") foi condensado em forma de livro e levado pelas participantes. Nessa sessão também se avaliou o processo terapêutico:

> Eu gostei de vir aqui. Estou me sentindo melhor agora. Sei que não foi culpa minha. (J., 8 anos)

Encaminhamentos finais no acompanhamento das crianças

Ao término do atendimento de grupo com as crianças, combinou-se entrevistas individuais de *follow-up*, que seriam realizadas após três meses. No entanto, apenas uma das participantes compareceu à sessão de reavaliação. Essa menina tinha um cotidiano esperado para sua faixa etária. A cuidadora da menina relatou que ela estudava, tinha bom rendimento acadêmico e não apresentava mais sintomas de ansiedade e depressão.

Apesar do fim do processo de atendimento grupal, as famílias participantes ainda tiveram a possibilidade de contactar a equipe em caso de necessidade.

Avaliação e intervenção com as mães e/ou cuidadoras

Avaliação

O grupo de mães e/ou cuidadoras formou-se a partir da avaliação das meninas vítimas de ASI com indicação para acompanhamento grupal, e foram realizadas entrevistas simultaneamente à avaliação das crianças. Avaliou-se a experiência do ASI para a criança e a família, explorando a percepção sobre as manifestações afetivas e comportamentais após o abuso. Além disso, algumas questões sobre as características da família de origem (situações de violência vivenciadas na própria infância das participantes) e da família constituída (educação e imposição de limites aos filhos) foram verificadas.

O grupo constitui-se de cinco mães e/ou cuidadoras de meninas vítimas de ASI, com idades entre 29 e 44 anos e escolaridade entre a 4ª série do ensino fundamental e superior incompleto. Com relação à situação conjugal, duas estavam separadas e as demais casadas. A situação profissional também foi avaliada, sendo que no início do atendimento grupal duas eram desempregadas, uma era dona de casa e as outras trabalhavam como domésticas. Apenas uma das participantes não era mãe biológica, mas tia paterna e tutora da criança.

De acordo com os dados da avaliação individual, verificou-se que duas mães relataram história de abuso sexual na infância, perpetrado pela mesma pessoa que abusou de suas filhas. Para essas participantes, a revelação do abuso à família foi um processo sofrido e difícil, e se percebeu o quanto o fato influenciou suas trajetórias de vida. Um aspecto da vivência anterior das participantes mostrou-se muito presente em suas famílias: a predominância de práticas educativas baseadas em ações coercitivas (abuso físico) como uma estratégia natural para a imposição de limites. Segundo os relatos, a educação que receberam de seus pais foi baseada em ameaças e ações punitivas. Entendeu-se que essas práticas estavam naturalizadas ao longo de gerações e eram a forma legítima conhecida de como educar. No entanto, foram referidas também situações de uso do diálogo (estratégia indutiva) como uma forma educativa. Percebeu-se que as práticas utilizadas pelas mães e/ou cuidadoras variavam de acordo com a situação. Assim, numa mesma situação, poderia ocorrer tanto o uso de técnicas indutivas quanto coercitivas.

Intervenção

O grupo pode ser descrito como de suporte e aconselhamento, tendo-se constituído também como espaço de escuta para as questões próprias da história de cada uma das mulheres, dos papéis desempenhados e ansiedades decorrentes de suas lembranças e/ou vivências. Durante a intervenção com as mães e/ou cuidadoras, houve a preocupação de ampará-las e prepará-las para as possíveis manifestações de comportamento que as meninas poderiam expressar, conforme o conteúdo trabalhado no grupo das crianças. Para uma melhor compreensão do processo terapêutico, ele foi dividido em quatro etapas. Há de se ressaltar que os encontros foram planejados a partir da demanda das mães e/ou cuidadoras e dos apontamentos realizados pelas profissionais que coordenavam o grupo das meninas.

Etapa 1 – Construção da identidade grupal (sessões 1 e 2)

Nesses encontros, abordou-se a formação da identidade de grupo, questões relacionadas ao sigilo, as expectativas do atendimento grupal e dificuldades no tratamento para o abuso das meninas. Com a Dinâmica da Teia[7], as participantes apresentaram-se e relataram algumas de suas expectativas. Ao final de cada encontro, visando auxiliar um *feedback* e a expressão de sentimentos, foi disponibilizado um envelope a cada participante com fichas que descreviam alguns sentimentos, dentre os quais deveria ser escolhido o que melhor as expressasse no momento.

Nesses primeiros encontros, os relatos das participantes referiam-se a situações e sintomas apresentados pelas meninas e, também, à própria ansiedade em lidar com isso. As integrantes, inicialmente, não percebiam o espaço como de apoio, mas como um momento de sala de espera, no qual se ocupariam enquanto as meninas realizavam o tratamento. A expectativa, de modo geral, era de que o grupo ajudasse a lidar melhor com suas filhas, com os comportamentos decorrentes da situação do abuso no curto, médio e longo prazos. A partir da fala de algumas participantes, percebeu-se preocupações com o manejo de situações de conflito, com os reflexos da experiência traumática no comportamento atual e na adolescência das crianças, além de diversos entendimentos sobre o próprio abuso.

---

[7] Essa dinâmica consiste em colocar as pessoas em círculo e, com um novelo, é feita a ligação entre os participantes. Inicia-se a dinâmica jogando o novelo para outro participante, sem largar o fio, e cada pessoa pode falar somente enquanto estiver de posse do novelo. Deve ser combinado, com o grupo, a temática que será abordada quando cada integrante estiver de posse do novelo. Ao final, tendo este passado entre todos os integrantes, forma-se uma teia por entre o círculo.

> Tenho medo do que vai acontecer na adolescência, como ela vai se relacionar mais adiante quando tiver alguém. (Participante 1, 29 anos)
> [...] ontem ela estava com dor de barriga, fez xixi na cama, amanheceu com a roupa toda molhada. (Participante 4, 51 anos)
> Fico aliviada porque vejo que ... não foi vítima de um abuso sexual verdadeiro. (Participante 2, 32 anos)

As cuidadoras relataram também comportamentos diferentes em relação à sexualidade das crianças. Enquanto algumas meninas demonstravam embotamento afetivo, esquivando-se de situações que envolviam contato ou aproximações físicas, outras se mostravam extremamente precoces na curiosidade quanto à sexualidade.

> Ela fecha os olhos quando vê um beijo na novela e pede que avise quando terminar... (Participante 1, 29 anos)
> A ... não. Ela gosta muito de ver os beijos e fica perguntando sobre isso [...] Ela quer ir até para escola pintada. Digo que tá forte demais, que ela é muito nova e não deixo [...] (Participante 3, 39 anos)

Observa-se, a partir das falas relatadas, que o estimulo sexual gerado a partir da experiência do abuso pode acarretar mudanças no desenvolvimento infantil. Diversos autores referem que a hipersexualização e o retraimento são sintomas comumente decorrentes de situações de ASI (Ferrari; Vecina, 2002; Furniss, 1993; Habigzang; Caminha, 2004; Habigzang, 2006; Sanderson, 2005).

Etapa 2 – Impacto da revelação do abuso no sistema familiar (sessões 3 a 6)

Nessa etapa, foi trabalhada a revelação, os sentimentos, as reações e consequências do abuso sexual das meninas, e refletiu-se sobre as crenças, os "mitos e verdades" ligados ao fato. Para essa tarefa foram confeccionados cartões com frases ou ditados populares sobre o tema. As participantes os sorteavam e, a partir da leitura da frase no cartão, procedia-se à discussão no grupo. Alguns desses mitos sobre o ASI foram extraídos do material produzido por Sanderson (2005) e por Azevedo e Guerra (2004), outros foram construídos a partir da experiência das coordenadoras do grupo, dentre os quais se destacam: a) A criança mente e inventa que é abusada sexualmente; b) Se uma criança ou um adolescente consente é porque deve ter gostado; c) Só quando ela diz "não" é que fica caracterizado o abuso; d) É fácil identificar o abuso sexual em razão das evidências físicas encontradas nas crianças e nos adolescentes; e f) Pessoas estranhas representam um verdadeiro perigo para crianças e adolescentes.

Conforme as participantes expressavam suas ideias, identificaram-se distorções no entendimento do que é um abuso sexual. Além disso, elas manifestaram sentimentos de culpa por não terem protegido suas filhas, por não prestarem atenção na alteração do comportamento das meninas nem desconfiarem de que algo pudesse estar acontecendo. Algumas falas exemplificam essas distorções e esses sentimentos:

> Com a minha não foi tão sério, ele só mexeu nela [...] (Participante 3, 39 anos)
> Nunca imaginei que isso pudesse acontecer dentro de casa, com alguém da família. Sempre avisei para cuidar com os estranhos [...] (Participante 4, 51 anos)

> Mesmo tendo passado por uma experiência semelhante na adolescência, não consegui enxergar e achava difícil acreditar que a mesma coisa estaria acontecendo com minha filha (Participante 2, 32 anos)
> Pensei que minha filha poderia imaginar que pais e padrastos fazem isso" (Participante 2, 32 anos)
> [...] para mim era impossível acreditar que ele fez com ela o mesmo que fez comigo [...] (Participante 1, 29 anos)

Na medida em que esses aspectos foram trabalhados no grupo, um novo entendimento sobre a dinâmica do abuso pôde ser construído, colocando-se na figura do abusador a plena responsabilidade pelo abuso. A partir disso, percebeu-se a estruturação de outra forma de relacionamento com as meninas e os familiares, propiciando maiores compreensão e flexibilidade e um acolhimento mais afetivo. As participantes puderam entender que, apesar das manifestações emocionais, cognitivas e comportamentais semelhantes, a experiência do abuso sexual repercute de forma singular para cada vítima.

O impacto da revelação no sistema familiar foi exposto por todas as participantes e envolveu, principalmente, afastamentos, brigas e rompimentos com membros de toda a família. Especialmente para duas participantes, revelar o abuso de suas filhas trouxe à tona questões sobre seu próprio abuso, evidenciando receios e ansiedades não trabalhados quando vítimas e confrontando-as com a revivência do próprio trauma. Sentindo-se sozinhas, temiam enfrentar as repercussões sociais, legais e jurídicas da situação. Nesse momento do grupo, verificou-se a necessidade de esclarecer dúvidas quanto às questões legais e jurídicas e discutir sobre o que é justiça e o que se pode esperar de um processo judicial.

> [...] fico pensando se vale a pena todo esse esforço, se não vai dar em nada. (Participante 1, 29 anos)
> O que eu queria já aconteceu, ele tá preso, porque foi pego em flagrante. (Participante 4, 51 anos)
> Eu não quero que ele vá preso, mas queria que ele explicasse e que de alguma forma pagasse pelo que fez [...] já a minha filha quer ver ele preso (Participante 1, 29 anos)

Outro aspecto que esclarecido foi a diferença entre o âmbito jurídico e da saúde, pois uma das participantes acreditava que, por frequentar o grupo, não precisaria acompanhar as questões legais do inquérito ou mesmo o andamento do processo, certa que estava de que o atendimento era interligado ao sistema jurídico.

> [...] acreditava que meus problemas estariam todos resolvidos, que para isso bastava vir ao grupo... acreditava que não precisava fazer nada, ir atrás de nada [...] (Participante 3, 39 anos)

Etapa 3 – Habilidades de enfrentamento relacionadas à situação abusiva (sessões 7 a 12)

Nessa etapa, as mães expuseram as situações que consideravam difíceis no manejo com suas filhas ou com a própria família, a partir das mudanças comportamentais depois do abuso. Sentiam-se angustiadas e impotentes diante do sofrimento de suas filhas. A partir da discussão sobre as diversas possíveis reações que vítimas de abuso podem apresentar, as participantes puderam compartilhar suas vivências e as diferentes estratégias para lidar com as dificuldades, proporcionando o enriquecimento dos repertórios pessoais. Essa discussão favoreceu, também, questionar as práticas educativas empregadas. Algumas cuidadoras se mostravam permissivas, confundindo compreensão e limite. Na intenção de proteger e amenizar o trauma, faziam quase de tudo para não aborrecer ou contrariar as meninas, e não tinham clareza sobre quais comportamentos decorriam do abuso e quais eram consequentes da falta de firmeza e consistência de suas práticas educativas.

> Não forço muito, procuro entender, porque ela já passou por tanta coisa. (Participante 1, 29 anos)
> Me assustei dia destes. A ... pegou uma faca e foi pra cima da irmã. Coitadinha, ela tá muito nervosa. (Participante 2, 32 anos)

Foram retomadas nessa etapa algumas questões sobre o processo legal, enfatizando-se a importância de as cuidadoras mostrarem-se disponíveis a ouvir e discutir com as meninas as opiniões e expectativas sobre o resultado do processo jurídico, bem como a vinculação com o agressor. Percebeu-se, assim, a dificuldade das participantes em lidar com as tentativas de aproximação com o abusador e, ainda, em identificar potenciais situações de risco.

> Ele [abusador] conseguiu ingressos para levar as crianças no cinema [...] expliquei que não poderia permitir isso por determinação do juiz [...] daí ele apareceu com um papel, dizendo que o juiz havia concedido que visse as crianças. Fiquei em dúvida [...] (Participante 3, 39 anos)
> A ... queria ver ele preso, mas morre de medo do dia que ele sair da cadeia. Eu mesma, não quero pensar nisso [...] (Participante 4, 51 anos)

Etapa 4 – Fortalecimento de redes de apoio e de práticas protetivas (sessões 13 a 17)

Nessa última fase, o trabalho focou na identificação e constituição de redes de apoio, buscando consolidar vínculos sociais e afetivos. As diversas redes de apoio que poderiam ser acionadas pelas famílias foram mapeadas, no intuito de evitar o isolamento social e afetivo. Esse processo pode ser identificado nas falas destacadas:

> [...] fico preocupada e me sinto sozinha para cuidar das crianças [...] só agora me dei conta de que deveria ir atrás das informações e soluções dos meus problemas, que o grupo me ajudaria e me ajudou a pensar, mas que não toma as decisões por mim. (Participante 3, 39 anos)
>
> [...] no começo achei que o grupo não era para mim, mas agora vejo o quanto me ajudou e as coisas mudaram lá em casa [...] (Participante 4, 51 anos)

Como possibilidades de rede de apoio, os serviços públicos assistenciais e de saúde foram valorizados, constituindo-se como locais de ajuda e suporte. Buscou-se, também, resgatar os diversos laços sociais possíveis (famílias, vizinhança, amigos etc.).

Pode-se perceber que a experiência do atendimento proporcionou significativas trocas de experiências e a constituição de um espaço de fala, para a expressão de preocupações e angústias. De modo geral, observou-se que as participantes tornaram-se mais confiantes e capazes de lidar com diversas situações, entre elas os trâmites necessários no acompanhamento da situação do abuso. Houve o relato de mudanças em um amplo contexto familiar, com diminuição de conflitos e menor isolamento social.

Saímos mais fortalecidas e encorajadas. (Participante 3, 39 anos)

Encaminhamentos finais no acompanhamento das mães e/ou cuidadoras

Ao término do atendimento de grupo, combinou-se entrevistas individuais de *follow-up*, a serem realizadas após três meses. Nessas entrevistas foram avaliados sentimentos e dificuldades percebidas no período de afastamento, propondo-se, quando necessários, novos encaminhamentos. Uma das cuidadoras iniciou atendimento individual, pois se perceber a imposição de crenças, valores e punições muito rigorosos, identificando-se a importância de trabalhar uma maior flexibilização e expressão do afeto. Outra participante, devido à sua fragilidade social, foi vinculada em um grupo de atendimento sistemático com mães de crianças vítimas de abuso sexual, no mesmo ambulatório.

Apesar do fim do processo, combinou-se com as famílias participantes a possibilidade de nova busca ao serviço em caso de necessidade, o que faz parte da sistemática de trabalho do serviço em que foi efetivado o presente grupo.

DISCUSSÃO E CONSIDERAÇÕES FINAIS

O presente capítulo teve como objetivo descrever a experiência de atendimento em grupo com meninas vítimas de ASI e suas cuidadoras não abusivas. No Brasil, diversos estudos (Ferrari; Vecina, 2002; Habigzang, 2006; Padilha; Gomide, 2004) priorizam o atendimento às vítimas de ASI, apontando a necessidade de serviços públicos que atendam a essa demanda e sugerindo também que familiares não abusivos sejam incluídos em acompanhamento psicoterápico.

Os atendimentos grupoterápicos realizados construíram-se com diferentes referenciais teóricos, a partir de pressupostos da abordagem cognitiva-comportamental e da abordagem dinâmica e sistêmica, num recorte singular que valorizou aspectos fundamentais para a elaboração de conflitos comumente apresentados por vítimas de violência sexual que buscam atendimento nos serviços públicos de saúde. A proposta terapêutica constituiu-se, ainda, em um importante referencial educativo e social, uma vez que possibilitou às famílias o redimensionamento quanto à definição do ASI e de seus efeitos no comportamento da criança. Além disso, o grupo funcionou como uma rede de apoio social às meninas e a suas famílias. O objetivo do atendimento dessas meninas visou à redução dos sintomas de ansiedade e TEPT, à reestruturação de crenças distorcidas quanto ao abuso sofrido, a suas consequências no desenvolvimento e a sentimentos envolvidos (medo e raiva).

Por sua vez, o grupo de mães buscou ser um grupo de suporte emocional e de orientação das cuidadoras, frente à sintomatologia apresentada pelas meninas.

Pode-se apontar como positiva a realização do atendimento concomitante (grupo de meninas e grupo de mães e/ou cuidadoras) por facilitar aos núcleos familiares as questões financeiras (locomoção, liberação do trabalho/escola etc.) e contribuir para a otimização do atendimento. O grupo constituiu-se um espaço de cuidado compartilhado entre mães e/ou cuidadoras e suas filhas, pluralizando o foco do tratamento – em geral voltado apenas para a criança vítima – e potencializando, assim, o entendimento das consequências do abuso em todo o grupo familiar.

Após a intervenção, identificou-se tanto aspectos positivos quanto negativos da proposta de atendimento desenvolvida. Com relação ao atendimento no grupo das meninas, observou-se que o uso de desenhos para contar a história do abuso e a técnica de respiração mostraram-se importantes para a redução dos sintomas de evitação cognitiva. A construção do livro sobre a história do abuso também foi percebida como uma ferramenta importante no processo de reelaboração do abuso, oferecendo à criança um recurso lúdico para o relato da experiência traumática. As técnicas de respiração e o gráfico dos sentimentos contribuíram para monitorar e diminuir a ansiedade das meninas. O espaço coletivo possibilitou a oportunidade de falar de "um segredo" para um grupo de iguais. As semelhanças das histórias reveladas tornaram o grupo um espaço de identificação mútua, e o acolhimento oferecido um fator de proteção (rede de apoio). Observou-se, de modo positivo, um forte sentimento de identificação entre as participantes, devido à empatia das meninas diante do relato de abuso e das consequências vivenciadas. Outros autores também compartilham dessas impressões ao proporem o atendimento grupal a vítimas de ASI (Habigzang, 2006; Padilha; Gomide, 2004).

Já quanto aos aspectos negativos no grupo das meninas, observou-se a necessidade de mais sessões voltadas à redução de sintomas de evitação cognitiva. Inicialmente, a maioria das meninas apresentava o predomínio de sintomas de evitação e hiperexcitabilidade fisiológica, com a presença de pensamentos intrusivos em menor grau. Na segunda etapa da intervenção, foram precisas mais duas sessões, em decorrência do aumento de sintomas de ansiedade (taquicardia, respiração ofegante, sudorese, dores abdominais) e evitação. A evitação é apontada na literatura como um dos sintomas de TEPT e pode ser compreendida como uma tentativa da criança em manter uma relativa "calma e controle da situação" (Dancu; Foa, 1998). Essas autoras argumentam ainda que a evitação faz parte do TEPT e que a esquiva cognitiva e comportamental pode interferir de várias maneiras no tratamento das vítimas de abuso sexual, uma vez que a evitação fortalece a manutenção da memória traumática (Ito; Roso, 1998). Nesse sentido, é importante fortalecer a aliança terapêutica, possibilitar mais tempo aos pacientes para enfrentarem o medo/dor de revelar o abuso e apontar a presença de "alívio" a cada etapa da revelação.

Além disso, é importante mencionar a variável "tempo de espera" para início do tratamento após a revelação. Acredita-se que, pelo fato de as meninas terem sido atendidas quase um ano após a revelação, esse tempo de espera também possa ter interferido no andamento do grupo. Quanto mais próximo da revelação do ASI o atendimento é realizado, maior será a urgência e necessidade de psicoterapia voltada à redução de sintomas agudos de ansiedade e TEPT. Pode-se inferir que o baixo índice de sintomas de ansiedade desse grupo deve-se ao fato de que algumas participantes já tinham iniciado acompanhamento psicoterápico individual antes de serem encaminhadas para o atendimento grupal e ao tempo decorrido entre o evento e o início do atendimento. Entende-se que o uso de técnicas como de Treino de Inoculação do Estresse seria mais efetivo se usado mais próximo da revelação. Para as meninas que participaram do grupo, o relato da situação vivida tornou-se mais importante na construção de uma identidade grupal do que para a redução dos sintomas. Enquanto para algumas meninas o relato foi considerado positivo, para outras gerou ansiedade e evitação, principalmente nos casos em que o abuso já havia ocorrido há muito tempo.

O atendimento às mães e/ou cuidadoras possibilitou que obtivessem informações e compreensão sobre a dinâmica do ASI. Além disso, proporcionou a aprendizagem de técnicas e práticas que favorecessem a redução dos sintomas de ansiedade das meninas, fortalecendo vínculos e uma nova configuração familiar.

Muitos familiares não abusivos desconhecem a dinâmica do ASI, por isso é importante trabalhar esses aspectos, bem como as possíveis consequências que a experiência pode acarretar nas vítimas (Habigzang *et al.*, 2007). Outro aspecto de grande relevância no atendimento às cuidadoras foi a discussão sobre as questões jurídicas, tendo em vista a forte insegurança decorrente da situação de violência e a necessidade de que as expectativas quanto ao processo judicial e à punição formal do agressor fossem abordadas.

Outro ponto observado no grupo de mães e/ou cuidadoras, e que pode ter interferido no processo de tratamento, diz respeito à história materna (ou familiar) de abuso sexual na infância. Percebeu-se que a junção de mães e/ou cuidadoras, com e sem história de abuso sexual na infância, pode não ser adequada, pois torna difícil identificação entre as participantes e, consequentemente, influencia na dinâmica do atendimento proposto. Além disso, a situação socioeconômica das famílias, como o desemprego e a dificuldade para o deslocamento até o local do tratamento, também interferiu na continuidade e na frequência aos atendimentos. Assim, ao estruturar uma intervenção grupal às vítimas de ASI e/ou familiares, deve-se atentar para os critérios de inclusão e exclusão pertinentes à proposta de atendimento.

Da mesma forma, é importante a construção de políticas públicas de enfrentamento a situações de violência que garantam a possibilidade de acesso a tratamentos de saúde necessários, seja pela existência de serviços regionalizados ou por recursos sociais que garantam o deslocamento aos locais de atendimento já existentes. Outra questão importante em atendimentos a situações de violência é a possibilidade do trabalho em equipes multiprofissionais, com espaços de discussão de casos e encaminhamentos conjuntos. Esse aspecto mostra-se relevante em função da complexidade da temática e dos aspectos emocionais despertados nos profissionais envolvidos. Ao longo do processo foram extremamente importantes as reuniões de equipe, que se caracterizaram como um momento de troca, supervisão e apoio entre os terapeutas, bem como de reavaliação do planejamento das atividades do grupo.

A realização desse trabalho demonstrou que o atendimento grupoterápico é uma modalidade de atendimento possível nos serviços públicos de saúde, indicando a importância de implementar novas ações de atendimento às vítimas de abuso sexual. A proposta de atendimento em grupo tem sido indicada como a mais adequada, pois favorece a troca de experiências entre os participantes e apresenta melhores resultados em virtude de seu formato grupal no tratamento de crianças e adolescentes vítimas de abuso sexual (Celano; Hazzard; Campbell; Lang, 2002; Cohen; Mannarino; Knudesen, 2005; Habigzang, 2006).

Com o atendimento grupal, é possível prestar ajuda a um maior número de indivíduos com baixo poder econômico, além de ser uma forma mais rápida para solucionar a demanda de tratamento. Apesar das limitações apresentadas, o atendimento concomitante de meninas vítimas e de cuidadoras parece ser uma modalidade favorável no enfrentamento das consequências do ASI. Assim, os resultados dessa intervenção oferecem indicadores para realizar novos trabalhos que utilizem o atendimento em grupo como forma de intervenção junto a vítimas de abuso sexual. O redimensionamento das redes de proteção e cuidado também pode ser destacado como um ponto fundamental no trabalho relatado, verificando-se a necessidade de – na execução do processo terapêutico – garantir e construir, junto às famílias, mecanismos possíveis de apoio e ajuda social, e implementando medidas de proteção.

REFERÊNCIAS

ACKERMAN, P. T.; NEWTON, J. E. O.; McPHERSON, W. B.; JONES, J. G.; DYKMAN, R. A. Prevalence of pos-traumatic stress disorder and other psychiatric diagnoses in tree groups of abused children (sexual, fisical, and both). *Child Abuse & Neglect*, vol. 22, n. 8, 1998, p. 759-774.

AMAZARRAY, M. R.; KOLLER, S. H. Alguns aspectos observados no desenvolvimento de crianças vítimas de abuso sexual. *Revista de Psicologia Reflexão e Crítica*, vol. 11, n. 3, 1998, p. 546-555.

AMERICAN PSYCHIATRIC ASSOCIATION. *Diagnostic and statistical manual of mental disorders*. 4. ed. rev. Washington, DC: APA, 2002.

ARAÚJO, M. F. Violência e abuso sexual na família. *Psicologia em Estudo*, vol. 7, n. 2, 2002, p. 3-11.

ASSOCIAÇÃO BRASILEIRA MULTIPROFISSIONAL DE PROTEÇÃO À INFÂNCIA e ADOLESCÊNCIA. *Relatório anual do sistema nacional de combate à exploração sexual infantojuvenil*. Rio de Janeiro: ABRAPIA, 2003.

AZAMBUJA, M. P. R. Violência doméstica: reflexões sobre o agir profissional. *Psicologia: Ciência e Profissão*, vol. 25, n. 1, 2005, p. 4-13.

AZEVEDO, M. A.; GUERRA, V. N. A. *Pele de asno não é só história... um estudo sobre a vitimização sexual de crianças e adolescentes em família*. São Paulo: Roca, 1988.

_____. *Com licença, vamos à luta*. São Paulo: Iglu, 1998.

_____. *Kit instrucional do telecurso de especialização na área de infância e violência doméstica:* guia prático para compreender o fenômeno. São Paulo: LACRI: USP, 2004.

BLAY, E. A. Violência contra a mulher e políticas públicas. *Estudos Avançados*, vol. 17, n. 49, 2003, p. 87-98.

BRASIL. *Constituição da República Federativa do Brasil*, de 5 de outubro de 1988.

BRIERE, J.; ELLIOT, D. M. Prevalence and psychological sequelae of self-reported childhood physical and sexual abuse in a general population sample of men and women. *Child Abuse & Neglect*, vol. 27, n. 10, 2003, p. 1205-1222.

BRITO, R. C.; KOLLER, S. H. Desenvolvimento humano e redes de apoio social e afetivo. In: CARVALHO, A. M. (ed.). *O mundo social da criança, natureza e cultura em ação.* São Paulo: Casa do Psicólogo, 1999, p. 115-128.

CELANO, M.; HAZZARD, A.; CAMPBELL, S. K.; LANG, C. B. Attribution retraining with sexually abused children: review of techniques. *Child Maltreatment*, vol. 7, n. 1, 2002, p. 64-75.

COHEN, J. A.; DEBLINGER, E.; MANNARINO, A. P.; STEER, R. A. A multisite randomized controlled trial for children with sexual abuse-related PTSD symptoms. *Journal of American Academic Child and Adolescent Psychiatry*, vol. 43, n. 4, 2004, p. 393-402.

COHEN, J. A.; MANNARINO, A. P.; KNUDSEN, K. Treating sexually abused children: one year follow-up of a randomized controlled trial. *Child Abuse & Neglect*, vol. 29, 2005, p. 135-145.

DANCU, C. V.; FOA, E. B. Distúrbio do estresse pós-traumático. In: FREEMAN, A.; DATTLIO, F. (ed.). *Compreendendo a Terapia Cognitiva.* São Paulo: Editorial Psy, 1998, p. 97-107.

DE ANTONI, C.; KOLLER, S. H. Vulnerabilidade e resiliência familiar: um estudo com adolescentes que sofreram maus-tratos intrafamiliares. *Psico*, vol. 31, n. 1, 2000, p. 39-66.

DEBLINGER, E.; STAUFFER, L. B.; STEER, R. A. Comparative efficacies of supportive and cognitive behavioral group therapies for young children who have been sexually abused and their nonoffending mothers. *Child Maltreatment*, vol. 6, n. 4, 2001, p. 332-343.

DEL-BEN, M. T.; VILELA, J. A. A.; CRIPPA, J. A. S.; HALLAK, J. E. C.; LABATE, C. M.; ZUARDI, A. W. Confiabilidade da entrevista clínica estruturada para o DSM-IV. *Revista Brasileira de Psiquiatria*, vol. 23, n. 3, 2001, p. 156-159.

ESTATUTO DA CRIANÇA E DO ADOLESCENTE. Lei Federal nº 8.069, de 13 de julho de 1990.

FRANÇA-JUNIOR, I. Abuso sexual na infância: compreensão a partir da epidemiologia e dos direitos humanos. *Interface – Comunicação, Saúde, Educação*, vol. 7, n. 12, 2003, p. 23-38.

FEENY, N. C.; FOA, E. B.; TREADWELL, K. R. H.; MARCH, J. Post-traumatic stress disorder in young: a critical review of the cognitive and behavioral treatment outcome literature. *Professional Psychology: research and practice*, vol. 35, n. 5, 2004, p. 466-476.

FERRARI, D. C. A.; VECINA, T. C. C. *O fim do silêncio na violência familiar*: teoria e prática. São Paulo: Ágora, 2002.

FINKELHOR, D. The international epidemiology of child sexual abuse. *Child Abuse & Neglect*, vol. 18, 1994, p. 409-417.

FIRST, M. B.; SPITZER, R. L.; GIBBON, M.; WILLIAMS, J. B. W. *Structured clinical interview for DSM-IV axis I disorders: clinical version (SCID-CV)*. Washington: American Psychiatric Press, 1997, p. 84.

FURNISS, T. *Abuso sexual da criança*. Porto Alegre: Artes Médicas, 1993.

GABEL, M. *Crianças vítimas de abuso sexual*. São Paulo: Summus, 1997.

GRASSI-OLIVEIRA, R. *Maus-tratos na infância:* instrumentos de avaliação e estudos de associação com transtorno de estresse pós-traumático e sintomas psiquiátricos gerais em adultos. 2005. Dissertação (Mestrado em Psicologia). Pontifícia Universidade Católica do Rio Grande do Sul. Porto Alegre.

HABIGZANG, L. F. *Avaliação e intervenção psicológica para meninas vítimas de abuso sexual intrafamiliar*. 2006. Dissertação (Mestrado em Psicologia). Universidade Federal do Rio Grande do Sul. Porto Alegre.

HABIGZANG, L. F.; CAMINHA, R. M. *Abuso sexual contra crianças e adolescentes*: conceituação e intervenção clínica. São Paulo: Casa do Psicólogo, 2004.

HABIGZANG, L. F.; KOLLER, S. H.; AZEVEDO, G. A.; MACHADO, P. X. Abuso sexual infantil e dinâmica familiar: aspectos observados em processos jurídicos. *Psicologia: teoria e pesquisa*, vol. 21, n. 3, 2005, p. 341-348.

HABIGZANG, L. F.; HATZENBERGER, R.; CORTE, F. D.; STROEBER, F.; KOLLER, S. H. Grupoterapia cognitivo-comportamental para meninas vítimas de abuso sexual: descrição de um modelo de intervenção. *Psicologia Clínica*, vol. 18, n. 2, 2006, p. 163-182.

HABIGZANG, L. F.; STROEBER, F.; CORTE, F. D.; HATZENBERGER, R.; CUNHA, R. C.; RAMOS, M.; KOLLER, S. H. Integrando os cuidadores, a rede e os terapeutas: potencializando a melhora clínica de crianças e adolescentes vítimas de abuso sexual. In: LEAL, M. L. P.; LEAL, M. F. P.; LIBÓRIO, R. M. C. (ed.). *Tráfico de pessoas e violência sexual*. Brasília: Violes: Ser: Universidade de Brasília, 2007, p. 263-274.

HANSON, R. F.; SELF-BROWN, S.; FRIKER-ELHAI, A.; KILPATRIC, D. G.; SAUNDERS, B.; RESNICK, H. S. The relations between family environment and violence exposure among youth: findings from the national survey of adolescents. *Child Maltreatment*, vol. 11, n. 1, 2006, p. 3-15.

HEEGAARD, M. *Quando uma coisa terrível acontece*. Porto Alegre: Artmed, 1998.

HEFLIN, A. H.; DEBLINGER, E.; FISHER, C. D. Abuso sexual da criança. In: DATTILIO, F. M.; FREEMAN, A. (ed.). *Estratégias cognitivo-comportamentais de intervenção em situações de crise*. Porto Alegre: Artmed, 2004, p. 144-166.

HERSHKOWITZ, I.; LANES, O.; LAMB, M. E. Exploring the disclosure of child sexual abuse with alleged victims and their parents. *Child Abuse & Neglect*, vol. 3, 2007, p. 111-123.

HUTZ, C. S.; GIACOMONI, C. H. *Adaptação brasileira do inventário de depressão infantil (CDI)*. Manuscrito não publicado. Curso de Pós-Graduação em Psicologia do Desenvolvimento, Universidade Federal do Rio Grande do Sul. Porto Alegre, RS, 2000.

ITO, L. M. *Terapia cognitivo-comportamental para transtornos psiquiátricos*. Porto Alegre: Artes Médicas, 1998.

ITO, L. M.; ROSO, M. C. Transtorno do estresse pós-traumático. In: ITO, L. M. (ed.). *Terapia cognitivo-comportamental para transtornos psiquiátricos*. Porto Alegre: Artes Médicas, 1998, p. 27-40.

JONZON, E.; LINDBLAD, F. Risk factors and protective factors in relation to subjective health among adult female victims of child sexual abuse. *Child Abuse & Neglect*, vol. 30, n. 2, 2004, p. 127-143.

KEMPRE, C. H.; SILVERMANN, F. N.; STEEL, B. F.; DROEGEMUELLER, W.; SILVER, H. K. The battered child syndrome. *JAMA*, vol. 181, 1962, p. 17-24.

KENDALL-TACKETT, K. A.; WILLIAMS, L. M.; FINKELLOR, D. Impact of sexual abuse on children: a review and synthesis of recent empirical studies. *Psychologycal Bulletin*, vol. 113, n. 1, 1993, p. 164-180.

KESSLER, R. C.; SONNEGA, A.; BROMET, E.; HUGHES, M.; NELSON, C. Post-traumatic stress disorders in the national comorbidity survey. *Archives of General Psychiatry*, vol. 52, n. 12, 1995, p. 1048-1060.

KOVACS, M. *Children's depression inventory manual*. Los Angeles: Western Psychological Services, 1992.

KRISTENSEN, C. H. *Abuso sexual em meninos*. 1996. Dissertação (Mestrado em Psicologia do Desenvolvimento). Universidade Federal do Rio Grande do Sul. Porto Alegre.

LAZARUS, S. R.; FOLKMAN, S. *Stress, appraisal and coping*. New York: Springer, 1984.

LEIFER, M.; KILBANE, T.; GROSSMAN, G. A three-generational study comparing the families of supportive and unsupportive mothers of sexually abused children. *Child Maltreatment*, vol. 6, n. 4, 2001, p. 353-364.

LERNER, T. Tratamento em situações de abuso sexual de crianças e adolescentes. *Jornal da Rede Saúde*, 22, 2006. Disponível em: http://www.redesaude.org.br/Homepage/JornaldaRede/JR22/Jornal%20da%20Rede%20n%BA%2022.pdf. Acesso em: 12 de janeiro de 2008.

LYNSKEY, M. T.; FERGUSSON, D. M. Factors protecting against the development of adjustment difficulties in young adults exposed to childhood sexual abuse. *Child, Abuse & Neglect*, vol. 21, n. 12, 1997, p. 1177-1190.

MACMILLAN, H. L.; FLEMING, J. E.; STREINER, D. L.; LIN, E.; BOYLE, M. H.; JAMIEON, E. *et al*. Childhood abuse and lifetime psychopatology in a community sample. *American Journal of Psychiatry*, vol. 158, n. 11, 2001, p. 1878-1883.

MASTEN, A. S.; GARMEZY, N. Risk, vulnerability and protective factors in developmental psychopathology. In: LAHEY, B. B.; KAZDIN, A. E. (ed.). *Advances in clinical child psychology*. New York: Plenum Press, 1985, p. 1-52.

MELLO, C.; SOUZA, L. A. *Violência sexual no Brasil*: perspectivas e desafios. Brasília: Secretaria Especial de Políticas para as Mulheres, 2005.

MINAYO, M. C. S.; SOUZA, E. R. É possível prevenir a violência? Reflexões a partir do campo da saúde pública. *Ciência: Saúde Coletiva*, vol. 4, n. 1, 1999, p. 7-23.

MINISTÉRIO DA SAÚDE; SECRETARIA DE ASSISTÊNCIA À SAÚDE. *Notificação de maus-tratos contra crianças e adolescentes pelos profissionais de saúde*: um passo a mais na cidadania em saúde. 2002.

MINISTÉRIO DA SAÚDE; SECRETARIA DE ASSISTÊNCIA À SAÚDE; DEPARTAMENTO DE AÇÕES PROGRAMÁTICAS ESTRATÉGICAS; / ÁREA TÉCNICA DE SAÚDE DA MULHER. *Prevenção e tratamento dos agravos resultantes da violência sexual contra mulheres e adolescentes*. 2005.

NURCOMBE, B. Child sexual abuse I: psychopathology. *Australian and New Zealand Journal of Psychiatry*, vol 34, n. 1, 2000, p. 85-91.

OLIVEIRA, A. F. P. L.; SCHRAIBER, L. B. Violência de gênero como uma questão de saúde: a importância da formação de profissionais. *Jornal da Rede Saúde*, vol. 19, 1999. Disponível em: http://www.redesaude.org.br/Homepage/JornaldaRede/JR19/Jornal%20da%20Rede%20n%BA%2019.pdf. Acesso em: 27 de janeiro de 2008.

PADILHA, M. G. S.; GOMIDE, P. I. C. Descrição de um processo terapêutico em grupo para adolescentes vítimas de abuso sexual. *Estudos de Psicologia*, vol. 9, n. 1, 2004, p. 53-61.

PAOLUCCI, O. E.; GENUIS, M. L.; VIOLATO, C. A meta-analysis of the published research on the effects of child sexual abuse. *Journal of Psychology*, vol. 135, n. 1, 2001, p. 17-36.

PAREDES, M.; LEIFER, M.; KILBANE, T. Maternal variables related to sexually abused children's functioning. *Child Abuse & Neglect*, vol. 25, 2001, p. 1159-1176.

PERRONE, R.; NANNINI, M. *Violencia y abusos sexuales en la familia*: un abordaje sistémico y comunicacional. Buenos Aires: Paidós, 2006.

PESCE, R. P.; ASSIS, S. G.; SANTOS, N.; OLIVEIRA, R. V. C. Risco e proteção: em busca de um equilíbrio promotor de resiliência. *Psicologia: Teoria e Pesquisa*, vol. 20, n. 2, 2004, p. 135-143.

PINTELLO, D.; ZURAVIN, S. Intrafamilial child sexual abuse: predictors of postdisclosure maternal belief and protective action. *Child Maltreatment*, vol. 6, n. 4, 2001, p. 344-352.

PIRES, A. L. D.; MIYAZAKI, M. C. O. S. Maus tratos contra crianças e adolescentes: revisão da literatura para profissionais da saúde. *Arquivos de Ciências da Saúde*, vol. 12, n. 1, 2005, p. 42-49.

PLACE, M.; REYNOLDS, J.; COUSINS, A.; O'NEILL, S. Developing a resilience package for vulnerable children. *Children and Adolescent Mental Health*, vol. 7, n. 4, 2002, p. 162-167.

PLUMMER, C. A. The discovery process: What mothers see and do in gaining awareness of the sexual abuse of their children. *Child Abuse & Neglect*, vol. 30, 2006, p. 1227-1237.

RUGGIERO, K. J.; McLEER, S. V.; DIXON, J. F. Sexual abuse characteristics associated with survivor psychopatology. *Child Abuse & Neglect*, vol. 24, n. 7, 2000, p. 951-964.

RUNYON, M. K.; FAUST, J.; ORVASCHEL, H. Differential symptom pattern of post-traumatic stress disorder (PTSD) in maltreated children with and without concurrent depression. *Child Abuse & Neglect*, vol. 26, n. 1, 2002, p. 39-53.

SANDERSON, C. *Abuso sexual em crianças*: fortalecendo pais e profissionais para proteger crianças de abusos sexuais. Trad. F. de Oliveira. São Paulo: M. Books do Brasil, 2005.

SANTOS, S. S.; BORGES, J. L.; CAMINHA, R. M. Grupoterapia cognitiva-comportamental com crianças vítimas de maus-tratos [Resumo]. In: RESUMOS *da Mostra de Iniciação Científica*. São Leopoldol: Universidade do Vale do Rio dos Sinos, 2002, p. 43-44.

SOCIEDADE BRASILEIRA DE PEDIATRIA; CENTRO LATINO-AMERICANO DE ESTUDOS DE VIOLÊNCIA E SAÚDE JORGE CARELLI; ESCOLA NACIONAL DE SAÚDE PÚBLICA; FUNDAÇÃO OSVALDO CRUZ; SECRETARIA DE ESTADO DOS DIREITOS HUMANOS; MINISTÉRIO DA JUSTIÇA. *Guia de atuação frente a maus tratos na infância e adolescência*. 2. ed. Rio de Janeiro, 2001.

SOUZA, E. R.; ASSIS, G. S.; ALZUGUIR, F. C. V. Estratégias de atendimento aos casos de abuso sexual infantil: um estudo bibliográfico. *Revista Brasileira de Saúde Materno Infantil*, vol. 2, n. 2, 2002, p. 105-116.

SPACCARELLI, S.; KIM, S. Resilience criteria and factors associated with resilience in sexually abused girls. *Child, Abuse & Neglect*, vol. 19, n. 9, 1995, p. 1171-1182.

STEEL, J.; SANNA, L.; HAMMOND, B.; WHIPPLE, J.; CROSS, H. Psychological sequelae of childhood sexual abuse: abuse-related characteristics, coping strategies, and attributional style. *Child, Abuse & Neglect*, vol. 28, n. 7, 2004, p. 785-801.

TYLER, K. A. Social and emotional outcomes of childhood sexual abuse. *Psychological Medicine*, vol. 27, n. 4, 2002, p. 951-959.

VASCONCELOS, M. G. O. M.; FIGARO-GARCIA, C. Violência sexual infantojuvenil: da teoria à prática do centro de referência e atenção à infância e adolescência. In: LIBÓRIO, R. M. C.; SOUSA, S. M. G. (ed.). *A exploração sexual de crianças e adolescentes no Brasil:* reflexões teóricas, relatos de pesquisas e intervenções psicossociais. São Paulo: Casa do Psicólogo, 2004, p. 339-351.

WORLD HEALTH ORGANIZATION. *Comparative quantification of health risks:* global and regional burden of diseases attributable to selected major risk factors. vol. 2, cap. 23, Child sexual abuse. Disponível em: http://www.who.int/publications/cra/chapters/volume2/1851-1940.pdf. Acesso em: 10 de março de 2007.

6

PROGRAMAS DE EDUCAÇÃO FAMILIAR E SUAS CONTRIBUIÇÕES PARA O EXERCÍCIO DA PARENTALIDADE E CIDADANIA

*Narjara Mendes Garcia, Maria Angela Mattar Yunes,
Luiza Bonneau Lucas e Sheila Fernandez Garcia*

Este capítulo apresenta reflexões teóricas e metodológicas sobre a construção e o desenvolvimento de um Programa de Educação Familiar que tem como princípio mediador o diálogo entre os participantes. Trata-se de uma proposta que busca promover o pensamento reflexivo e crítico sobre os papéis parentais com vistas à implementação de práticas educativas que qualifiquem o ambiente familiar. Na sequência serão explicitadas: a) considerações conceituais sobre o tema da educação familiar; b) as trajetórias de pesquisas e intervenções que contribuíram para a elaboração deste projeto; c) a descrição do programa realizado e suas contribuições para o desenvolvimento saudável e o exercício da parentalidade e da cidadania dos grupos familiares.

CONSIDERAÇÕES SOBRE EDUCAÇÃO FAMILIAR

A educação familiar é um tema pouco discutido na área da Educação no Brasil, ao contrário do que ocorre em outras áreas como Saúde, Psicologia, Direito e Serviço Social. Em geral, as pesquisas sobre o tema são centrais quando a integridade física, psicológica e moral de crianças e adolescentes pode ser afetada por práticas parentais violentas ou negligentes. O conhecimento sobre educação no ambiente familiar ainda é muito pouco diante da complexidade do tema. Entretanto, muito se veicula pela mídia e por organizações sociais, que divulgam um modelo de educação que "deveria" ser adotado pelas famílias, e que é repassado por "manuais" ou listas "do que fazer" a serem seguidos.

É notório o crescente número de publicações de autoajuda dirigidas aos pais no intuito de auxiliá-los nos cuidados das crianças (Biddulph, 2001; Brooks; Goldestein, 2004; Preuschoff, 2003; Poli, 2006; Tiba, 2002). É instigante o grande número de estudos científicos sobre a prática educativa docente e tão pouco sobre as práticas educativas familiares. Apesar das especificidades que as definem, tanto a escola como a família são instituições educativas de suma importância para o desenvolvimento humano integral e saudável.

Considerada uma modalidade de educação não formal, pois se realiza nas relações cotidianas sociais-comunitárias e fora do âmbito escolar, a educação *nas* famílias não é neutra, naturalizada ou descompromissada com a formação cidadã de todos os integrantes do grupo familiar. É evidente o papel político da transmissão cultural de valores e concepções que se consolidam entre as gerações que formam sujeitos sociais nas famílias. Nesse sentido, a educação *nas* famílias deve atuar como projeto educativo que privilegie a participação ativa, consciente e crítica de todos os integrantes do grupo familiar. Esse processo de participação deve estar inter-relacionado com um processo de *emancipação* de famílias que buscam a *autopromoção* (Demo, 1996; Loureiro, 2004) e o *empowerment* (Friedmann, 1996). Entende-se por autopromoção "a característica de uma política social centrada nos próprios interessados, que passam a autogerir ou pelo menos a cogerir a satisfação de suas necessidades, com vistas a superar a situação assistencialista de carência de ajuda" (Demo, 1996, p. 67); e por *empowerment,* um processo de desenvolvimento pessoal, comunitário e social que envolve o "aumento do poder e autonomia de indivíduos e grupos sociais nas relações interpessoais e institucionais, principalmente daqueles submetidos a relações de opressão, dominação e discriminação social" (Vasconcelos, 2003, p. 36).

A família como um dos mais importantes contextos de desenvolvimento humano propicia interações significativas entre as pessoas e destas com os diversos contextos ecológicos (Bronfenbrenner, 1979/1996; Rodrigo; Palacios, 1998). Indubitavelmente, o ambiente familiar contribui para o processo educativo e formativo dos seus integrantes. A educação *nas* famílias deve apresentar intencionalidade e comprometimento dos adultos quanto à sobrevivência da criança e, mais especialmente, a seu desenvolvimento, tanto no plano físico quanto no plano psicológico ou social. O cuidado familiar constitui-se um ato educativo, pois ao cuidar da criança os pais estabelecem interações, vínculos, padrões de comunicação e transmissão de valores e crenças, e o atendimento às necessidades básicas, fatores essenciais para a promoção do crescimento/desenvolvimento infantil (Weiss, 1999).

> O ato de cuidar é também ato de significar ou re-significar, pois muitas vezes possibilita construções na esfera cognitiva, emocional e comportamental. [...] Momento onde há oportunização para manifestar sentimentos, dúvidas, dividir conhecimentos, crenças e valores. Momento de incorporação das coisas do mundo e introjeção da cultura. (Weiss, 1999, p. 100)

Conforme apontado anteriormente, a educação nas famílias tem sido popularmente naturalizada, com bases inatistas, e determinada como tarefa feminina (Gomes, 1994; Szymanski,

1996; Silva, 1998). No entanto, o processo educativo nas famílias é complexo e não se apresenta de forma linear ou sistematizada. Muitos autores consideram que a educação familiar se constitui um processo social, histórico e cultural, presente no cotidiano de vivências e na transmissão geracional de saberes, valores, hábitos, normas e padrões de convivência (Benicá, 1997; Benicá; Gomes, 1998; Simionato-Tozo; Biasoli-Alves, 1998). Assim, a partir da herança cultural, das vivências com os outros contextos ecológicos e das interações significativas a família e seus membros constroem sua compreensão da realidade. Essa compreensão e as consequentes ações educacionais deveriam se orientar para o desenvolvimento de seus membros, o que nem sempre é possível pela gama de fatores que interferem no convívio e na dinâmica familiar.

O ambiente familiar apresenta-se ainda como cenário de encontros *intergeracionais* (relações recíprocas entre as diferentes gerações) e *intrageracionais* (interações que acontecem entre pessoas de uma mesma geração). Nessas relações e interações familiares saberes e atitudes são transmitidos e possibilitam a construção de propostas familiares que podem se propagar no curso vital das várias gerações (Macedo, 1994). Esse fenômeno de transmissão da cultura familiar se define, pela bibliografia especializada, como *transgeracionalidade*.

A transgeracionalidade refere-se ao estudo da diversidade de padrões familiares que perpassam a história familiar de uma geração a outra, mesmo que as pessoas envolvidas não os percebam (Falcke; Wagner, 2005). Esse processo é "bidirecional", pois "as trocas intersubjetivas na família em situação de apoio mútuo oferecem oportunidades de desenvolvimento para todos os envolvidos, não só para as crianças" (Szymanski, 2004, p. 08).

Os conteúdos culturais, transmitidos das gerações mais velhas para as mais jovens, podem permanecer ou não intactos e imutáveis através dos tempos. A depender de cada contexto, as gerações irão apresentar "características peculiares que as identificam como diferentes da anterior e, provavelmente, da seguinte" (Benicá; Gomes, 1998, p. 179). A alteração de alguns conteúdos culturais por gerações procedentes ocorre em geral pela influência dos condicionantes histórico-sociais que fazem parte do tempo/espaço vivenciado por essas gerações. Nessa perspectiva, segundo Falcke e Wagner (2005), os valores presentes no contexto familiar tanto podem ser perpassados por temas que historicamente têm sido considerados relevantes para as famílias como podem ser incorporados por novos temas devido aos avanços sociais.

Na atualidade, há consentimento de toda a sociedade sobre a relevância da tarefa educativa atribuída às famílias. Na maioria das vezes, há uma expectativa social e uma incorporação/identificação, por parte dos membros da família sobre os papéis que devem exercer e sobre os principais valores e atitudes que devem ser perpetuados nesse ambiente (como o amor, o afeto, o cuidado etc.). Segundo Bronfenbrenner, "o papel é uma série de atividades e relações esperadas de uma pessoa que ocupa uma determinada posição na sociedade e de outros em relação àquela pessoa" (1996, p. 68). Assim, tornar-se pai/mãe, avô/avó, filho/filha, irmão/irmã gera uma série de expectativas sobre como exercer esses papéis. De acordo com Bornholdt e Wagner (2005):

> A integração da criança na família envolve o ensino de habilidades sociais e a transmissão de normas culturais. Este é um processo que, gradualmente, leva os progenitores a olharem para si e a partir de suas vivências anteriores buscarem modelos (ou antimodelos) em como exercer a parentalidade. Esse olhar pode representar a espera de que o filho tenha oportunidades, no mínimo iguais, ou, em algumas ocasiões, exatamente opostas

às suas vivências em épocas anteriores. Neste sentido, esse é um momento que a evolução da vida favorece um encontro com o passado. (p. 83)

O papel da família na educação das crianças e dos adolescentes pode ser representado pelo conceito de *parentalidade*. Esse é um conceito recente que tem sido utilizado como referência às possibilidades e aos processos de exercício da função parental. Diz respeito "a um conjunto de capacidades globais dos pais para educar as crianças, construído ao longo da vida, a partir das experiências com os próprios pais e das esperanças criadas pelo nascimento dos filhos" (Cruz; Pinho, 2006, p. 11). Tendo em vista o entendimento da parentalidade como uma construção de papéis expressos pela cultura familiar e expectativas sociais, percebe-se a relevância de discutir questões que possam implicar negativamente no desenvolvimento infantil, como as punições verbais e físicas e a padronização de comportamentos. A mídia tem colaborado para promover a reflexão sobre os papéis parentais por mensagens de incentivo à educação e ao cuidado eficiente das crianças por seus familiares. São mensagens como *Educar é tudo* (Grupo RBS), *Um bom exemplo* (Rede Globo), *A educação começa em casa* (Governo Federal), dentre outros. No entanto, a educação familiar como proposta política ainda é pensada no senso comum e de forma descontextualizada. Essas inquietações apresentadas acerca da educação em famílias tomaram corpo nas trajetórias de pesquisa do Núcleo de Estudos e Atenção às Famílias da Fundação Universidade Federal do Rio Grande (NEAF/ FURG), como explicitado a seguir.

TRAJETÓRIAS E FUNDAMENTOS PARA A CONSTRUÇÃO DA PROPOSTA DE EDUCAÇÃO FAMILIAR

O comprometimento com a construção de uma proposta de educação familiar surgiu em nosso grupo de pesquisa a partir de experiências de contato direto com famílias em situação de pobreza de diferentes bairros do município de Rio Grande/RS. Eram visíveis as marcas das condições de vida precária causada pela falta de políticas públicas eficientes que atendessem às reais necessidades dessas populações. Ao ouvir e buscar compreender modos de vida familiar, investigar processos de enfrentamento das adversidades, os sistemas de crenças e as dinâmicas de organização de famílias em situação de pobreza (Yunes; Mendes; Albuquerque, 2005; Garcia; Yunes, 2006; Yunes; Garcia; Albuquerque, 2007), notou-se elementos que enfocavam a busca da saúde integral da família. Essa ótica se diferenciava de outros estudos que apontavam apenas para os fatores de risco ligados às vidas de grupos sociais em situação de pobreza. Focar a saúde e os processos de resiliência nesses grupos é consoante com o atual movimento da Psicologia Positiva (Sheldon; King, 2001), que busca desfocar sintomas e psicopatologias para estudar as virtudes e potencialidades dos seres humanos.

Sob essa perspectiva, a proposta de *educação familiar* – expressão utilizada para referir os programas de atendimento e ajuda psicoeducacional aos grupos familiares – começou a se delinear estimulando os estudos e a intervenção entre os estudantes de graduação e pós-graduação vinculados ao NEAF/FURG. Um desses estudos envolvia o atendimento de uma família pobre que tinha um de seus filhos institucionalizado (Vasconcelos; Yunes; Garcia, 2006; Vasconcelos; Yunes; Garcia, 2009). O objetivo era promover o retorno da criança ao seu ambiente familiar de origem. Os pesquisadores realizavam frequentes visitas à família e aos grupos de conversa com os funcionários da instituição de abrigo. Durante essa intervenção, surgiu uma grande dificuldade no desenvolvimento do trabalho de reinserção, devido ao descrédito dos funcionários e dos dirigentes do abrigo sobre os aspectos relativos à saúde psicológica e *educação nas famílias das crianças institucionalizadas*. Percebia-se certo ceticismo quanto à "adequação" das crenças e práticas educativas existentes no contexto familiar que era focado naquela intervenção. Em consequência, esses profissionais questionavam as possibilidades de resiliência nas famílias de seus abrigados e mantinham uma visão idealizada e descontextualizada de configuração familiar contemporânea. Nesse sentido, constatou-se que o retorno das crianças institucionalizadas para seus lares, era muitas vezes impedido pelas crenças pessimistas dos profissionais sobre os princípios da educação nas famílias em situação de pobreza. Essas crenças têm por referência as concepções de classes socialmente dominantes, cujos hábitos, modos de vida e tradições não se aplicam aos grupos que vivem em situação de pobreza ou extrema miséria. Assim, a pobreza das famílias, somada à negação e falta de reconhecimento dos valores e do sistema moral e educacional de cada grupo social, faz que os profissionais tornem-se "cegos" às competências das pessoas socialmente menos favorecidas.

No entanto, outros estudos (Yunes, 2001; Yunes; Mendes; Albuquerque, 2005; Yunes; Garcia; Albuquerque, 2007) realizados com trabalhadores da rede de apoio social das famílias reiteram essas conclusões. O estudo comparativo entre as crenças de agentes comunitários de saúde sobre as possibilidades de resiliência em famílias monoparentais e de baixa renda apontou que alguns aspectos que esses agentes não notaram na convivência das famílias pobres são expressos, valorizados e presentes em suas histórias de vida. Os agentes afirmavam categoricamente sobre as características das famílias com as quais trabalhavam: *"As crianças não valorizam os estudos, as pessoas são desinteressadas, acomodadas e preguiçosas"*. Entretanto, a *"valorização do estudo e/ou do trabalho"* era também indiscutivelmente observada como valores importantes e indicativos de proteção e resiliência nessas famílias (Yunes; Garcia; Albuquerque, 2007, p. 451). Essas ambivalências atestam que é preciso repensar as políticas públicas de atenção aos grupos familiares em situação de risco e a necessidade de formulação de programas educativos direcionados "de baixo para cima" (Friedmann, 1996), ou seja, conduzidos pelas próprias famílias para o atendimento das suas necessidades de atenção, cuidado e educação. Nesse sentido, as políticas e os programas de educação familiar devem ter como pressupostos a compreensão e valorização de saberes, sentidos e significados das práticas presentes no cotidiano das famílias.

Um estudo recente realizado por Garcia (2007) com famílias de pescadores artesanais de bairros de baixa renda identificou os significados da educação familiar e fez compreender as múltiplas variáveis de interação entre pais e filhos, como: o ensino para o convívio social; o cuidado expresso para proteção e prevenção de enfermidades, acidentes ou perigos eminentes; o empenho para o ensino informal e a preparação para o trabalho; e a constituição de papéis femininos e masculinos nas tarefas domésticas e na própria atividade pesqueira. Constatou-se que essas variáveis se constituem processos proximais (Bronfenbrenner; Morris, 1998) protetores que emergem em situações em que os membros familiares estão engajados em atividades e relações interpessoais constantes e progressivamente mais complexas, envolvendo reciprocidade e afetividade em um período estável de tempo. Ficou evidente, ainda, o papel político dessas famílias, que contribuem para a formação de cidadãos conscientes de suas realidades e autônomos diante das escolhas e oportunidades. Assim, a educação *nas* famílias que participaram desse estudo evidenciou relações com base no diálogo, na afetividade e na colaboração, o que pode influenciar diretamente na formação de agentes sociais participativos.

Os resultados das pesquisas e intervenções realizadas e mencionadas apontam para a multiplicidade de conhecimentos e forças de macrovariáveis que influenciam as formas de organização, as relações e as dinâmicas dos grupos familiares. Sendo assim, os programas de educação familiar devem considerar essas especificidades da educação *nas* famílias. Tanto as mensagens veiculadas pela mídia como os programas públicos de atenção familiar devem estar atentos às particularidades e especificidades de famílias que são vividas e não apenas pensadas e presentes no imaginário das pessoas ou dos grupos (Szymanski, 1992, 1996, 1998, 2004). É também recomendável que se tenha uma visão crítica sobre a transmissão de modelos idealizados de educação das crianças. Diante dessas considerações e questões levantadas, podemos justificar a construção da nossa proposta de educação familiar, que tem como foco atender, ouvir e orientar grupos familiares por meio de um processo interativo e dialógico.

UM PROGRAMA DE EDUCAÇÃO FAMILIAR: "ENCONTROS DIALÓGICOS COM FAMÍLIAS"

O Programa de Educação Familiar "Encontros Dialógicos com Famílias" foi pensado e articulado juntamente com os integrantes da área da Saúde do Centro de Atenção Integral à Criança e ao Adolescente (CAIC)[8] e do Programa Saúde da Família (PSF). O atendimento diário às famílias de um bairro de baixa renda próximo à universidade possibilitou que os profissionais envolvidos percebessem a necessidade de criar um espaço para conversas e esclarecimento de dúvidas sobre os cuidados e a

---

[8] Nesse centro funciona escola, posto de saúde, ações culturais e projetos de geração alternativa de renda. Localiza-se no campus universitário e próximo a bairros periféricos no município de Rio Grande.

educação de crianças e adolescentes. Assim, surgiu uma proposta que combina a pesquisa participante e a ação educativa, pela qual se pretendeu construir e inventar uma proposta de atenção e educação psicoeducacional de famílias, tendo como princípio norteador o diálogo e a reflexão. Atualmente, essa proposta de educação familiar integra uma das diversas ações realizadas pelo Programa de Atenção à Juventude e seus Familiares[9], realizado em parceria com os centros de ensino, pesquisa e extensão vinculados à FURG: CAIC, CEP-Rua e NEAF. Com essa parceria, o referido programa busca desenvolver projetos educativos, culturais e profissionalizantes que promovam atenção integral e orientação psicológica, social e educacional às crianças, aos adolescentes e a seus familiares. Procura-se, então, identificar e trabalhar com as necessidades e prioridades dessa população.

Desde novembro de 2006, é desenvolvida a proposta de educação familiar por meio de encontros reflexivos e dialógicos com pais ou responsáveis pelo cuidado infantil no ambiente familiar (avós, irmãos mais velhos, tios etc.) de um dos bairros de baixa renda do entorno da universidade. Os Encontros Dialógicos têm como objetivos específicos: a) Identificação e reconhecimento de práticas educativas/estilos parentais com posterior reflexão sobre elas; b) Levantamento das necessidades e prioridades da população com encontros grupais sistemáticos; e c) Criação de um espaço/tempo que possibilite a discussão sobre cuidado/educação de crianças e adolescentes nas famílias, priorizando o diálogo e a troca de experiências entre os participantes nos encontros. Essa proposta apresenta estratégias metodológicas que a definem e apontam para a valorização dos "saberes fazeres enquanto pais e não focaliza a atenção nas lacunas que eventualmente possam revelar" (Cruz; Pinho, 2006, p. 42).

---

[9] Esse programa é financiado pelo Programa de Extensão Universitária – PROEXT/MEC/Sesu, 2007 e 2008.

As Estratégias Metodológicas para os encontros com as famílias

Foi escolhida a metodologia "Inserção Ecológica na Comunidade" (Cecconello; Koller, 2004), por meio da qual o pesquisador interage com elementos significativos do e no ambiente estudado. Os pesquisadores começaram a inserção participando de atividades na comunidade: reuniões na igreja, na associação de bairro e encontros de planejamento familiar (atividade coordenada pelos profissionais do Programa Saúde da Família). Foram realizadas dezesseis visitas a domicílios a fim de conhecer e compreender a realidade vivida pela população do bairro e para explicar a proposta educativa com convites de casa em casa. Essas visitas foram acompanhadas e mediadas pelo agente comunitário de saúde do bairro. As famílias foram convidadas a participar do programa proposto e em nenhum momento foram usados mecanismos de troca de vantagens ou benefícios materiais, como a doação de alimentos, concessão de subsídios ou bolsas para os participantes do programa.

Logo após as visitas, os interessados iniciaram encontros quinzenais sistemáticos de aproximadamente 1h30min cada e sob a coordenação de duas profissionais e uma acadêmica que realizava as anotações em seu diário de campo – instrumento essencial de registro das percepções e experiências dos pesquisadores no ambiente de inserção ecológica. Muito utilizado nos estudos etnográficos, o diário de campo contribui não apenas para a identificação de processos relacionais e simbólicos presentes em conversas informais e descrições do ambiente e das situações, é também um excelente recurso metodológico para mediar as intervenções. Mello (2005) afirma que "muitas vezes o fato de não registrar essas situações implica perder em boa medida falas e situações extremamente significativas" (p. 60). Nesse sentido, a equipe manteve o cuidado de anotar falas e fatos relevantes que surgiam durante as visitas e os encontros. Posteriormente, o material era recolhido e analisado em reuniões técnicas semanais.

Nos encontros os representantes dos grupos familiares colocavam-se em círculo, o que contribui para visualizar o diálogo entre os participantes. Nesses círculos eram propostas conversas sobre temas definidos no encontro anterior, que eram estimuladas inicialmente por uma história ou um fato (verídico ou fictício) contado pelos coordenadores/mediadores dos encontros dialógicos. A partir disso, eram propostas questões para discussão, que incentivavam os relatos de experiências e a reflexão crítica do tema pelos participantes. Foram conduzidas conversas sobre diferentes temas escolhidos pelos participantes, mas se manteve o foco nos relatos e discussões acerca das práticas educativas em família e situações cotidianas que influenciam no cuidado/educação.

O CONTATO INICIAL COM AS FAMÍLIAS

O contato inicial com a comunidade e com os grupos familiares apontou elementos sobre as precárias condições de moradia, de saneamento e infraestrutura do bairro periférico do município, bem como a ineficiência de alguns serviços públicos da rede de atendimento às famílias. Nas visitas aos lares foi possível conhecer e compreender a cultura desses grupos que vivenciam a situação de pobreza e identificar modos de interação e convívio comunitário e familiar, que por vezes estão permeados de violências extra e intrafamiliares e/ou desconhecimento dos pais sobre seus direitos e deveres. Esses conhecimentos prévios da realidade a ser atendida subsidiaram a construção da proposta de educação familiar e a realização dos Encontros Dialógicos.

A escolha do local para realização dos encontros com as famílias

Primeiramente os encontros realizaram-se no espaço da igreja católica local, mas as poucas pessoas que apareceram demonstraram que prefeririam outro local para os encontros. Em seguida foi escolhido o espaço do Centro de Atenção Integral à Criança e ao Adolescente, nas dependências da universidade, mas houve pouca adesão dos grupos familiares. Depois, os encontros foram transferidos para a Associação de Moradores do Bairro, para facilitar o deslocamento e o acesso das famílias, onde a adesão inicial foi de aproximadamente vinte famílias que tinham sido visitadas e convidadas pelas reuniões no bairro.

A maioria dos participantes era assídua e comprometida com os encontros grupais. A frequência, porém, diminuiu consideravelmente no inverno, por causa da chuva que alagava o bairro por vários dias e também pelo frio. Nesse período, o grupo passou a ser frequentado em média por seis famílias. Assim, o número de famílias participantes do programa de encontros variou ao longo do tempo, com o máximo de vinte e mínimo de seis.

Os participantes dos encontros com as famílias

As famílias participantes eram representadas por mulheres/mães/avós – únicas responsáveis pela criação e educação dos filhos. Por vezes, essas mulheres levavam os filhos aos encontros quando não eram no mesmo turno da escola ou quando não tinham onde deixar os adolescentes e as crianças. Alguns jovens participavam ativamente dos encontros, interagindo e prestando atenção às conversas, e outros ficavam brincando no pátio. Já os homens/pais pouco participaram, frequentaram apenas dois encontros. Desse modo, as mulheres/mães/avós mostraram-se mais participativas e interessadas nos encontros que os homens, o que aponta que nas famílias participantes dos encontros impera a concepção e atribuição de que o cuidado/educação dos filhos é uma tarefa feminina. Deve-se destacar que houve seis mulheres que participaram da maioria dos encontros com assiduidade e interesse. As outras participações foram flutuantes ao longo do tempo referido.

Os encontros com as famílias e suas contribuições para a parentalidade

Foram realizados aproximadamente trinta encontros com as famílias em um período de treze meses (de novembro de 2006 a janeiro de 2008). O diálogo foi priorizado em todas as ocasiões, oportunizando os envolvidos a compartilhar e refletir sobre as experiências do convívio familiar através da eleição de temas escolhidos pelos próprios participantes. Ao final de cada encontro eram definidos o tema e a data do próximo encontro. Os temas mais frequentemente debatidos foram: dúvidas sobre a criação e educação das crianças e dos adolescentes quanto a limites, sexualidade, agressividade, uso de substâncias psicoativas e atitudes sociais na infância e adolescência (foco na timidez); os direitos e deveres da família; e o efetivo papel dos serviços de apoio social, principalmente da escola e do Conselho Tutelar.

Nos encontros, os presentes mostravam-se motivados a refletir sobre suas práticas educativas com crianças e adolescentes e sublinhavam a importância de ter um tempo/espaço dedicado ao relato de suas vivências como cuidadores e educadores. Eles revelaram que precisam pensar sobre suas práticas e aprender com a experiência do outro. Em vários momentos o grupo reelaborou suas pré-concepções sobre cuidado/educação – de si mesmo, dos outros e dos ambientes –, o que pareceu auxiliar a pensar em novas práticas sociais e educativas em favor do desenvolvimento humano e de uma nova parentalidade. Em alguns momentos, as ideias sobre práticas parentais se complementavam através das falas dos participantes, como no seguinte exemplo.

Uma questão foi levantada pela profissional que faz a mediação do grupo a partir da discussão sobre as interações pais e filhos no ambiente familiar: *"O que é conversar com adolescentes para vocês?"*. E as respostas das famílias participantes foram se complementando nas concepções do grupo presente naquela discussão: *"Explicar a vida lá fora para o adolescente"*; *"Um escutar o outro e não 'bater boca', nesta fase da adolescência"*; *"Falar, alertar, acompanhar os filhos"*. Em outros momentos as falas eram contraditórias, o que possibilitava construir concepções do grupo a partir das ideias iniciais de cada indivíduo. Uma questão foi levantada pela profissional mediadora a partir da discussão sobre os papéis parentais no ambiente familiar: *"Qual o papel do pai?"*. E as respostas das famílias participantes trouxeram uma diversidade de concepções: *"Trazer comida para casa"*; *"Participar de tudo, levar ao médico, ajudar em casa"*. Depois de uma longa discussão, o grupo construiu uma concepção consensual e grupal: *"O papel do pai é educar e orientar os filhos, participar de tudo em casa"*. Ainda sobre os papéis dos pais na educação dos filhos, uma participante declarou: *"Os homens gostam de televisão, o meu marido chega em casa e fica em frente à televisão. Fala com ele e ele não responde, ou faz um movimento com a cabeça e o filho está fazendo igual"*. A partir dessa fala foi possível promover a discussão e reflexão do grupo sobre a importância do papel parental enquanto exemplo inovador ou mantenedor da dinâmica geracional, e das atitudes e dos valores para os filhos.

Os assuntos abordados fizeram emergir ainda a preocupação política das famílias no exercício da parentalidade e na formação de filhos cidadãos com consciência da realidade vivida e de suas possibilidades de transformação. Um exemplo dessa situação é o de uma mulher/mãe que levou a filha adolescente para participar dos encontros. A adolescente estabeleceu um diálogo intenso com o grupo, inclusive discutiu experiências familiares com a mãe, evidenciando sua opinião e seu entendimento sobre as relações em seu grupo familiar. Nesse diálogo a mãe comentou que fazia de tudo para o marido e por isso parou de trabalhar. A filha explicitou o seguinte comentário: *"Mãe, é que acostumaste ele (pai) mal, eu não faço o que fazes. Outro dia, ele foi tomar banho e ficou pedindo para alcançar a toalha. Eu não alcanço, digo para ele pegar, não acostumo mal. Por isso que não consegues ir trabalhar, tu mesma que fizeste isso."*

Ao final do encontro a mãe voltou ao assunto e disse: *"É mesmo, tenho é que voltar a trabalhar, não ficar mais só em casa"*. Em encontros subsequentes, a mesma mulher comentou que havia voltado a trabalhar. Esse exemplo demonstra que a educação familiar pode ser pensada pelo grupo e ter uma ação bidirecional, ou seja, os pais educam os filhos assim como os filhos educam os pais.

Cabe relatar outras situações e falas que demonstram o significado da intervenção educativa para as famílias participantes dos encontros dialógicos. Como no caso de algumas participantes que demonstravam "medo" da atuação do Conselho Tutelar. Desconhecer o papel dos conselheiros tutelares e dos direitos e deveres paternos expressos no Estatuto da Criança e do Adolescente faz que os grupos familiares sintam-se por vezes impotentes ou sem saber o que fazer na educação dos filhos. Uma das participantes relatou: *"Os filhos falam que se bateres, ligam para o Conselho Tutelar"*. Nos encontros, dialogou-se sobre as práticas educativas familiares protetivas e o papel da rede de apoio social. Essas discussões demonstraram efetividade na vida de algumas das participantes, que buscaram auxílio do Conselho Tutelar para garantir dos direitos de suas crianças e seus adolescentes. Uma mãe procurou ajuda dos conselheiros para assegurar a vaga do filho na escola e um pai para orientações sobre a guarda da criança.

Foram abordadas também nos encontros dialógicos a relação família e escola e a sexualidade na adolescência. Uma das participantes relatou o desinteresse do filho pela escola, o que foi discutido pelo grupo. No encontro seguinte a mãe contou que a conversa com o grupo nos encontros dialógicos contribuiu para entender a importância da relação entre família e escola, e a partir dessa reflexão resolveu ir à escola conversar e conhecer mais o ambiente. Essa mulher/mãe explicitou a crença de que a sua iniciativa colaborara para compreender as angústias do filho e incentivar sua frequência escolar e seu interesse pelos estudos. No que tange a questão da sexualidade na adolescência, as mães demonstraram preocupação com gravidez e maternidade das filhas adolescentes. Essas preocupações geraram relatos e reflexões sobre a maternidade na adolescência, evidenciando situações de risco pelas quais não gostariam que suas filhas também passassem. Uma participante relatou: *"Eu era tão nova quando tive meu primeiro filho, que só fui me dar conta de que era mãe quando tive que cortar as unhas do meu filho (bebê), cortei o dedo e ele começou a chorar. Só neste momento entendi a responsabilidade de ser mãe."* Esses exemplos reafirmam a importância e a necessidade de espaços de reflexão sobre as práticas parentais como suporte para ações educativas mais protetivas e humanizantes.

Desdobramento da proposta de educação familiar

Ao longo dos encontros, outras estratégias de atenção às famílias emergiram à medida que as circunstâncias eram apresentadas. Uma delas foi realizar encontros com grupos menores na residência de uma das famílias que enfrentava situações consideradas de alto risco e difíceis de serem relatadas diante de um grupo maior de pessoas. Um desses casos foi de uma mulher/mãe que não conseguia sair de casa por causa de uma forte depressão fruto das dificuldades de lidar com o filho adolescente, que estava utilizando drogas e cometendo pequenos furtos. Formou-se um grupo de atenção e diálogo com a participação dos coordenadores/executores do Programa de Educação Familiar, juntamente com a agente comunitária e mais três vizinhas próximas, para realizar encontros na casa dessa mulher/mãe em fase de grande dificuldade. As vizinhas desempenharam papel fundamental em sua recuperação, inclusive ajudando-a nos afazeres do dia a dia, levando-a ao médico, cuidando de tarefas básicas. A formação do grupo, as reflexões e a situação de apoio contribuíram para o fortalecimento dessa mulher/mãe para o enfrentamento das adversidades na educação do filho. Essa metodologia de atenção possibilitou melhorar os vínculos dessa família com os vizinhos e com a equipe do Programa de Educação Familiar. Aos poucos, esse pequeno grupo pôde se reinserir no grupo maior dos encontros dialógicos com outras famílias da comunidade.

A partir dessa experiência, surgiram outras indicações de famílias que primeiramente pediam para serem atendidas na sua residência ou em um ambiente mais restrito onde poderiam contar sua história de vida até construírem vínculos e segurança para expor suas experiências em um grupo maior. A busca por sigilo e atendimento individual chama a atenção e, assim, constrói-se uma proposta de atenção às famílias a partir de um primeiro momento de oitiva dos grupos em suas residências ou em uma sala de atendimento da universidade. O convite e o encaminhamento para os encontros dialógicos com o grande grupo ficam para o segundo momento. Conforme a necessidade, também serão realizados encaminhamentos para a rede de atendimento social, como o Serviço de Atendimento Jurídico

(SAJ/FURG), o Conselho Tutelar do município, o Centro de Apoio Psicossocial (CAPS), os projetos de geração de trabalho e renda do CAIC/FURG etc. Essa proposta está em fase de construção, análise e avaliação.

CONSIDERAÇÕES FINAIS

O momento histórico e social que vivemos, em consonância com as ideias teóricas e os resultados da proposta de intervenção apresentados, aponta para a prioridade de programas de educação familiar pautados no diálogo entre pares, na afetividade, na colaboração e no exercício de cidadania coletiva. Isso pode colaborar para formar pais-agentes sociais ativos e participativos em seus processos de ensino e aprendizagem para o desenvolvimento de todos. Assim, esses programas podem e devem fortalecer a resiliência em famílias diante de situações de risco. Segundo Walsh (1996), "o foco da resiliência em família deve procurar identificar e implementar os processos-chaves que possibilitam famílias, não só a lidar mais eficientemente com situações de crise ou estresse permanente, mas saírem fortalecidas das mesmas" (p. 263). Nesse sentido, os programas de educação familiar podem contribuir para potencializar e possibilitar condições para que as famílias possam refletir e construir ações educativas mais participativas e emancipatórias (Garcia, 2007). Nos Encontros Dialógicos com as Famílias, foi possível um espaço de reflexão sobre o exercício da parentalidade, cidadania de crianças e adultos e das interações familiares, em que se buscou fortalecer os vínculos em prol do desenvolvimento saudável do grupo familiar. Esses encontros podem servir de exemplo para ações comunitárias que tenham como estratégias a escuta e a compreensão das dinâmicas e culturas familiares para propor momentos de reflexão, de troca de experiências e de construção de conhecimentos. O desdobramento dessa proposta para a formação de pequenos grupos de ajuda, atenção e apoio familiar também se mostrou fundamental para o fortalecimento de vínculos entre vizinhos em que a colaboração solidária e a ajuda mútua facilitaram o enfrentamento das adversidades.

As mudanças necessárias e as alterações nos modelos de educação familiar estão atreladas a muitos fatores de ordem social, econômica e política que devem ser somados aos desejos e disposições dos envolvidos nos processos educativos. Nesse sentido, os resultados dessa proposta colaboraram para apontar a urgência na (re)formulação e (re)construção de programas públicos de educação e atenção familiar. Esses programas devem ser elaborados para serem os propulsores do desenvolvimento humano e do bem-estar subjetivo e coletivo das comunidades. Eles devem ainda oportunizar a participação dos indivíduos em movimentos sociais nos quais o exercício do comprometimento, da negociação e da tomada de decisões forma "cidadãos gestores" (Loureiro, 2005) dos seus territórios geográficos e de seus ambientes de desenvolvimento.

REFERÊNCIAS

BENICÁ, C. R. S. Percepção do relacionamento familiar: um enfoque trigeracional. *Revista de Filosofia e Ciências Humanas*, vol. 13, n. I: II. Passo Fundo, 1997, p. 41-53.

BENICÁ, C. R. S.; GOMES, W. B. Relatos de mães sobre transformações familiares em três gerações. *Estudos de Psicologia*, vol. 2, n. 3, 1998, p. 177-205.

BIASOLI-ALVES, Z. M. M.; SIGOLO, S. R. R. L. Análise e categorização dos estudos sobre práticas de educação de crianças na família. *Didática*, vol. 28, São Paulo, 1992, p. 103-114.

BIDDULPH, S. *Criando meninos*. Belo Horizonte: Editora Fundamento, 2001.

BORNHOLDT, E.; WAGNER, A. A gravidez à luz da perspectiva paterna: aspectos relativos à transgeracionalidade. In: WAGNER, A. (Org.) *Como se perpetua a família? A transmissão dos modelos familiares*. Porto Alegre: EDIPUCRS, 2005.

BRANDÃO, C. R. *O que é educação*. 12. ed. São Paulo: Editora Brasiliense, 1984.

BRONFENBRENNER, U. *A ecologia do desenvolvimento humano*: experimentos naturais e planejados. Porto Alegre: Artes Médicas, 1996.

BRONFENBRENNER, U.; MORRIS, P. A. The ecology of developmental process. In: LERNER, R. M. (ed.). *Handbook of child psychology*: theoretical models of human development. 5. ed., s.l., [s.n.], 1998, p. 993-1028.

BROOKS, R.; GOLDESTEIN, S. *Criando e educando filhos:* desenvolver uma mentalidade segura e confiante na criança é fundamental. São Paulo: Editora M. Books, 2004.

CARVALHO, I. *A invenção ecológica:* narrativas e trajetórias da educação ambiental no Brasil. Porto Alegre: EDUFRGS, 2001.

CECCONELLO, A. M.; KOLLER, S. H. Inserção ecológica na comunidade: uma proposta metodológica para o estudo de famílias em situação de risco. In: KOLLER, S. H. (Org.) *Ecologia do desenvolvimento humano*: pesquisa e intervenção no Brasil. São Paulo: Casa do Psicólogo, 2004.

CRUZ, H.; PINHO, I. *Pais:* uma experiência. Porto: Papiro Editora, 2006.

DEMO, P. *Participação é conquista:* noções de política participativa. 3. ed. São Paulo: Cortez, 1996.

FALCKE, D.; WAGNER, A. A dinâmica familiar e o fenômeno da transgeracionalidade: definição de conceitos. In: WAGNER, A. (Org.) *Como se perpetua a família? A transmissão dos modelos familiares*. Porto Alegre: EDIPUCRS: 2005.

FREIRE, P. *Pedagogia do oprimido*. 17. ed. Rio de Janeiro: Paz e Terra, 1987.

FRIEDMANN, J. *Empowerment:* uma política de desenvolvimento alternativo. Oeiras: Celta Editora, 1996.

GARCIA, N. M. *Educação nas famílias de pescadores artesanais:* transmissão geracional e processos de resiliência. 2007. Dissertação (Mestrado em Educação Ambiental). FURG. Rio Grande.

GARCIA, N. M.; YUNES, M. A. M. Resiliência familiar: baixa renda e monoparentalidade. In: DELL'AGLIO, D.; KOLLER, S. H.; YUNES, M. A. M. (Org.) *Resiliência e psicologia positiva:* interfaces do risco à proteção. São Paulo: Casa do Psicólogo, 2006, p. 117-140.

GOMES, J. V. Socialização primária: Tarefa familiar? *Cadernos de Pesquisa*, vol. 91,São Paulo: Fundação Carlos Chagas, nov. 1994.

LOUREIRO, C. F. B. *Trajetórias e fundamentos da educação ambiental*. Rio de Janeiro: Cortez, 2004.

_____. *Educação ambiental e gestão participativa em unidades de conservação*. Rio de Janeiro: Ibama, 2005.

MACEDO, R. M. A família do ponto de vista psicológico: lugar seguro para crescer? *Cadernos de Pesquisa*, n. 91, São Paulo: Fundação Carlos Chagas, 1994.

MELLO, M. *Pesquisa participante e educação popular*: da intenção ao gesto. Porto Alegre: Ísis; Instituto Popular Diálogo – Pesquisa e Assessoria em Educação Popular, 2005.

POLI, C. *Filhos autônomos, filhos felizes*. São Paulo: Editora Gente, 2006.

PREUSCHOFF, G. *Criando meninas*. Belo Horizonte: Fundamento, 2003.

REIGOTA, M. *Meio Ambiente e representação social*. 2. ed. São Paulo: Cortez, 1994.

RODRIGO, M. J.; PALACIOS, J. *Familia y desarrollo humano*. Madrid: Alianza Editorial, 1998.

SANTOS, J. E.; SATO, M. Universidade e Ambientalismo – encontros não são despedidas. In: SANTOS, J. E.; SATO, M. (Orgs.) *A contribuição da Educação Ambiental à esperança de Pandora*. São Carlos: Rima, 2001.

SHELDON, K. M.; KING, L. Why positive psychology is necessary. *American Psychologist*, vol. 56, n. 3, 2001, p. 216-217.

SILVA, C. A. D. Família e educação: olhares e desafios. In: LOCH, G. M.; YUNES, M. A. M. (Org.) *A família que se pensa e a família que se vive*. Rio Grande: Editora da FURG, 1998.

SIMIONATO-TOZO; BIASOLI-ALVES. O cotidiano e as relações familiares em duas gerações. *Paideia*, Ribeirão Preto, fev. /ago. 1998.

SZYMANSKI, H. Teoria e "teorias" de famílias. In: CARVALHO, M. C. B. (Org.) *A família contemporânea em debate*. São Paulo: EDUC: Cortez, 1995.

_____. A família como locus educacional: perspectivas para um trabalho psicoeducacional. *Revista Brasileira de Estudos Pedagógicos*, vol. 81, n. 197, Brasília, 2000, p. 14-25.

_____. Práticas educativas familiares: a família como foco de atenção psicoeducacional. *Revista Estudos de Psicologia*, vol. 21, n. 2, 2004, p. 5-16.

TIBA, I. *Quem ama, educa!* São Paulo: Editora Gente, 2002.

VASCONCELOS, Q. A; YUNES, M. A. M.; GARCIA, N. M. Crianças e adolescentes institucionalizados: um estudo ecológico sobre as relações entre a família e a instituição de abrigo. *VI ANPEd Sul: Pós-Graduação em Educação no Brasil: Novas Questões?* Santa Maria, RS: UFSM, 2006.

WALSH, F. The concept of family resilience: crisis and challenge. *Family Process*, vol. 35, 1996, p. 261-281.

WEISS, E. M. G. O cuidado na educação infantil: contribuições da área da saúde. *Perspectiva: Revista do Centro de Ciências da Educação*, vol. 17, (n. esp.), Florianópolis, 1999, p. 99-108.

YUNES, M. A. M. *A questão triplamente controvertida da resiliência em famílias de baixa renda*. 2001. Tese. Pontifícia Universidade Católica. São Paulo.

YUNES, M. A. M.; SZYMANSKI, H. Resiliência: Noção, conceitos afins e considerações críticas. In: TAVARES; J. (Org.) *Resiliência e Educação*. São Paulo: Cortez, 2001, p. 13-42.

YUNES, M. A. M.; MENDES, N. F.; ALBUQUERQUE, B. de M. Percepções e crenças de agentes comunitários de saúde sobre resiliência em famílias monoparentais pobres. *Texto & Contexto Enfermagem*, vol. 14 (n. esp.), 2005, p. 24-31.

_____. Monoparentalidade, pobreza e resiliência: entre as crenças dos profissionais e as possibilidades da convivência familiar. *Psicologia: Reflexão & Crítica*, vol. 20, n. 3, 2007, p. 351-360.

7

A PSICOLOGIA EM UMA ORGANIZAÇÃO NÃO GOVERNAMENTAL[10]

Roberta Fin Motta[11], Clarissa De Antoni[12]
Universidade Federal do Rio Grande do Sul

O presente capítulo discorre sobre a constituição do serviço de Psicologia em uma Organização Não Governamental (ONG) no interior do estado do Rio Grande do Sul/RS através do relato de experiência de uma psicóloga (primeira autora) em uma instituição voltada ao atendimento de crianças, adolescentes e famílias em situação de vulnerabilidade psicossocial. Para tanto, a autora aborda a questão dos movimentos sociais, da sociedade civil e do surgimento e do papel das ONGs no Brasil.

---

[10] Este trabalho faz parte da monografia de conclusão do curso de especialista em Psicologia Clínica – Ênfase em Saúde Comunitária – UFRGS, escrita pela primeira autora sob orientação da segunda.
[11] Roberta Fin Motta é psicóloga pelo Centro Universitário Fransciscano-UNIFRA, especialista em Saúde Coletiva pelo Instituto Brasileiro de Pós-Graduação e Extensão (IBPEX) e especialista em Psicologia Clínica, com ênfase em Saúde Comunitária pela UFRGS. Professora do Centro Universitário Fransciscano (UNIFRA) e psicóloga da Organização Não Governamental Lar Vila das Flores. E-mail: roberta.fm@hotmail.com
[12] Clarissa De Antoni é doutora e mestre em Psicologia do Desenvolvimento (UFRGS). Especialista em Psicologia Social. Psicóloga. Professora, supervisora de estágio e orientadora de monografias do Curso de Especialização em Psicologia Clinica – Saúde Comunitária (UFRGS).
E-mail clarissadeantoni@yahoo.com.br

E também revisa a história da Psicologia Comunitária em nosso país e, por fim, examina as especificidades, a intersecção e a articulação do serviço de Psicologia no contexto da ONG.

As ONGs chegaram por volta das décadas de 1960 e 1970 e têm como finalidade melhorar e fortalecer a própria sociedade civil, com o intuito de provocar microtransformações, locais ou do cotidiano, ou macrotransformações, mais globais, mais sistêmicas. Assim, essas instituições atuam nos mais diversos focos com o fim de superar discriminações, como de gênero, etnia, idade; desigualdades, como econômica, de participação política, cultural, dentre outras; ou para melhorar a qualidade de vida, na saúde, no meio ambiente, na moradia, na cidadania e nos direitos (Scherer-Warren,1999). Portanto, o trabalho de uma ONG é o campo de atuação para a Psicologia, que se insere cada vez mais nesse contexto. Então, cabe aprofundar os processos de trabalho do psicólogo no que tange aos aspectos teórico-metodológicos, ético-políticos e técnico-operativos, já que é uma área ainda recente. Junto a isso, cabe ressaltar a necessidade de discutir a relação da Psicologia com outras áreas do conhecimento, uma vez que essa prática não corresponde à perspectiva de trabalho ou de formação acadêmica que historicamente caracteriza a profissão.

Pensar a inserção e o trabalho do psicólogo no campo das ONGs implica refletir sobre o processo de constituição dessas entidades e da Psicologia, bem como sobre a especificidade da Psicologia Social Comunitária. A temática proposta mostra-se relevante, uma vez que ainda é rara a discussão sobre o papel do psicólogo nas Organizações Não Governamentais. Portanto, espera-se que este relato possa efetivamente contribuir para a reflexão que vem sendo fomentada nesse universo e na prática do profissional que está ou irá atuar na área. Assim, neste texto serão revisados alguns conceitos históricos sobre as Organizações Não Governamentais e sobre a Psicologia Social Comunitária.

OS MOVIMENTOS SOCIAIS

De acordo com Gohn (2003a), a diminuição dos movimentos sociais foi proporcional ao crescimento e surgimento de redes de Organizações Não Governamentais voltadas para o trabalho em parceria com populações pobres ou que estão fora do mercado de trabalho. Assim, faz-se necessário conhecer os movimentos sociais com o intuito de compreender o universo das ONGs.

No início dos anos de 1980, no Brasil, particularmente os movimentos sociais populares urbanos vinculavam-se a práticas da ala da Igreja Católica, mais especificamente da Teologia da Libertação. Essa denominação buscava contrapor os novos movimentos sociais aos ditos já antigos, expressos no modelo clássico das Sociedades de Amigos de Bairros ou das Associações de Moradores. O que as diferenciava eram suas práticas sociais e estilos de organizar a comunidade local totalmente diferentes.

No início da década de 1980, as mudanças na conjuntura política alteraram o cenário. No campo popular, começaram as indagações e os questionamentos a respeito do novo caráter dos movimentos populares, e no campo das práticas não exclusivamente populares, iniciou-se o interesse por outros tipos de movimentos sociais, como o das mulheres, os ecológicos, o dos negros, o dos índios, entre outros. Ainda nos primeiros anos de 1980, novos tipos de movimentos surgiram, advindos da conjuntura político-econômica da época. Esses movimentos se diferenciavam dos movimentos sociais clássicos, questionavam a ausência do trabalho e a luta pela mudança do regime político brasileiro, além de questões complexas relativas ao plano da moral, da ética na política. O Movimento Operário, o das Diretas Já e o Movimento dos Desempregados foram alguns deles (Gohn, 2003b).

Ainda no decorrer dos anos 1980, vários fatores contribuíram para as mudanças nos movimentos sociais: as alterações nas políticas públicas e na composição dos agentes e atores que participavam da implementação, gestão e avaliação dessas políticas; o consenso, a generalização e o posterior desgaste das chamadas práticas participativas em diferentes setores da vida social; o crescimento do associativismo institucional, em especial nas entidades e nos órgãos públicos, absorvendo grande parcela dos desempregados do setor privado; o surgimento de grandes centrais sindicais; o surgimento de entidades aglutinadoras dos movimentos sociais populares, em especial no setor da moradia; e o nascimento e o crescimento, ou a expansão na década de 1990 das ONGs. De acordo com a autora, as ONGs viriam a ser quase uma forma de substituição aos movimentos sociais nos anos 1990.

Ainda nesse período, acrescenta-se a decepção da sociedade civil tanto com a política praticada pelas elites dirigentes quanto com a praticada pelos partidos políticos. E essas alterações refletiriam na perda da capacidade de mobilização e do esforço voluntarista que se observava na sociedade civil dos anos de 1970. Com isso, criou-se uma demanda de dirigentes que cada vez mais se distanciava das bases dos movimentos e se aproximava das ONGs. (Gohn, 2003b).

Nos anos de 1990, redefine-se novamente o cenário dos movimentos sociais no Brasil. Alguns movimentos entram em crise interna, de militância, de mobilização, de participação cotidiana em atividades organizadas, de credibilidade nas políticas públicas e de confiabilidade e legitimidade junto à população. Passam também por crises externas, decorrentes da redefinição dos termos do conflito social entre os diferentes atores sociais e entre a sociedade civil e a sociedade política (Gohn, 2000).

De acordo com Gohn (2003b), nos anos de 1990, as ações dirigem-se à fome, ao desemprego, à moradia, e não mais aos favelados, aos sem-terra, aos sem-teto, dentre outros. A questão financeira é um dos nódulos principais da complexa relação dos movimentos com o Estado, o qual cria programas sociais, com subvenções e financiamentos.

Nos anos de 1990 surgiram, ainda, os movimentos sociais centrados em questões éticas ou de revalorização da vida humana. Assuntos como violência generalizada ou corrupção levaram a reações no plano moral. Dentre os movimentos nacionais da época, tem-se: Ação da Cidadania contra a Miséria e pela Vida, o Movimento Nacional de Meninos e Meninas de Rua e o Movimento dos Aposentados e Pensionistas do Brasil (Gohn, 2000).

Segundo Gohn (2003b), duas outras tendências se fortalecem no cenário social brasileiro nos anos de 1990 que se referem diretamente aos movimentos sociais: o crescimento das ONGs e as políticas de parcerias implementadas pelo poder público, particularmente em nível local. Essas questões são direcionamentos da nova ênfase das políticas sociais contemporâneas, sobretudo nos países industrializados do Terceiro Mundo. As orientações voltam-se para a desregulamentação do papel do Estado na economia e na sociedade, transferindo responsabilidades do Estado para as comunidades organizadas, com a intermediação das ONGs em trabalhos de parceria entre o público estatal e o público não estatal, às vezes, com a iniciativa privada. Por intermédio dessas experiências de trabalho coorporativo, surge o chamado Terceiro Setor da economia no âmbito informal. E a promoção do setor informal autoriza a retirada do Estado da esfera social, em parte.

Nesse sentido, cabe ressaltar a distinção entre as ONGs e os movimentos sociais, para garantir sua especificidade e legitimação no conjunto da sociedade civil. As entidades representativas dos movimentos (sindicatos e associações de moradores, por exemplo) têm íntimo envolvimento político com as decisões e os questionamentos que levantam, ao passo que a bandeira característica das ONGs é a da autonomia, com compromisso voltado para a sociedade civil organizada; ou seja, como agentes de capacitação política, elas não se comprometem com a organização das estratégias de atuação dos movimentos. Se, num primeiro momento, as ONGs surgem a partir dos movimentos sociais, sua articulação – motivadas pela continuidade de suas ações – teve o mérito de lhes conferir o *status* de atores sociais dotados de perfil específico que difere da ação dos movimentos sociais. Enquanto para eles, a essência de sua existência é a militância, para as ONGs é o trabalho (Cabral, 2007).

A SOCIEDADE CIVIL

A sociedade civil entrou na gestão do Brasil, de acordo com Pinto (2006), a partir das últimas décadas do século XX. Sua entrada ocorreu por sua própria organização e pelos novos papéis a ela atribuídos, principalmente em decorrência do cenário político internacional.

A sociedade civil não é uniforme em sua constituição, é formada por grupos, instituições e pessoas com diferentes graus de organização, de comprometimento público e de capacidade de intervenção, para se relacionar com o Estado e com o mercado. Inseridas na sociedade civil, estão as entidades que abrangem desde clubes de mães até instituições globais como a Anistia Internacional (Pinto, 2006).

De acordo com Scherer-Warren (2006), a sociedade civil compreende relações e conflitos de poder, disputas por hegemonia, por representações sociais e políticas diversificadas e antagônicas. Contudo, às vezes, a sociedade civil pode ser tratada como sinônimo de "Terceiro Setor", o que não é o mais adequado e pode comportar certa confusão. O Terceiro Setor também tem sido empregado para se referir às organizações formais sem fins lucrativos e não governamentais, com interesse público. Contudo, a sociedade civil compreende a participação cidadã num sentido mais amplo. A referida autora conclui que a sociedade civil é a representação de vários níveis e modos de organização dos interesses e valores da cidadania, com o intuito de encaminhar suas ações em prol de políticas sociais e públicas, protestos sociais, manifestações simbólicas e pressões políticas.

Num primeiro nível, está o associativismo local, que é formado pelas associações civis, pelos movimentos comunitários e pelos sujeitos sociais envolvidos em causas sociais ou culturais do cotidiano, ou voltados a essas bases, como são algumas Organizações Não Governamentais. Scherer-Warren (2006) aborda que, no segundo nível, estão as formas de articulação interorganizacionais, entre as quais se destacam os fóruns da sociedade civil, as associações nacionais de ONGs e as redes de redes, que têm o intuito de se relacionar entre si para o empoderamento da sociedade civil, representando organizações e movimentos do associativismo local. O terceiro nível, de acordo com a mesma autora, refere-se às mobilizações na esfera pública que são fruto da articulação de atores dos movimentos sociais localizados, das ONGs, dos fóruns e redes de redes. Nesse nível, estão vários setores de participantes, como a Marcha Nacional pela Reforma Agrária, por exemplo.

AS ORGANIZAÇÕES NÃO GOVERNAMENTAIS (ONGS)

Pretende-se ressaltar o surgimento e crescimento de um grupo de organizações da sociedade civil, as chamadas Organizações Não Governamentais, que são oriundas, em sua grande maioria, dos movimentos sociais, parte da sociedade civil que inclui o Terceiro Setor. Segundo Gohn (2003b), alguns autores apontam o surgimento das ONGs no Brasil desde a época da Colônia, referindo-se a trabalhos com grupos religiosos caritativos, diferentemente das ONGs atuais, uma vez que a Igreja e o

Estado não eram separados por Lei. Destaca-se aqui, no entanto, que as ONGs são produto do século XX, quando o Estado passou a ter papel central no cotidiano das nações. A Organização Não Governamental é um fenômeno mundial, atuando nos mais variados países.

Em âmbito mundial, a expressão ONG surgiu pela primeira vez na Organização das Nações Unidas (ONU), na década de 1940, após a Segunda Guerra, com o uso da denominação em inglês *Non-Governmental Organizations (NGOs)*, para designar organizações supranacionais e internacionais que não foram estabelecidas por acordos governamentais (Abong, 2005). As Organizações Não Governamentais sempre desempenharam um papel na ONU e já aparecem desde 1945 em sua Carta sobre organizações internacionais (ONU, 1945).

Conforme Scherer-Warren (1999), o termo ONG surgiu por meio das agências internacionais (Primeiro Mundo) de financiamento para denominar as organizações intermediárias nos países em desenvolvimento, que seriam as responsáveis pela implementação dos referidos projetos das bases. Denominavam-se Organizações Não Governamentais de Desenvolvimento (ONGDs) para os países de Primeiro Mundo, enquanto que, para os latino-americanos, foram conhecidas como Centros Populares, como de educação, promoção, serviços jurídicos, informação, documentação, pesquisa e outros serviços ligados a iniciativas das bases comunitárias. Ainda, a referida autora lembra a ampliação do número de ONGs na América Latina, em virtude do surgimento de ONGs ambientalistas e, por outro lado, do vasto número de entidades que anteriormente se reconheciam sob a denominação de filantrópicas.

No Brasil, a expressão era habitualmente relacionada a um universo de organizações que surgiram, em grande parte, nas décadas de 1970 e 1980, apoiando organizações populares, a fim de promover cidadania, defesa de direitos e luta pela democracia política e social. As primeiras ONGs nasceram em sintonia com as demandas e dinâmicas dos movimentos sociais, com ênfase nos trabalhos de educação popular e de atuação na elaboração e no controle social das políticas públicas (Abong, 2005). De acordo com Oliveira e Haddad (2001), o termo ONG se popularizou na América Latina e, em especial, no Brasil, a partir da Conferência Mundial das Organizações das Nações Unidas, na cidade do Rio de Janeiro, conhecida como ECO-92, e ao longo da década de 1990, com o surgimento de novas organizações privadas sem fins lucrativos com perfis e perspectivas de atuação social diversas. O termo ONG passou a ser utilizado por um conjunto extenso de organizações, que muitas vezes não guardam semelhanças entre si.

Conforme estudo da Consultoria do Senado Federal, em 1999, uma ONG seria um grupo social organizado, sem fins lucrativos, constituído formal e autonomamente, caracterizado por ações de solidariedade no campo das políticas públicas e pelo legítimo exercício de pressões políticas em proveito de populações excluídas das condições da cidadania (Abong, 2005).

A base de atuação das ONGs, de acordo com Gohn (2003b), sempre foi a sociedade civil. O campo de atuação das ONGs tem sido o do assistencialismo – por meio da filantropia –, o do desenvolvimentismo – por meio dos programas de cooperação internacional entre ONGs e agências de fomento, públicas e privadas; e o campo da cidadania – por meio das ONGs criadas a partir de movimentos que lutam por direitos sociais. A autora ressalta que, apesar de existir uma sequência histórica entre o surgimento dos modelos citados, atualmente eles coexistem no tempo e, muitas vezes, no espaço.

A atuação das ONGs brasileiras é o resultado do movimento social, processo que começou no início dos anos 1960 e foi interrompido, porém, com o golpe militar de 1964. Assim, nesse período, as Comunidades Eclesiais de Base (CEBs), as associações de pequenos produtores, as cooperativas rurais e as associações de bairros se espalharam por todas as regiões. A maioria das ONGs foi criada com o intuito de responder às demandas da base por organização comunitária, treinamento especializado, assistência técnica e análise de políticas públicas. Outras já surgiram a partir do engajamento nos grandes temas da sociedade brasileira, comoo aumento da pobreza, a ineficácia de políticas sociais do governo e a abertura política. Com a vinda do processo de redemocratização no final da década de 1970, as ONGs puderam desenvolver-se. Além de se tornarem importantes atores no grande movimento pela democracia que pressionava pela anistia e abertura política, as ONGs também foram beneficiárias diretas desse processo (Garrison, 2000).

Em meados da década de 1980, houve um período de grande expansão de ONGs no Brasil que coincidiu, por um lado, com a reordenação das forças político-sociais em blocos partidários, em luta pelo acesso ao poder, nesse caso, nas Câmaras e Assembleias Legislativas e em demais cargos executivos, e de outro lado, com o discurso e a prática efetiva por parte do governo, relativos às políticas de desestatização. Também, nessa década, as ONGs podiam estabelecer-se e trabalhar abertamente junto a suas bases comunitárias. Em meados da década de 1980, já atuavam no âmbito das políticas públicas, com tentativas de influenciar políticas em áreas diversas, como dívida externa, reforma agrária e direitos humanos (Gohn, 2003b).

A exemplo do que ocorreu em outros países da América Latina, as ONGs no Brasil foram ao mesmo tempo catalisadoras e uma evidência da sociedade civil. O relatório do Banco Mundial, escrito por Garrison (2000), revela estudos que mostram que as ONGs, de modo geral, foram criadas por lideranças fortes e independentes. Algumas delas formaram-se por antigos líderes comunitários que buscaram refúgio na Igreja durante o período de repressão generalizada; alguns eram militantes de partidos políticos e outros eram intelectuais que não estavam mais dispostos às restrições burocráticas das estruturas universitárias. Essas lideranças sociais tinham em comum o desejo de criar um espaço institucional novo e autônomo com o intuito de prestar serviços às populações de baixa renda e, ao mesmo tempo, garantir o profissionalismo e conteúdo técnico dessas atividades.

A generalização do termo "ONGs" é um fenômeno recente na história política brasileira. Mais especificamente nos anos de 1980, houve um período de crescimento e expansão de entidades que surgiram e se autoidentificaram como ONGs, de acordo com Gohn (2003b). Antes, referiam-se a organizações e entidades assistenciais e/ou filantrópicas. Recentemente, algumas entidades assistenciais têm se integrado à rede de ONGs articulada em nível internacional. Ainda, ressalta a autora, no Brasil, as principais ONGs são as cidadãs, mesmo que as filantrópicas sejam a maioria em termos numéricos (Gohn, 2003b).

Além disso, a referida autora indica dois elementos que demarcam essas organizações: o primeiro, de caráter mais político é a criação de espaços institucionais para as ONGs a partir da ascendência ao poder de grupos de esquerda, assim, essas entidades passam a ser pontos-chave de suporte técnico-político às administrações; o segundo, de caráter mais econômico, é a estruturação de uma rede de instituições, caracterizada como comunitárias, que ganham maior confiabilidade no gerenciamento de recursos, bem como na eficiência de suas ações.

As ONGs, de acordo com Pinto (2006), têm uma natureza instável, em função dos temas pelos quais se organizam e de sua instabilidade financeira, pois sobrevivem por meio de projetos financiados por organizações internacionais, cooperação internacional entre países ou pelo próprio Estado. Atualmente, com a diminuição de recursos internacionais, as ONGs têm se tornado, muitas vezes, dependentes de recursos do Estado, o que gera mudanças significativas na relação destas com a esfera oficial.

A mesma autora ressalta que tanto as pequenas, que muitas vezes ocupam-se de um problema muito localizado, quanto as grandes ONGs internacionais dividem a característica de estarem comprometidas com causas humanitárias que pretendem intervir para provocar mudanças nas condições de desigualdade e de exclusão.

Um estudo mais recente da Associação Brasileira de Organizações Não Governamentais (ABONG, 2005) sobre o universo associativo brasileiro do qual as ONGs fazem parte foi lançado em dezembro de 2004, pelo Instituto de Pesquisa Econômica Aplicada (IPEA) e o Instituto Brasileiro de Geografia e Estatística (IBGE), em parceria com a ABONG e o Grupo de Institutos, Fundações e Empresas (GIFE). O estudo revela que, em 2002, havia 276 mil fundações e associações sem fins lucrativos (FASFIL) no país, empregando 1,5 milhão de pessoas. Os dados da pesquisa apontam, contudo, para a imensa pluralidade e heterogeneidade dessas organizações sem fins lucrativos: igrejas, hospitais, escolas, universidades, associações patronais e profissionais, entidades de cultura e recreação, meio ambiente, de desenvolvimento e defesa de direitos etc. De modo geral, o conjunto das associações e fundações brasileiras é formado por milhares de organizações muito pequenas e por uma minoria que concentra a maior parte dos(as) empregados(as) das organizações. Cerca de 77% delas não têm sequer um(a) empregado(a), e, por outro lado, cerca de 2.500 entidades (1% do total) absorvem quase um milhão de trabalhadores(as). Esse pequeno universo é formado por grandes hospitais e universidades pretensamente sem fins lucrativos, na sua maioria são entidades filantrópicas (portadoras do Certificado de Entidade Beneficente de Assistência Social que possibilita a isenção da cota patronal, em razão da contratação de funcionários e prestadores de serviços).

A HISTÓRIA DA PSICOLOGIA SOCIAL NA AMÉRICA LATINA E NO BRASIL

A história da Psicologia Social e da Psicologia Comunitária ou Psicologia Social Comunitária para alguns países da América Latina (Freitas, 2002) tem sido contada a partir do desenvolvimento político-social do Brasil e da América Latina no século XX. É importante ressaltar a história da Psicologia, uma vez que explica o que se pretende com o trabalho do psicólogo comunitário nas Organizações Não Governamentais.

Nas décadas de 1940 e 1950, o Brasil passava por um período de mudanças no seu modelo produtivo, ou seja, saía do agropecuário e ingressava no produtivo, exigindo uma preparação em relação à mão de obra, em função das demandas advindas do sistema fabril. Projetos comunitários, nas áreas educacional e assistencial, vinham atender aos interesses das elites econômicas do país e tinham como função estratégica destinar prestação de serviços básicos à população. Na década de 1950, o Brasil assistiu à realização de inúmeros trabalhos junto aos setores mais desfavorecidos da população, que em sua maioria tinham como elemento principal o assistencialismo e o paternalismo (Freitas, 2002).

A Psicologia Social na América Latina e, em especial no Brasil, cresceu em meio às conturbações políticas e sociais internas, nas décadas de 1960 e 1970; em meio à crise teórica de caráter internacional que abalou o campo psicossocial na década de 1960 (Bomfim, 1999). Essa década foi marcada por um período de graves e fortes confrontos estabelecidos entre o Estado e as forças capitalistas, por um lado, e as necessidades básicas da população e a participação da sociedade civil, por outro. Os movimentos populares urbanos tornaram-se mais frequentes, assim como as greves, o desemprego, a inflação e o custo de vida elevado (Freitas, 2002).

Freitas (2002) salienta que, em agosto de 1962, a profissão de psicólogo é reconhecida oficialmente no Brasil e são criadas disposições legais – lei n. 4.119 de 27/08/62 – para a regulamentação e criação de cursos de Psicologia. De acordo com Bernardes (2002), a Psicologia Social seguia um caminho e uma forma muito próximos dos da Psicologia Social advinda dos Estados Unidos, o que era evidente em algumas obras de Psicologia Social pela transposição e replicação das teorias e dos métodos norte-americanos.

Nos anos 1970, o país ainda era governado por militares, contudo a população, por meio de associações de bairro, de entidades de defesa, movimentos contra a carestia e o alto custo de vida, dentre outros, aprendeu a criar e a lutar por meio de movimentos de reivindicação (Freitas, 2002). A crise da Psicologia Social ocorrida internacionalmente na década de 1960 resultou na década de 1970, no Brasil, em uma série de controvérsias de caráter teórico e metodológico, denominada de "crise da Psicologia Social ou crise de referência". A Psicologia Social no Brasil foi fortemente marcada por essas controvérsias, pelo surgimento de ramificações no campo psicossocial, pelas novas sistematizações e pela criação de cursos de pós-graduação específicos em Psicologia Social (Bomfim, 1999). De acordo com Bernardes (2002), os principais pontos da crise referiam-se à dependência teórico-metodológica, à falta de contextualização dos temas abordados, à simplificação e à superficialidade das análises dos próprios temas, à individualização do social na própria Psicologia Social, bem como à não preocupação política com as relações sociais na América Latina e no país em relação às teorias importadas, em especial, dos Estados Unidos. Já Lane (2002) enfatiza que se fez necessária uma reflexão crítica e uma ação comprometida socialmente, com o intuito de que a Psicologia Social se tornasse efetivamente uma práxis científica a serviço de transformações sociais urgentes.

A partir dos anos de 1980, o país começa a viver a abertura democrática. Os psicólogos procuraram discutir os conflitos existentes entre as diferentes abordagens teóricas e metodológicas, e criar espaços para repensar o trabalho voluntário. Houve um aumento crescente no número de práticas psicossociais, destacando-se as relacionadas às comunidades carentes, às instituições totais, dentre outras (Bomfim, 1999; Freitas, 2002,). Em meados de 1980, temáticas relativas às práticas psicossociais começaram a ocupar espaços significativos e de interesse em diversos encontros científicos. Bernardes (2002) reconhece que os países latino-americanos começaram a construir uma produção em Psicologia Social contextualizada, baseada na história de sua comunidade e preocupada com a cultura, os valores, os mitos e os rituais.

A PSICOLOGIA COMUNITÁRIA

A proposta de trabalho do psicólogo nas Organizações Não Governamentais vem ao encontro do trabalho no campo da Psicologia Social Comunitária, uma vez que enfatiza a prevenção e a promoção da melhoria da qualidade de vida e de saúde mental da população como um todo. Freitas (2002) refere que a denominação "Psicologia Comunitária", a partir da década de 1980, passa a ser mais consagrada e adotada por vários profissionais, em debates e reflexões. Essa psicologia utiliza o enquadre teórico da Psicologia Social, privilegia o trabalho com grupos, colabora para a formação e construção da consciência crítica e de uma identidade social e individual, todas as ações orientadas por princípios éticos.

A Psicologia Comunitária, inserida no universo das ONGs, tem o dever, para com a sociedade, de atuar dentro de uma lógica de trabalho em rede, articulado, permanente, e reconhecer a realidade local em sua complexidade, suas limitações e possibilidades de alterar o que já está instituído. Assim, minimizando a exclusão social, por meio da ressignificação do sujeito e do olhar sobre ele, a Psicologia Comunitária garante primordialmente os direitos elementares através da melhoria das condições de vida das famílias (Freitas, 2002).

Freitas (1998) trata da primeira abordagem do psicólogo na comunidade. Dentre as atividades do psicólogo comunitário estão os contatos e conhecimentos sobre a realidade da comunidade, sejam contatos intermediários, individuais e/ou coletivos, bem como as tentativas de se fazer conhecer junto à comunidade. Assim, tem-se o processo de inserção em que o profissional busca se tornar conhecido. Logo, o psicólogo dá início a um processo contínuo de obtenção de informações e de interações, com o objetivo de exercer suas atividades, ao mesmo tempo que é observado, registrado e avaliado pelos moradores da comunidade.

A autora ressalta ainda os instrumentos utilizados e/ou construídos no cotidiano de trabalho do psicólogo na comunidade. Destacam-se as entrevistas, as conversas informais, as visitas às casas, reuniões e/ou alguma festividade, os registros de acontecimentos e/ou episódios significativos em diários de campo, recuperação da história de constituição da comunidade, resgate de documentos, fotografias e encontros não programados. Tais instrumentos apresentam estratégias que objetivam a coleta de informações sobre a vida, as condições de moradia, sobrevivência; a recuperação da história da comunidade; a identificação de necessidades e problemáticas vividas pela população; a detecção dos modos alternativos de enfrentamento e resolução encontrados pelos moradores; a discussão conjunta, constituição dos grupos para a execução das alternativas e avaliação contínua, e a reformulação dos caminhos tomados.

Scarparo (2001) salienta que cabe ainda à Psicologia (Social) Comunitária articular pensar as relações sociais em contexto, criar instrumentos de reflexão e intervenção que facilitem esse pensar e contribuir na construção de relações éticas que gerem avanços traduzidos em uma convivência caracterizada pela dignidade.

RELATO DE EXPERIÊNCIA

Neste relato é descrita a experiência profissional de uma psicóloga na Associação Lar Vila das Flores, durante 1 ano e 6 meses, de agosto de 2006 a dezembro de 2007. A Associação Lar Vila das Flores é uma Organização Não Governamental fundada em 26 de março de 2001 e instalada em 10 de outubro do mesmo ano nas dependências da sede antiga do Centro Regional da Igreja Metodista (CRIM). A ONG situa-se na região norte da cidade de Santa Maria, que aparece como a segunda região mais vulnerável da cidade. A região figura em primeiro lugar na utilização de substâncias psicoativas por parte de crianças e adolescentes, na situação e medida socioeducativa não privativa de liberdade e também na situação de rua (UNIFRA, 2003).

O Lar Vila das Flores tem se mantido fiel ao seu projeto inicial: ao longo desses seis anos de instalação, ampliou suas atividades e seus atendimentos com projetos e parcerias. O Lar está comprometido com a construção da cidadania e a inclusão social de famílias em situação de vulnerabilidade, e tem como finalidade oferecer meios para que as perspectivas de vida dessas pessoas evoluam, principalmente para que as crianças e os adolescentes envolvidos tenham possibilidade de um futuro melhor.

Hoje, o Lar atende a uma clientela de 45 famílias em situação de vulnerabilidade social, principalmente 130 crianças e adolescentes. Destes, setenta têmentre sete e quinze anos e participam do Programa de Erradicação do Trabalho Infantil (PETI), do Governo Federal, que tem como objetivo erradicar todas as formas de trabalho infantil no Brasil, em um processo de resgate da cidadania de seus usuários e de inclusão social de suas famílias (Brasil, 2007); e sessenta crianças entre um a seis anos são atendidas no berçário e no Espaço Lúdico de Educação Infantil. Além disso, a ONG proporciona atividades e oficinas de inclusão produtiva às famílias assistidas e da comunidade em geral.

Para atender a suas necessidades, o Lar Vila das Flores arrecada doações da comunidade por um sistema de *telemarketing*, de eventos promocionais, de colaborações espontâneas, de parcerias com instituições governamentais e privadas. Toda a estrutura física da instituição foi mobiliada e equipada com TV, vídeo, DVD, computadores, impressoras, rádios, CD *player* e toca-discos por meio de recursos advindos de projetos.

O perfil da comunidade atendida pela ONG compreende basicamente famílias de catadores de material reciclável. A maioria das pessoas não possui vínculo empregatício e sobrevive da coleta de materiais recicláveis, biscates e/ou assistencialismo. As mulheres em geral são as "chefas" dessas famílias e, em sua maioria, sobrevivem da coleta de material reciclável ou de trabalhos temporários, como de diarista. Esse perfil foi traçado a partir da inserção do psicólogo na comunidade, com conversas formais e informais com a população, de suas observações, das visitas que fez às famílias e do contato diário com as pessoas assistidas.

Sobre as condições de moradia, a maioria das famílias vive em casas de um a dois cômodos, insalubres, sem saneamento básico e em terrenos invadidos, às margens dos trilhos de trem. As famílias vivem em situação de vulnerabilidade social, com renda mensal inferior a meio salário-mínimo. Além disso, na comunidade, também, há vários pontos de distribuição de drogas, com os quais as crianças têm de conviver cotidianamente. Somado a isso, não há serviços públicos que realmente supram as necessidades da população, pois na comunidade existe apenas um posto de saúde que não atende às necessidades básicas da segunda região mais populosa da cidade.

O desemprego atualmente gera muitas exclusões, não apenas a exclusão material, mas também, com o tempo, a exclusão dos vínculos familiares, e, nesses casos, o diálogo muitas vezes é substituído pela agressividade e violência. Através dos relatos das famílias, notou-se que o desemprego, ou melhor, a falta de emprego gera inúmeras "ausências", como às ligadas às questões básicas de sobrevivência, como alimentação e higiene e, principalmente, à deterioração dos vínculos afetivos. Outro aspecto observado nessas famílias foi o alcoolismo, pois houve inúmeras referências ao problema que atinge, de modo semelhante, homens e mulheres.

Nesse contexto, com o intuito de buscar a melhoria da qualidade de vida e da saúde mental, a ONG oferece atividades às famílias das crianças e dos adolescentes assistidos, bem como à comunidade em geral. As famílias são convidadas a participar do Projeto de Inclusão Produtiva, em que são promovidos cursos de artesanato com material reciclado e outros, que são realizados de acordo com o interesse e capacidade dos alunos. Assim, a ONG possibilita-lhes alternativas de renda e, consequentemente, sua inclusão produtiva. As crianças de dez meses a seis anos permanecem no Lar das 8h às 17h ou 18h, de acordo com a situação de trabalho da mãe. Essas crianças ganham a refeição matinal, o almoço e o lanche da tarde. Algumas recebem, se necessário, cuidados higiênicos. As crianças e os adolescentes, de sete a quinze anos, inscritos no PETI, que frequentam o Lar em turno diferente do da escola, recebem, no turno da manhã, das 8h00 às 12h00, café da manhã e almoço; no turno da tarde, das 12h00 às 17h00, almoço e lanche. Além da alimentação, eles participam, de atividades esportivas, culturais, de apoio pedagógico, reforço escolar e recreação previamente programadas.

Para viabilizar e desenvolver as atividades que integram o Projeto, o Lar Vila das Flores disponibiliza uma equipe de 25 técnicos composta por: assistente social, psicólogos, técnica em enfermagem, pedagogas, professor de educação física, professores de música, oficineiros (professores dos cursos de artesanato), monitores para as atividades do programa de Erradicação do Trabalho Infantil (PETI), recreacionistas para atendimento às crianças, além de voluntários que atuam junto à Instituição. Além disso, a instituição dispõe de uma equipe de funcionários (cozinheiras e merendeiras encarregadas da alimentação e profissionais de serviços gerais para a limpeza e higienização dos ambientes) que, junta aos membros atuantes da diretoria, dinamizam o projeto.

Inserção da psicóloga na ONG

A inserção na Associação Lar Vila das Flores ocorreu em agosto de 2006, através do convite para desenvolver um trabalho em conjunto com as famílias assistidas pela instituição, feito pela assistente social à época. No período de agosto a dezembro de 2006, o vínculo foi como psicóloga voluntária, realizando atividades de reconhecimento do local, das demandas das famílias atendidas pela instituição e, por fim, "construindo" o serviço de psicologia.

Nesse período, foram constatados alguns problemas da comunidade como a falta de emprego, de serviços públicos, em especial de saúde, e de estrutura de moradia e saneamento, visto que vivem em terrenos invadidos. Percebe-se que, em função da grande demanda, o trabalho exigia atividades constantes e diárias, assim, não foi possível constituir um diagnóstico da comunidade como esperado. A partir da entrada do profissional de Psicologia no projeto, iniciaram-se os atendimentos (clínicos, grupos, visitas domiciliares, discussões de casos, reuniões multidisciplinares e confecção de projetos) diretamente. Assim, foi sendo construído, ou melhor, foi sendo instituído o serviço de Psicologia.

Paralelamente a esse período de reconhecimento do local e das demandas das famílias, organizou-se um espaço físico adequado e operacional para o serviço com a organização das fichas de atendimento do serviço de Psicologia, das pastas de cada família, dos horários e agendamentos dos atendimentos e atividades que o serviço de Psicologia estava realizando ou pretendia realizar. Durante o período, ocorreram estágios de Psicologia Social Comunitária na Instituição. Assim, houve uma aproximação entre a psicóloga e as estagiárias, com o intuito de conhecer o trabalho desenvolvido e estabelecer parcerias.

Nesse primeiro momento, foi possível perceber a valorização do trabalho do profissional da área de Psicologia, bem como a preocupação da ONG com o bem-estar das famílias atendidas pela instituição. Muitas vezes, a direção, em especial a coordenadora e os demais funcionários, verbalizava como as psicólogas são bem-quistas e o quanto o trabalho é realmente importante e fundamental.

Em janeiro de 2007, a coordenadora convocou uma reunião para tratar de questões referentes ao trabalho desenvolvido e da contratação efetiva das psicólogas, formando, assim, o serviço de psicologia do Lar Vila das Flores. Nesse momento, o serviço de Psicologia começou realmente a se estruturar, juntamente à assistente social, também contratada. Além da logística e do espaço físico, iniciaram-se as visitas domiciliares, os grupos e os atendimentos individuais.

O SERVIÇO DE PSICOLOGIA – ATIVIDADES

A partir da organização inicial necessária para articular o serviço de Psicologia, foi possível implantar e desenvolver diversas tarefas. Dentre elas, realizam-se os grupos operativos para as crianças do PETI e os irmãos das crianças e dos adolescentes atendidos pela Instituição, com idade entre sete e quinze anos. Os encontros com os grupos são semanais, com duração de aproximadamente 1h30. Nesses encontros são discutidos temas relevantes ao processo do adolescer comoassuntos referentes à sexualidade, dependência química, família, entre outros.

    Também são ofertados, pelo serviço de Psicologia, encontros grupais com os familiares dos usuários da instituição, atividade também aberta à comunidade como um todo e realizada mensalmente. Esses grupos têm o intuito de debater temas de interesse do cotidiano das famílias, com a finalidade de prevenir e promover a qualidade de vida e de saúde mental das famílias assistidas.

    As visitas domiciliares são realizadas às famílias das crianças e dos adolescentes da instituição e têm por objetivo conhecer a realidade das famílias, desmistificar e divulgar o trabalho do psicólogo. Nessas visitas, busca-se construir um espaço para que as pessoas pensem e falem de seus problemas, bem como discutam maneiras de lidar melhor com determinadas situações do dia a dia, a fim de promover relações interpessoais mais saudáveis, aliviando os sofrimentos. Isso porque se acredita que o fato de a pessoa falar sobre si mesma e ser ouvida pode amenizar angústias, sofrimentos, além de proporcionar um espaço de reflexão sobre estratégias para melhorar sua qualidade de vida. Ainda, realizam-se visitas às escolas da região para desenvolver integração entre elas e o Lar Vila das Flores, uma vez que as mesmas crianças e adolescentes que participam das atividades da ONG, por intermédio do berçário, do Espaço Lúdico e do PETI, são alunos também dessas escolas. Visitam-se também as instituições da região e da comunidade local como um todo.

    O serviço de Psicologia, em parceria com o Serviço Social e a Enfermagem, desenvolve ainda atividades que envolvem a captação de recursos e a execução dos projetos desenvolvidos pela instituição, uma vez que as ações da ONG são custeadas a partir de doações da comunidade e das verbas provenientes dos projetos, como o Conselho Municipal de Assistência Social e o Conselho Municipal de Direitos das Crianças e dos Adolescentes. Os projetos sociais têm o objetivo de captar recursos para a ONG, tanto para sua estrutura física — bens duráveis e bens não duráveis — quanto para os honorários dos profissionais.

O serviço de Psicologia realiza também atendimentos psicológicos individuais, com ênfase em psicoterapia breve focal, reuniões de equipe para discussão de casos, reuniões gerais da instituição; acolhimentos diários às famílias com necessidades de urgência; mediações para integração e resolução de conflitos entre as famílias, a comunidade e os usuários.

Gratificações, interferências e desafios

Diante dessa gama de tarefas, ressalta-se que o trabalho do serviço de Psicologia abarca um conjunto de atividades dedicadas a detectar e minimizar as diversas formas de vulnerabilidade e de risco que a comunidade atendida pela ONG enfrenta, além dos vários atravessamentos a que está submetida na vivência cotidiana e que a faz sintir-se cada vez mais excluída socialmente. Entre as interferências e os desafios do trabalho do psicólogo em sua prática diária na ONG, destacam-se algumas questões referentes à exclusão social, ao assistencialismo e à não sustentabilidade.

Assim, para iniciar um trabalho em Psicologia em uma ONG, necessita-se de parcerias com os profissionais de Serviço Social e enfermagem, com a própria direção da ONG, que deve acreditar e valorizar o trabalho do profissional da área da Psicologia, com as instituições que compõem a comunidade e, principalmente, com as famílias. Criar uma rede intraequipe e interinstituições é fundamental para articular o trabalho.

Quanto aos fatores positivos, destaca-se a qualidade da parceria com a "rede socioassistencial" da cidade, em especial com a comunidade da região norte. Durante o trabalho, foi possível conhecer a comunidade e estabelecer parcerias. O trabalho em rede possibilita organizar melhor a comunicação entre as instituições que compõem a comunidade e, principalmente, a agilidade e resolução dos problemas. A rede intraequipe foi sem dúvida o grande condutor do trabalho na ONG. Por meio dela, estabeleceram-se reuniões de equipe e discussões de casos, bem como conversas informais. A instauração das redes intra e extraequipe proporcionou às famílias um olhar mais integral, além de cumplicidade e um compromisso ético. Trabalhava-se em conjunto em todos os casos, e as informações sobre as histórias de vida e as situações sociais colhidas pela rede agilizavam e qualificavam o trabalho, que assim se aproximava do que preconiza a atividade em equipe multidisciplinar e a ação do psicólogo comunitário.

A gratificação também vinha pela experiência, que nos mostrava o quanto o trabalho dos profissionais na comunidade é importante. As parcerias estabelecidas, o reconhecimento e a valorização do trabalho realizado com as famílias são o alicerce para a busca constante por capacitação e subsídios para enfrentar a realidade. Essa experiência reafirma que o psicólogo lida constantemente com pessoas que precisam de apoio técnico para enfrentar as necessidades físicas e psicológicas no contexto social em que estão inseridas.

Como um dos desafios, ou interferências, encontrados ao longo do trabalho na ONG, ressalta-se a exclusão social, que acomete grande parte das famílias assistidas, que convivem com inúmeras "faltas": de alimento, de afeto, de cidadania, dentre outras. A maioria dessas famílias recorre à ONG em busca de algo que lhe supra uma necessidade imediata, geralmente à procura de alimentos para saciar a fome. Alimentação e higiene são necessidades básicas que a ONG oferece de imediato. Seguindo a lógica imediatista, essa atitude nos faz pensar na reprodução do modelo assistencial no cotidiano das famílias, por meio da filantropia, como estudado por Gonh (2003).

A questão parece contraditória, pois a ONG tem como missão promover o desenvolvimento integral de famílias em situação de vulnerabilidade social para fortalecê-las e terem qualidade de vida. E como visão: ser reconhecida como a melhor Iinstituição de atendimento multidisciplinar na área social. Assim, pode-se pensar que a ONG tem diariamente em seu cotidiano o desenvolvimento de um trabalho assistencial que muitas vezes a torna assistencialista. Isso ocorre em função das mazelas das famílias atendidas ou pelo próprio funcionamento da ONG? A questão interfere no trabalho do psicólogo, uma vez que seu papel é promover e prevenir a qualidade de vida e de saúde mental e que, muitas vezes, depara-se com situações em que a miserabilidade exige reações imediatas e assistencialistas. Assim, os profissionais da ONG assumem o papel assistencialista esperado pelas próprias famílias, reproduzindo o ciclo da exclusão social.

Outra questão que com temos de lidar diariamente se refere à sustentabilidade financeira que a ONG almeja, a qual, entretanto, está longe de ser alcançada. Desse modo, o trabalho do psicólogo e de qualquer outro profissional técnico e, principalmente, das famílias assistidas está ameaçado em função do assistencialismo e da não sustentabilidade. Além da resolução dos problemas das famílias, muitas vezes as equipes técnicas tinham de buscar estratégias de arrecadação de recursos para pagar os vencimentos de que a ONG necessitava, incluindo os honorários dos colaboradores. Essas verbas, em diversas situações, vinham de projetos encaminhados a órgãos de fomento.

Por outro lado, a inserção em projetos sociais também foi significativo para o trabalho. A coordenação, a organização, o planejamento e a execução de projetos sociais proporcionaram uma visão maior e mais específica sobre determinadas temáticas, assim como a interlocução com financiadores e o poder público. Participar desses projetos foi fundamental e imprescindível, pois levou à aprovação de projetos em fundos municipais e empresas privadas, aumentando o patrimônio físico e estrutural da ONG e o atendimento às famílias. Como essa atividade foi desenvolvida pela equipe de profissionais da ONG, despendia-se muito tempo na organização e confecção desses projetos, e um trabalho mais aprofundado com as famílias ganhava menos atenção.

Já as famílias participaram ativamente das atividades propostas, como nos atendimentos individuais, nas visitas domiciliares e nos grupos realizados. As visitas domiciliares foram bem-aceitas. Muitas vezes, famílias vizinhas ou próximas, que haviam solicitado a visita, "exigiam" a presença da psicóloga, evidenciando a importância e a confiança que a comunidade depositava nesse serviço. Um dos pontos significativos também foi a adesão dos participantes em grupo, com a presença da maioria, em especial no caso dos de adolescentes do PETI. Já nos encontros mensais, a participação das famílias diminuiu gradativamente, o que pode estar associado à metodologia de trabalho e ao interesse e comprometimento das famílias com o projeto. Então, as visitas domiciliares recomeçaram sistematicamente, a fim de descobrir por que as famílias não compareciam aos encontros, bem como de enaltecer o compromisso delas com os seus e a ONG que as assisti. Após essas visitas, as famílias começaram novamente a participar das reuniões e, no último encontro, os trabalhos desenvolvidos – como cartazes, desenhos e apresentações musicais – pelas crianças e pelos adolescentes foram apresentados. Esse encontro foi muito importante aos familiares, pois lhes mostrou as potencialidades de cada um de seus filhos, além do desejo de ser um cidadão cada vez melhor, com autonomia, valor e muita vontade, apesar de todas as dificuldades e intempéries do dia a dia.

Já os atendimentos clínicos não eram o foco principal do trabalho e apenas eram marcados quando se percebia a necessidade da família ou se era solicitado. Contudo, os casos diminuiram gradativamente também, enquanto que os grupos e as visitas domiciliares aumentavam, assim como as reuniões de discussões de caso.

Por esse relato, percebem-se as múltiplas atividades exercidas pelo psicólogo na ONG. No princípio, tinha-se o cronograma de atividades, com horários e agendamentos, todavia, ele foi alterado por várias vezes e, no final, extinto. Muitas vezes, o grande número de atividades devia-se aos muitos problemas que atingiam a realidade das famílias e exigiam um fim ou uma rápida solução, principalmente em casos de vulnerabilidade das famílias — como suprir as necessidades básicas fundamentais —, de outras esferas administrativas e legais como o Ministério Público ou Conselho Tutelar. Assim, criou-se a expectativa de que as psicólogas e demais membros da equipe eram "salvadores" e podiam solucionar todos "os males", o que se tornou perigoso para o trabalho da psicologia, uma vez que, com essas expectativas irrealistas, era difícil corresponder a seus desejos ou anseios. Além disso, reforçava-se a dependência em relação ao outro e o papel assistencialista da ONG.

CONSIDERAÇÕES FINAIS

As atividades realizadas pelo serviço de Psicologia proporcionaram às famílias refletir questões como: a ética, a valorização pessoal e profissional, as ansiedades e angústias. Com essas tarefas, acredita-se que as famílias puderam pensar sobre a própria prática e, principalmente, desenvolver o movimento de voltar-se para si mesmas, conhecer-se, ouvir os próprios desejos, redescobrir as suas potencialidades, encarar as suas limitações e buscar alternativas, estratégias para enfrentá-las, para assim começar a buscar a melhoria de sua qualidade de vida. As famílias assistidas pela ONG conseguiram apropriar-se das atividades disponibilizadas de tal forma que a elegeram como um espaço terapêutico em prol da saúde mental. O processo para romper esse viés assistencialista é longo, contudo acredita-se que tudo tem seu tempo e, no momento, essas famílias estão começando a trilhar seu próprio caminho.

Pela descrição das atividades do psicólogo comunitário, realizada por Freitas (1998), percebe-se que essas atividades configuram o ideal, e não o real cotidiano. É preciso dizer, também, que os modelos da Psicologia em geral, clássica, não são instrumentalizados para atuar com as famílias em situação de vulnerabilidade social. É preciso lembrar, enfim, que a maioria da população do país está em situação de vulnerabilidade social, que o setor público é o que mais emprega atualmente e o setor das ONGs está em expansão, de modo que há a necessidade imediata de profissionais capazes e apaixonados por esse campo de trabalho.

Uma das formas de incentivo e busca por conhecimento para os(as) psicólogos(as) foi a participação em congressos e eventos na área, muitas vezes financiados pela ONG como meio de prestigiar a equipe. O curso de especialização, como neste caso o de Psicologia Clínica, com ênfase em Saúde Comunitária na Universidade Federal do Rio Grande do Sul, também permitiu novos conhecimentos e trocas de saberes. Assim, espera-se que esse campo de atuação possa desenvolver-se e que sejam publicados estudos, pesquisas e textos sobre o tema. É desejo também que, com o tempo, políticas públicas voltadas à inserção de psicólogos nesse campo sejam colocadas cada vez mais em prática, assim como disciplinas e discussões na academia.

Por fim, ressalta-se a importância de estudar cada vez mais as questões sobre a Psicologia e as ONGs e da atuação do psicólogo comunitário nesse contexto. Através do conhecimento será possível formular estratégias para enfrentar a problemática em questão.

REFERÊNCIAS

ABONG. *Ação das ONGs no Brasi:* perguntas e repostas. São Paulo, 2005. Disponível em: http://www.abong.org.br. Acesso em: 07 de maio de 2007.

BRASIL. Ministério do Desenvolvimento Social e Combate à Fome. Secretaria Nacional de Assistência Social. *Programa de Erradicação do Trabalho Infantil (PETI)*. Brasília, DF, 2007. Disponível em: http://www.mds.gov.br. Acesso em: 12 de abril de 2007.

BERNARDES, J. S. História. In: STREY, M. N. (ed.) *Psicologia Social Contemporânea*. Petrópolis, RJ: Vozes, 2002, p. 19-35.

BOMFIM, E. M. Contribuições para a história da Psicologia Social no Brasil. In: JACÓ-VILELA, A. M.; MANCEBO, D. (ed.) *Psicologia social:* abordagens socio-históricas e desafios contemporâneos. Rio de Janeiro: Editora da Universidade Estadual do Rio de Janeiro, 1999, p. 123-144.

CABRAL, A. *Movimentos sociais, as ongs e a militância que pensa:* logo existe, 2007. Disponível em: http://comunicacao.pro.br/acriacao/htm. Acesso em: 05 de maio de 2008.

CÂMARA, S. G.; SARRIERA, J. C.; PIZZINATO, A. Que portas se abrem no mercado de trabalho para os jovens em tempos de mudança? In: PIZZINATO, A.; ROCHA, K. B.; SARRIERA, J. C. (org.). *Desafios do mundo do trabalho*: orientação, inserção e mudanças. Vol. 1, 1 ed. Porto Alegre: Edipucrs, 2004, p. 73-113.

FREITAS, M. F. Q. Inserção na comunidade e análise de necessidades: reflexões sobre a prática do psicólogo. *Psicologia: Reflexão e Crítica*, vol. 11, n. 1, 1998, p. 175-189.

_____. Psicologia na comunidade, psicologia da comunidade e psicologia (social) comunitária: práticas da psicologia em comunidade nas décadas de 60 a 90, no Brasil. In: CAMPOS, R. H. de F. (ed.). *Psicologia Social Comunitária: da solidariedade à autonomia*. Petrópolis: Vozes, 2002, p. 54-80.

FREITAS, M. G.; MONTERO, M. Las redes comunitárias. In: MONTERO, M. (ed.) *Teoria y pratica de la psicología comunitaria*. Buenos Aires: Paidós, 2006, p. 173-201.

GARRISON, J. W. *Do confronto à colaboração:* relações entre a sociedade civil, o governo e o Banco Mundial no Brasil. Brasília: Banco Mundial, 2000. Disponível em: http://bancomundial.org.br. Acesso em: 23 de setembro de 2007.

GONH, M. G. *Teorias dos movimentos sociais.* São Paulo: Loyola, 2000.

_____.Gonh, M. G. *Movimentos sociais no início do século XXI.* Petrópolis: Vozes, 2003a.

_____. *Os sem-terra, Ongs e cidadania.* São Paulo: Cortez, 2003b.

LANE, S. Psicologia Social na América Latina: por uma ética do conhecimento. In: CAMPOS, R.; GUARESCHI, P. (ed.) *Paradigmas em Psicologia Comunitária*: a perspectiva latino-americana. Petrópolis: Vozes, 2002, p. 58-69.

OLIVEIRA, A. C.; HADDAD, S. As organizações da sociedade civil e as ONGs de educação. *Cadernos de Pesquisa,* vol. 112, 2001. Disponível em: http://www.scielo.br. Acesso em: 23 de setembro de 2007.

ORGANIZAÇÃO DAS NAÇÕES UNIDAS. *Carta da ONU,* 2007. Disponível em: http://www.onu-brasil.org.br/documentos_carta.php. Acesso em: 14 de janeiro de 2008.

PINTO, C. R. J. As ONGs e a política no Brasil: presença de novos atores. *DADOS – Revista de Ciências Sociais,* vol. 49, n. 3, 2006, p. 651-613. Disponível em: http://www.scielo.br. Acesso em: 30 de julho de 2007.

SCARPARO, H. B. K. *Psicologia comunitária:* memórias que desvendam uma trajetória. (não publ.). Programa de Pós-Graduação da Faculdade de Psicologia, PUCRS. Porto Alegre, RS, 2001.

SCHERER-WARREN, I. Dossiê: Movimentos sociais. Das mobilizações às redes de movimentos sociais. *Sociedade e Estado,* vol. 21, n. 1, 2006. Disponível em: http://www.scielo.br. Acesso em: 7 de janeiro de 2008.

_____. *Cidadania sem fronteiras.* Ações coletivas na era da Globalização. São Paulo: Hucitec, 1999.

UNIFRA. Pesquisa e diagnóstico sobre crianças e adolescentes em situação de risco pessoal e social em Santa Maria: Construindo cidadania.

Santa Maria, RS: Pallotti, 2003.SOUZA, M. D. A consolidação da política de assistência social em Londrina-PR. *Serviço Social em Revista*, vol. 8, n. 2, 2006. Disponível em: http://www.ssrevista.uel.br. Acesso em: 07 de maio de 2007.

WIKIPEDIA, A ENCICLOPÉDIA LIVRE. Disponível em: http://pt.wikipedia.org/wiki/Estado-provid%C3%AAncia. Acesso em: 17 de janeiro de 2008.

8

SUICÍDIO NO BRASIL: ESTRATÉGIAS DE PREVENÇÃO E INTERVENÇÕES

Elza Dutra[13]
Programa de Pós-graduação em Psicologia-UFRN

> A morte que vem de fora não precisa ser entendida. Pois ela é potência estranha, silenciosa. Mas o suicida obriga-nos a conversar. É impossível estar diante do seu corpo morto sem ouvir as vozes e as melodias que moram nele.
>
> *Rubem Alves*
>
> Prefácio. In: CASSORLA, R. Do suicídio. Estudos brasileiros. (Org.). São Paulo: Papirus, 1991.

O suicídio ainda é um mistério para todos nós. Embora seja um tema bastante pesquisado em todo o mundo e se constitua atualmente, uma questão de saúde pública no Brasil, ainda permanece envolto numa aura de pecado, vergonha e preconceitos. É como se estivéssemos no século XVII, na Inglaterra, quando o corpo do suicida era atravessado por uma estaca e

---

[13] E-mail: dutra.e@digi.com.br

colocado numa encruzilhada, com uma pedra sobre sua cabeça, para que não voltasse e assombrasse os vivos. Segundo Alvarez (1999), o suicida era tratado, então, como um criminoso ou um vampiro. Esses fatos nos faz entender por que o suicídio permanece um tabu para a maioria das sociedades, mbora também saibamos que em certas culturas, o suicídio é um ato de honra e um privilégio, como no Japão ondeos samurais cometem o haraquiri, para fugir da desonra pública.

Ainda hoje, com o crescente número de suicídios de jovens no país, permanece o significado do suicídio como uma alternativa honrosa para a vergonha e o fracasso escolar. Na verdade, esse ato costuma evocar sentimentos e emoções de diversas naturezas, da raiva, estranheza e revolta à tristeza e piedade. Ou seja, ninguém é indiferente a uma morte que é deliberadamente provocada. É como se todos nos perguntássemos: o que faz a vida não valer a pena? Como alguém pode preferir a morte à vida?

Guardadas as devidas proporções, muitos dos mitos, sentimentos e atitudes que envolveram esse fenômeno ao longo da história permanecem ainda hoje. Além da dor que atinge os familiares do suicida, ainda há sentimentos de vergonha e culpa que os consomem. Há também as pessoas que, em algum momento da vida, tentaram amenizar o sofrimento com a morte voluntária, e, agora, vivem com o estigma do suicídio e do pecado, como se uma marca de loucura, desatino ou mesmo de dissimulação as identificasse perante o mundo.

Estão no imaginário social, construído ao longo da existência humana, as origens das dificuldades, ainda hoje, para encarar o suicídio como uma realidade com a qual convivemos de forma muito próxima e que deve ser enfrentada. Trata-se de uma realidade que atinge a todos nós, pois quem não saberia falar de um amigo, um conhecido, ou mesmo de alguém da família que já tenha tentado ou cometido o suicídio? E quem de nós, em algum momento de adversidade, não pensou em sumir, em morrer, ou simplesmente, em acabar com o sofrimento? Porém, aprendemos que "Deus nos deu a vida e só Ele pode tirá-la de nós", como pregam as religiões cristãs. Além dos temores sutis, originados dos valores morais e religiosos, que, na Grécia, fizeram que se queimasse o corpo do suicida fora da cidade, distante de outros túmulos, e se decepasse a mão com que havia se matado e a queimasse separadamente (Alvarez, 1999), há também o medo da punição e o sentimento de culpa que permeiam o ato suicida até hoje.

Certamente estão na história as explicações para as atitudes e os valores que geralmente as sociedades conservam em relação à morte voluntária. No entanto, além de toda a influência do contexto histórico, social e cultural na construção dos significados e representações do suicídio ao longo das civilizações, há um aspecto, bem lembrado por Camus (1943/1970), que é a dimensão existencial. Ela se relaciona às perguntas do ser humano quanto à sua origem, ao seu destino e ao porquê de viver. Para esse filósofo, lembrado toda vez que se fala do tema, o suicídio deveria ser a principal questão da filosofia, pois, subjacente à morte voluntária, está o sentido da vida. Por que viver? Para quê? Viver não seria um grande absurdo, uma vez que não sabemos por que vivemos, a não ser que a vida tenha algum sentido para nós? E uma vez lançados no mundo, devemos dar um sentido à vida, senão o absurdo que é a vida humana surge de forma evidente. E quando não encontramos uma razão ou motivos que nos façam pensar que viver vale a pena, como lidar com a desesperança e com o vazio da existência? É nesse momento que o suicídio surge como uma alternativa de saída da vida, quando esta se torna uma grande carga de sofrimento e a morte acena com a possibilidade de alívio para uma existência pesada e vazia de sentidos.

Neste trabalho pretendemos discutir o suicídio no nosso país, e para isso nos basearemos em dados estatísticos e em estudos pertinentes ao tema. A seguir, pensaremos alternativas de prevenção e de intervenção para esse ato que tanto sofrimento causa aos seus protagonistas e sobreviventes, visando contribuir para o manejo e enfrentamento do fenômeno.

SITUAÇÃO DO SUICÍDIO E DAS TENTATIVAS DE SUICÍDIO (TS) NO MUNDO E NO BRASIL

Do suicídio

Quando se trata de verificar a prevalência de determinado mal, fenômeno ou doença em uma sociedade ou contexto social, certamente não existe um critério mais objetivo do que os números. Entretanto, eles não são suficientes para demonstrar a magnitude e os significados psicossociais de um evento em determinada cultura. Senão, vejamos a situação do fenômeno do suicídio mundialmente, em comparação com o Brasil e entre alguns estados das regiões Sul, Sudeste e Nordeste. A escolha dessas regiões deve-se ao fato de que os estados de São Paulo e Rio Grande do Sul detêm os maiores índices de suicídio. Já o foco em alguns estados do Nordeste resulta de pesquisas que temos desenvolvido no Rio Grande do Norte, que têm se constituído, portanto, referências para nossos estudos sobre essa temática.

O suicídio inclui-se nas Taxas de Mortalidade por Causas Externas, ao lado dos homicídios e mortes por acidentes de trânsito, ou seja, as mortes violentas. Segundo a Organização Mundial de Saúde (2001), anualmente, em todo o mundo, um milhão de pessoas comete o suicídio, e entre dez e vinte milhões tentam matar-se. Segundo o World Health Organization (WHO, 2007), os países da Europa Oriental detêm as maiores taxas de suicídio. Em 2004, a Rússia apresentou uma taxa de 61,6 suicídios de homens para cada 100 mil habitantes. A Hungria, em 2003, teve 44,9 óbitos para cada 100 mil habitantes, também entre os homens, enquanto que no Sri Lanka, em 1991, os suicídios de homens representaram 44,6 de TME[14]. É importante lembrar que há uma tendência mundial de o suicídio ocorrer mais entre os homens. Uma das poucas exceções ocorre na China – em algumas áreas rurais e urbanas, segundo o WHO (2007), onde se observa que as mulheres, no ano de 1999, apresentaram uma taxa maior de suicídios (14,8) do que os homens (13,0).

No Brasil, o número de suicídios vem aumentando significativamente, principalmente entre jovens e adultos jovens. No ano de 2000, segundo o Sistema de Informações sobre Mortalidade do Ministério da Saúde (SIM, 2006), o total de suicídios no país, em todos os sexos e faixas etárias, foi de 6.780 mortes, representando uma taxa de 3,99 óbitos para cada 100 mil habitantes. Esses números nem de longe se aproximam das taxas observadas nos países da Europa mencionados tampouco das de outros países da Ásia ou mesmo daqueles da Europa com taxas mais baixas. Entretanto, o suicídio no Brasil já é considerado uma questão de saúde pública, o que mostra que nem sempre as estatísticas correspondem ao real significado de um dado fenômeno; nesse caso, do suicídio em nosso país. No mesmo ano, em 2000, São Paulo foi o estado que apresentou um número maior de suicídios: 1.413, o que significa 3,82 para cada 100 mil habitantes. Na região Nordeste, o Ceará apresentou o maior número, 275 (3,47 para cada 100 mil habitantes), enquanto o Rio Grande do Norte teve 85 ocorrências (3,06 para cada 100 mil habitantes).

Se tomarmos como base o período de 1990 a 2000, no Brasil (SIM-MS, 2006), temos uma visão mais ampla desse fenômeno num maior espaço de tempo. Vejamos os números na Tabela 1, com os estados das regiões mencionadas, os quais apresentam as maiores taxas.

---

[14] TME (Taxa de Mortalidade Específica) é o índice obtido da proporção entre o número de óbitos e cada 100 mil habitantes da população residente.

Tabela 1 – BRASIL – PERÍODO: 1990-2000

País-Estado	Óbitos	TME – 100.000
Brasil	Total: 67.345	3,93
SP	16.412	4,69
RS	9.990	9,49
PE	2.825	3,47
RN	818	2,92

A tabela ressalta alguns aspectos e chama a atenção primeiramente ao número expressivo de pessoas que tiraram a própria vida nesse período, equivalente à população de uma cidade de pequeno porte: 67.345 pessoas. Se pensarmos que cada uma dessas mortes afeta, em média, de quatro a dez pessoas enlutadas – o que equivale a 673.450 pessoas –, como lembra Franco (2002), é possível imaginar o impacto que um suicídio provoca nas famílias, nos parentes e nos amigos. O suicídio implica muita dor, sofrimento, perguntas não respondidas e vergonha. Tamanha é a repercussão de uma morte dessa natureza, que na literatura encontramos o termo "sobreviventes" para nomear as pessoas ligadas ao suicida e aqueles que sobreviveram à tentativa.

Um segundo aspecto diz respeito aos estados de São Paulo e Rio Grande do Sul. Embora o primeiro apresente um número de óbitos mais significativo, quando aplicamos a TME, o Rio Grande do Sul detém uma taxa bem mais alta do que São Paulo. Nesse caso, é o fator proporcional entre o número de habitantes e o número de ocorrências o mais importante a ser observado. Por outro lado, enquanto no ano de 2000 o Ceará apresentou mais óbitos, na década 1990-2000, foi o estado de Pernambuco que passou a ocupar essa posição.

Um último aspecto refere-se aos achados da pesquisa desenvolvida por Dutra (1997, 2001b, 2006) nos laudos cadavéricos do Instituto Técnico de Polícia (ITEP) do Rio Grande do Norte, no mesmo período, que mostra um número distinto do que foi apresentado na tabela – 772 ocorrências, divergência esta já esperada, quando se trata de registros do suicídio. É oportuno lembrar que as informações sobre as estatísticas do suicídio, de uma maneira geral, apresentam grandes variações, em decorrência das dificuldades já apontadas em torno dessa temática. Uma das consequências de dessa dificuldade é que geralmente os dados são subestimados, não correspondendo à realidade. Essa ressalva também é apontada pelo Ministério da Saúde, mais especificamente, pelo SIM e por Cassorla (1994), entre outros.

Suicídio em relação à faixa etária

Quanto às idades mais vulneráveis ao suicídio, observa-se um aumento significativo do fenômeno entre jovens – 15 a 19 anos, adultos jovens e adultos com até 39 anos (Cassorla, 1984, 1991; Dutra, 1997, 1998; Souza; Minayo; Malaquias, 2002). Segundo Dutra (1998), o suicídio de jovens com idade entre 10 e 24 anos, no Rio Grande do Norte, evoluiu de 3 ocorrências em 1985 para 27 em 1996, o que representa um aumento de mais de 300% num período de onze anos.

Voltando ao período apresentado antes, 1990 a 2000, mas desta vez com foco na faixa etária de 15 a 19 anos (Tabela 2), chamam a atenção alguns aspectos. Desta feita, o estado de Roraima apresentou a maior TME; ou seja, 11,3 suicídios para cada 100 mil habitantes, embora o registro de óbitos apresente apenas 31 mortes em números absolutos. No entanto, a despeito do número absoluto ter sido baixo e considerando a população residente, a quantidade de óbitos tem bastante significância. Este também é o caso do Rio Grande do Sul, que, comparado ao estado de São Paulo, com um número maior de óbitos, apresenta um índice bastante elevado em relação à população, de 6,78 óbitos para cada 100 mil habitantes. Pernambuco, o estado nordestino que detém as taxas mais altas de suicídio na região, tem o equivalente a 25 suicídios por ano de jovens com idades entre 15 e 19 anos. Vale lembrar que Pernambuco está entre os estados mais violentos e apresenta um número significativo de homicídios de jovens nessa faixa etária. Já no Rio Grande do Norte, os estudos de Dutra (1997, 2001b, 2006) evidenciam 172 suicídios de jovens com idades entre 15 e 24 anos (22% do total de ocorrências) nesse mesmo período.

Tabela 2 – BRASIL – PERÍODO: 1990-2000
FAIXA ETÁRIA: 15-19 ANOS

Estado	Óbitos	TME – 100.000
SP	1.353	3,79
RS	647	6,78
PE	257	2,81
RN	49	1,61
RR	31	11,3

Considerando, agora, a faixa etária de 15 a 39 anos (Tabela 3), observamos, com exceção do estado de Roraima, que todos os índices (TME) aumentaram. Isso quer dizer que cresceu o número de suicídios de jovens com mais de 19 anos. No Rio Grande do Norte, em estudos realizados nos laudos cadavéricos do ITEP, Dutra (1997; 2001b; 2006) verificou, no mesmo período e na faixa etária dos 25 a 40 anos, que aconteceram 292 suicídios, representando 38% do total de ocorrências. Um dado preocupante é que se somarmos esses percentuais, de 38% aos 22%, referentes à faixa etária dos 15 aos 24 anos, citados anteriormente, veremos que a maioria dos suicídios nesse período, no Rio Grande do Norte, foi de jovens e adultos com 15 a 39 anos de idade: um total de 60%.

Tabela 3 – BRASIL – PERÍODO: 1990-2000
FAIXA ETÁRIA: 15-39 ANOS

Estado	Óbitos	TME – 100.000
SP	10.239	6,25
RS	4.367	9,91
PE	1.415	4,52
RN	441	3,83
RR	129	10,46

Com relação ao método e à idade, há variações e influência da cultura onde ocorrem. Por exemplo, segundo o SIM/MS (2006), no ano de 2002, a faixa etária em que ocorreu maior número de óbitos no país foi de 70 a 75 anos, o que corresponde a quase 16 mortes para cada 100 mil habitantes. Esta também é a taxa do Rio Grande do Sul, no mesmo ano. No Rio Grande do Norte, diferentemente, o suicídio de pessoas com idade acima de 60 anos teve 11 ocorrências (14%).

Em segunda posição, no Brasil, está a faixa etária entre 45 e 49 anos, com taxas em torno de 12 óbitos para cada 100 mil habitantes. Diferentemente do Rio Grande do Norte, em que os estudos realizados por Dutra (1997; 2001b; 2006), já mencionados, constataram que as pessoas entre 24 e 35 anos foram as que mais cometeram suicídio; somando-se estas à faixa etária de 15 a 24 anos, teremos a grande maioria de jovens e adultos jovens vítimas do fenômeno no estado.

Quanto ao método utilizado, como já apontamos, este também sofre influências culturais. Dados do SIM-MS (2006) mostram que entre 1996 e 2002 41% dos homens que se suicidaram o fizeram por enforcamento; em segundo lugar, 19%, pesticidas e produtos químicos foram mais utilizados. Em relação às mulheres, 43,8% usaram arma de fogo e 34% se enforcaram. São resultados um pouco distintos daqueles encontrados por Dutra (1997; 2001b; 2006), cujos estudos mostraram que o enforcamento é o método mais usual, tanto entre os homens quanto entre as mulheres, sendo a arma de fogo o segundo método, para os homens, e o grande queimado (colocar fogo no corpo) o segundo, para as mulheres.

Das tentativas de suicídio (TS)

As características sociodemográficas da população que tenta suicídio são distintas das da população que consuma o ato, sendo esta uma tendência mundial. Sabe-se que homens e solteiros cometem mais suicídio do que as mulheres.

Estudos realizados em países da Europa e nas Américas, inclusive no Brasil, revelam que são as mulheres, jovens – geralmente com menos de 30 anos – e solteiras, as que mais tentam se matar. Cassorla, 1985; Dutra, 1998b, 1998c, 2000; Miranda; Queiroz, 1991; Nunes, 1988; Teixeira; Luis, 1997 confirmam esse dado. De maneira geral, no Brasil, segundo registros no MS-SIM (2006), os medicamentos são mais usados por 48% dessas jovens, enquanto 25% preferem os pesticidas e produtos químicos. Resultados semelhantes também foram encontrados por Dutra (1998b) no Rio Grande do Norte.

Segundo alguns autores, entre eles Cassorla (1991), para cada suicídio consumado existiriam de 8 a 10 vezes mais o número de tentativas. Em jovens na faixa etária de 15 a 24 anos, essa proporção seria de 50 a 120 tentativas para cada suicídio realizado (Cassorla, 1987). Outro dado preocupante é a constatação de que a chance de suicídio aumenta quando há mais de uma tentativa.

Entre as características demográficas e psicossociais da população que tenta o suicídio em Campinas, São Paulo, segundo Cassorla (1984; 1985), estão a desagregação familiar, perturbações emocionais e depressão, iniciadas desde a infância.

Dutra (2000) também encontrou resultados semelhantes em pesquisa realizada com adolescentes na cidade de Natal, no Rio Grande do Norte. As jovens que participaram da pesquisa revelaram sentimentos de baixa autoestima, de abandono, ausência de suporte familiar e desagregação familiar.

Quanto ao método utilizado nas tentativas de suicídio, os estudos de Nunes, 1988; Oliveira, 1997; Dutra, 1998b; 2000 e outros verificaram que o uso de medicamentos é o mais comum, seguido, geralmente, pelos venenos (agrotóxicos, produtos domésticos etc.). Outro método também muito frequente é a utilização de alguma dessas substâncias associada à bebida alcoólica. Pesquisando as tentativas de suicídio em um hospital geral do Rio Grande do Norte, o maior da rede pública de saúde, Dutra (1998b) constatou que no ano de 1997 ocorreram 244 tentativas de suicídio. Destas, 62,3% foram cometidas por mulheres, contra 35,7% de homens. Esses dados corroboram resultados obtidos pela maioria dos estudiosos das tentativas de suicídio, que mostram que as mulheres são as que mais tentam o suicídio, através da ingestão de medicamentos.

Botega e colaboradores (1995) verificaram, em estudo realizado num pronto-socorro de um hospital universitário, que a clientela atendida em consequência de tentativa de suicídio tinha, em média, 27 anos; e 70,5% eram do sexo feminino e a maioria residia em zona urbana. A ingestão de medicamentos ocorreu em 73% dos casos. Quanto aos motivos, as pessoas pesquisadas relataram a ocorrência de uma briga com pessoa próxima no mês que antecedeu à tentativa de suicídio. Os autores (Botega *et. al*, 1995, p. 24) observaram que os pacientes atendidos "tiveram o ato precipitado por situações de crise, envolvendo discussões e rompimento com pessoas significativas para o paciente. Frequentemente, isso ocorreu em um contexto em que se mesclam dificuldades de ordem pessoal, familiar e social".

Werneck e colaboradores (2006), pesquisando sobre tentativas de suicídio num hospital do Rio de Janeiro, verificaram que a ingestão de pesticidas e de medicamentos ocorreu igualmente para mulheres e homens. O estudo mostra que 21% dos pacientes atendidos por TS haviam procurado algum serviço de saúde no mês anterior ao ato, e 46% dos 149 pacientes tinham história na família de TS. Os principais motivos apontados foram os conflitos familiares e separações de pais e namorados. Com isso, o autor aponta como preditores de TS uma história prévia da própria pessoa ou de alguém da família e o uso de medicamentos psicoativos.

Kotila e Lonnquist (1987), citados por Miranda e Queiroz (1991), mostraram que os adolescentes que tentaram suicídio mais de uma vez vinham de famílias mais pobres e mal integradas, com problemas de adaptação decorrentes de desordens de personalidade, e estiveram em tratamento psiquiátrico.

Borges e Werlang (2006) investigaram a ideação suicida em estudantes de Porto Alegre, com idades entre 15 e 19 anos. Os resultados mostraram que dos 526 adolescentes participantes da pesquisa, 36% apresentaram ideação suicida, 36% desses jovens apresentaram sintomas de depressão e 28,6% de desesperança (moderada e/ou grave). O estudo também mostrou que foram as meninas as mais relacionadas à ideação suicida. A depressão e os sentimentos de desesperança também foram relacionados à ideação suicida.

Todas essas informações, estatísticas e taxas visam ilustrar e trazer, objetiva e numericamente, uma realidade que acontece todo dia, às vezes bem perto de nós, embora, frequentemente, de uma forma ou de outra, tentemos mascarar e negar e relutemos em considerar que qualquer um de nós, em algum momento de nossa vida, pode desejar sair desse mundo. Diante de todos esses dados, algumas questões se impõem: o que faz alguém querer morrer? Quais são os fatores de risco para o suicídio e as tentativas de suicídio? O que acontece com o mundo que vem aumentando o número de jovens que se matam a cada dia? São perguntas que dificilmente terão respostas conclusivas e definitivas, até porque o suicídio e as condutas autodestrutivas podem ser abordados de várias maneiras, dependendo de quem as olha e do campo do saber de onde parte esse olhar. Como já é sabido por quem estuda essa temática, o único consenso entre os suicidologistas é de que o suicídio é multideterminado. Não existe, portanto, uma causa ou somente um motivo que possa ser apontado como o responsável pela morte voluntária de alguém. O que ocorre, segundo a opinião de vários estudiosos, entre eles Cassorla (1991) e Cassorla e Smeke (1994), é que o suicídio acontece quando se une determinado tipo de personalidade a um fator ambiental. A despeito dessa ideia, alguns aspectos são considerados de risco, de acordo com os estudos já realizados a esse respeito, principalmente no que se refere aos jovens.

Essa população representa o maior grupo de risco, considerando-se que o suicídio e as tentativas de suicídio têm aumentado significativamente não só no Brasil, mas em todo o mundo. O estresse em jovens universitários, a depressão e a desesperança, os conflitos familiares, o abuso de drogas, os transtornos mentais, a pobreza e a desigualdade social são alguns dos principais fatores de risco associados ao suicídio e às condutas autodestrutivas, aos quais iremos nos deter mais a seguir.

FATORES DE RISCO RELACIONADOS AO SUICÍDIO E A TENTATIVAS DE SUICÍDIO

Estresse, abuso de drogas, comportamentos autodestrutivos

Os Estados Unidos, que detêm uma das maiores taxas de suicídio e de tentativas de suicídio, têm produzido estudos extensos e bastante significativos sobre o suicídio e as tentativas de suicídio de jovens. De acordo com estudos desenvolvidos pelo Suicide Prevention Resource Center-SPRC (2004) entre estudantes universitários com idade entre 20 e 24 anos, o suicídio é a terceira causa de morte, e o homicídio, a segunda, no país. Os serviços de aconselhamento dos *campi* universitários têm detectado um aumento na procura do serviço pelos estudantes. Os dados coletados mostram a prevalência de depressão e de ideação suicida entre os alunos (Brener; Hassan; Barrios, 1999).

Por sua vez, ainda nos Estados Unidos, um consórcio de 36 centros de aconselhamento detectou, entre estudantes de várias universidades, aumento de ansiedade e medo, distúrbios de alimentação, abuso de álcool e outras drogas, raiva e hostilidade entre colegas. Esse estudo também encontrou significativo aumento no impacto da violência e na dinâmica familiar, aumento da depressão e de desordens bipolares. Estudos demográficos foram desenvolvidos por Silverman e colaboradores (1997) sobre os suicídios nos *campi* universitários americanos, com estudantes de graduação e pós-graduação entre 1980 e 1990. O maior número de suicídios ocorreu entre estudantes de 20 a 24 anos (46%), entre alunos de graduação (32%).

Um estudo de treze anos foi realizado por pesquisadores da Kansas University, no período de 1989 a 2001, entre 13 mil estudantes que haviam procurado o serviço de aconselhamento. Os estudiosos observaram que os estudantes sofriam de mais estresse, mais ansiedade e mais depressão do que há uma década. O aumento, segundo os pesquisadores, foi dramático, uma vez que o número de suicídios triplicou.

Outros pesquisadores verificaram que o estresse entre os estudantes se relacionava com a *performance* acadêmica. Corroborando a ideia, os estudos de Kitzrow (2003) mostraram que "problemas de saúde mental têm um impacto negativo na *performance* acadêmica, na permanência e nas taxas de conclusão" (p. 171).

O abuso de substâncias, em particular o álcool, também atinge a saúde do estudante e o seu desempenho acadêmico. Wechsler, Lee, Kuo e Lee (2000) relatam que 44% dos estudantes se definem como "grandes bebedores". O National Institute on Alcohol Abuse and Alcoholism (NIAAA, 2002) relata que em torno de 1.400 estudantes morrem a cada ano de doenças relacionadas ao abuso de álcool.

Para o SPRC (2004), o suicídio tem sido descrito como o final de um *continuum* que começa com a ideação, segue com o planejamento e a preparação do suicídio e termina com a tentativa e o suicídio completo (Kachuer; Potter; Powel; Rosenber, 1995).

Em relação aos estudos desenvolvidos com estudantes no Brasil, os universitários do curso de medicina têm sido o principal objeto das pesquisas que focalizam as condutas autodestrutivas, em razão da grande prevalência de suicídio e de tentativas de suicídio nessa população. No Brasil, Meleiro (1998) constatou que estudantes de medicina, assim como profissionais médicos, apresentam altas taxas de suicídio e de TS.

Na região Sudeste do país, Miranda e Queiroz (1991) investigaram a prevalência de pensamentos suicidas e de tentativas de suicídio entre estudantes de medicina e observaram que, dos 875 alunos pesquisados, 37% já haviam pensado em suicídio e 2,3% o haviam tentado pelo menos uma vez. Eles também observaram que 2,3% das tentativas de suicídio cometidas pelos pesquisados em seu estudo aconteceram quando eles tinham entre 15 e 19 anos (as mulheres) e antes dos 15 anos (os homens). Quanto ao método, a maioria utilizou substâncias tóxicas; em segundo lugar, precipitação de lugares elevados.

Por sua vez, Cordás e colaboradores (1988), entre outros, também pesquisaram alunos de medicina de três faculdades do estado de São Paulo e verificaram que dos 168 estudantes pesquisados, 44% tiveram ideação suicida e, entre estes, 6 haviam tentado suicídio. Esse estudo ainda relaciona a ideação com a tentativa de suicídio e o "atendimento psicológico/psiquiátrico prévio".

Em Natal, capital do Rio Grande do Norte, Dutra (2005) investigou a ideação e tentativa de suicídio entre estudantes de uma universidade pública, do único curso de medicina existente no momento da pesquisa, e verificou, entre os 152 estudantes pesquisados, que apenas 0,7% (1 aluno) havia cometido tentativa de suicídio. Entretanto, o estudo encontrou outros resultados, como o uso e abuso de álcool pela maioria dos estudantes, inclusive pelas mulheres; um número significativo (25%) de alunos que pensam em se matar, além da presença de estados depressivos entre eles. Quanto ao baixo número de tentativas de suicídio, somente uma autora contraria os resultados dos estudos mencionados anteriormente. Dutra (2005b, p. 297) sugere que "tal resultado não afasta a preocupação em relação à saúde mental desses jovens; primeiro, pelo fato de o 'suicídio' ser um tema polêmico, ainda tabu, o que pode fazer com que o pesquisado não responda de forma sincera à pergunta feita". Por outro lado, o estudo mencionado não contemplou os alunos do último período do curso, em função da dificuldade de contatá-los devido às diferentes atividades acadêmicas que o último ano impõe ao estudante, não permitindo que esses alunos, ao final do curso, e por isso mais sujeitos ao estresse dos últimos anos, fossem pesquisados.

Curiosamente, Dutra (1998c), investigando a ideação e as tentativas de suicídio num curso de psicologia de uma universidade pública em Natal, encontrou resultados mais preocupantes do que aqueles evidenciados na pesquisa realizada com estudantes de medicina. A amostra foi constituída por 144 alunos do curso, matriculados entre o primeiro e o décimo períodos, num universo em torno de 250 alunos. Os resultados mostraram que do total de alunos pesquisados, 4,9% (7 pessoas) haviam tentado suicídio. Esse resultado evidencia a pouca atenção que se dá a esses futuros profissionais de saúde no que se refere à sua saúde mental e, consequentemente, à sua capacitação, profissionais que poderão atuar em situações e contextos em que condutas autodestrutivas estejam presentes.

Alguns fatores de risco do suicídio e das tentativas de suicídio foram identificados nos estudos realizados tanto em outros países como no Brasil, principalmente com jovens estudantes. Fatores como transição de vida, ou seja, deixar a casa dos pais para frequentar a universidade, pode exacerbar as dificuldades psicológicas. Deixar a família e entrar num ambiente não familiar, com altos padrões acadêmicos, pode causar depressão ou altos níveis de angústia. O estresse, assim, é um fator significativo em qualquer modo de entender o comportamento suicida. Uma perda interpessoal, um grande conflito com um parente, namorada ou namorado estão presentes em muitas histórias de tentativas de suicídio e de suicídio. Essa compreensão, aliada a um senso de responsabilidade, torna o adolescente mais suscetível ao estresse relacionado à escola, aos estudos ou a problemas sociais. Nessa fase de desenvolvimento, eles podem antecipar o impacto do seu comportamento todo o tempo, o que faz que as questões sejam percebidas como uma possível causa de estresse e de problemas futuros e assim precipitar atos autodestrutivos na população adolescente.

Estudos sobre estresse têm sido frequentes na literatura científica, inclusive no Brasil. Lipp e Tanganelli (2002) estudaram o estresse ocupacional entre magistrados e verificaram que a maioria sofria do mal. Por sua vez, Calais, Andrade e Lipp (2003) investigaram o estresse em adultos jovens, relacionando-o à escolaridade e ao sexo. O estresse, para as autoras, é definido como "uma reação intensa do organismo frente a qualquer evento bom ou mau que altere a vida do indivíduo. Essa reação ocorre, em geral, frente à necessidade de adaptação exigida do indivíduo em momentos de mudança" (p. 257). O estudo mostrou que os estudantes de pré-vestibular são os que mais sofrem de estresse, seguidos do terceiro ano do ensino médio e dos alunos do primeiro ano do nível superior. Por sua vez, Câmara, Sarriera e Pizzinato (2004), num estudo sobre jovens desempregados, observaram que, diferentemente dos demais jovens, estes apresentavam sentimentos de autodesvalorização e riscos de depressão e apatia, os quais poderiam levá-los a comportamentos antissociais e ao desprezo pela vida.

Grande parte desses estudos ressalta a importância de investigar melhor o lugar do estresse, da angústia e do sofrimento psíquico dos estudantes universitários e como esses fatores de risco podem favorecer as condutas autodestrutivas.

Tristeza, depressão, drogas e transtornos mentais

A depressão tem sido denominada o "mal do século", tamanha é a sua incidência na população. Não raro, tem sido confundida com tristeza. De qualquer maneira, a depressão é considerada um dos mais graves fatores de risco para o suicídio. A depressão está incluída, segundo o CID-10 e o DSM-IV, nos Transtornos Mentais, e é considerada, portanto, uma doença mental. Entretanto, percebe-se, muitas vezes, que a depressão é mal diagnosticada e confundida com tristeza ou um mal-estar existencial. Temos refletido, nos últimos anos, sobre a cultura do narcisismo, as posturas *fast-foods* que adotamos não só em relação aos alimentos, mas também em relação ao modo de viver nos dias atuais. A vida apressada, a busca desenfreada da felicidade – não faltam "pílulas da alegria" que, cada vez mais sofisticadas, são produzidas pelas indústrias farmacêuticas; além da busca da juventude e do corpo perfeito – as cirurgias plásticas não nos deixam mentir. Estas, as cirurgias plásticas estéticas, são as responsáveis por colocar nosso país na lista dos que mais as realizam. Portanto, nessa cultura imediatista e capitalista em que vivemos e que se expande para outros países – basta ver a ocidentalização de países como China e Japão, cujos índices de suicídio são altíssimos –, tal cultura prevalece, de uma maneira geral, e na maior parte do mundo. Assim, não há lugar para a tristeza. A angústia, a tristeza, o mal-estar que o viver provoca, já que essas emoções e esses sentimentos fazem parte da condição humana, não são bem-vindos nem compreendidos no mundo contemporâneo. Há de ser competente, ágil, falar diversos idiomas, ser alegre, manter-se "sarado", jovem e fagueiro. Quando muito, adentrar, de forma feliz e exuberante, a terceira idade, ou "melhor idade", como se, ao criar uma nova nomenclatura para o envelhecimento, fosse possível amenizar a angústia que acompanha o processo natural de envelhecimento e que completa o ciclo da vida, com a morte.

Com esse olhar, unimo-nos a alguns autores, como Cassorla e Smeke (1994), Mello (2000), Lima (2004) e tantos outros, que afastam a relação de causalidade entre suicídio e doença mental. Como afirma Mello (2000), em estudo realizado com pacientes atendidos em emergência psiquiátrica após tentativa de suicídio, "as tentativas de suicídio nem sempre expressam doença mental subjacente e que fatores sociais e individuais podem exercer papel decisivo" (p. 1). Ao mesmo tempo, Cassorla e Smeke (1994) ressaltam a natureza complexa da autodestrutividade e dizem, com o que nós concordamos, que os estudos quantitativos, epidemiológicos etc. não refletem a complexidade envolvida nesses atos nem apreendem os significados que cada pessoa, com a sua história de vida e os sentidos que atribui à sua existência, nos permite compreender acerca do desejo de deixar a vida.

A psiquiatria, de uma forma geral, tende a associar o suicídio à doença mental, o que é questionável, segundo opinião de Mello (2000). Tal ideia, que relaciona o suicídio a um transtorno psiquiátrico, é significativamente adotada pela maioria das pessoas, reforçando os estigmas e preconceitos que se observa, ainda hoje, em relação ao suicídio e às tentativas de suicídio. Para muitos, o suicídio é sinal de loucura, delírio, desajustamento. Pensar dessa forma, por outro lado, nos protege da angústia de considerar a morte uma saída para a vida, para um não querer viver, ou seja, considerar que o suicídio pode, muitas vezes, resultar de uma decisão racional e consciente.

O abuso de álcool e de outras drogas também está muito relacionado à morte voluntária. E não só estas significam, antes de tudo, uma violência que alguém comete contra si mesmo, mas também os comportamentos e atos em que a violência está presente: acidentes de trânsito, violência contra a mulher, no lar etc. Na verdade, podemos, assim como Cassorla (1991; 1994), pensar num "componente suicida das sociedades" (1994, p. 3). Pois, na realidade, vivemos, cada vez mais, mergulhados num mundo extremamente violento. Violência moral, psicológica e física, da qual testemunhamos diariamente nas páginas dos jornais, em nossas tevês e no dia a dia, pois sempre existe alguém a contar uma estória de assalto, roubo ou morte. Convivemos com toda essa violência e geralmente não reagimos. Ao contrário, protegemo-nos dentro de casa, limitamos o nosso direito de ir e vir. E assim matamo-nos um pouco; ou melhor, suicidamo-nos.

O abuso de drogas relaciona-se estreitamente à violência, seja de forma direta ou indireta. Os índices de Mortalidade por Causas Externas mostram que as mortes no trânsito estão em primeiro lugar nas estatísticas brasileiras, seguidas dos homicídios e suicídios. Constata-se que a maior parte das mortes no trânsito envolve o álcool. Segundo a Secretaria de Vigilância em Saúde (SVS, 2006), entre os anos de 1993 e 2002, os acidentes de trânsito provocaram a morte de 32.730 pessoas nas ruas e estradas brasileiras, representando 25,7% de todas as mortes por causas externas registradas naquele ano. O uso abusivo de bebidas alcoólicas, a alta velocidade e as condições precárias dos veículos e das estradas são as principais causas associadas aos acidentes. Nesse momento é oportuno abordarmos alguns aspectos referentes aos acidentes, às mortes por *overdose* e a algumas mortes naturais.

Cassorla (1991; 1994) denomina gestos suicidas e suicídio inconsciente aqueles comportamentos e condutas nos quais é possível aventar a presença de uma autodestrutividade, mesmo que inconsciente. É o caso de alguém que se embriaga e dirige em alta velocidade; ou do indivíduo, por exemplo, que sofre de enfisema pulmonar e continua a fumar; ou mesmo da pessoa que muito se acidenta, envolve-se em situações perigosas etc. Segundo o autor, podemos pensar que algumas dessas situações denotam autodestrutividade, a qual pode se expressar em gestos, pensamentos e ideias e culminar no suicídio. Porém, é preciso deixar claro que é impossível afirmar que todo acontecimento dessa natureza significa, necessariamente, um desejo inconsciente de morrer.

Um estudo de Barrios, Everett, Simon e Brener (2000) mostrou que há relação entre suicídio, depressão e abuso de álcool e outras drogas. Os autores verificaram que aqueles estudantes que relataram ideação suicida eram mais propícios a portarem armas, se envolverem em brigas, nadarem embriagados, dirigirem embriagados e raramente usavam cinto de segurança. Todos esses estudos, em parte ou em sua totalidade, se assemelham aos resultados encontrados nas pesquisas brasileiras, em relação aos fatores de risco. Constata-se que a depressão, o uso de drogas, entre elas o álcool, as famílias desagregadas etc. têm uma relação próxima com as condutas autodestrutivas.

No que importa aos adolescentes, sabemos que a adolescência é uma fase de desenvolvimento em que o jovem busca uma identidade adulta, elabora os lutos da perda da infância e busca se afirmar no mundo. Por isso, é um momento de vulnerabilidade às influências sociais, de amigos e também de drogas, principalmente se estiver com problemas pessoais e familiares. O Centro Brasileiro de Informações sobre Drogas Psicotrópicas da Universidade Federal de São Paulo (CEBRID, 2004) constatou uma tendência no crescimento do consumo de drogas entre os jovens, principalmente as inalantes, a cocaína e o *crack*. No entanto, o álcool e o tabaco ainda são as drogas mais utilizadas. Tal é a gravidade desses dados, que muitos estudiosos têm se voltado para a prevenção desses fatores de risco do suicídio (Weiss; Hufford, 1999; Niaaa, 2002; Waters; e Dutra, 2006).

Quanto à depressão e à tristeza, Benincasa e Rezende (2006) apresentam estudos com adolescentes que mostram que o jovem quer ser ouvido. Não ser ouvido foi uma das principais queixas dos adolescentes participantes dessa pesquisa. Porém, o que mais chamou a atenção nesse estudo foi o aspecto apontado por eles como o mais relacionado ao suicídio: a tristeza. Para os jovens pesquisados, o suicídio seria consequência da tristeza. Entretanto, Bahls (2002) acredita que, embora o suicídio se constitua uma das principais preocupações da saúde pública, na maioria das vezes os casos não são identificados nem encaminhados para tratamento. Essa observação também é feita por Dutra (1998b), ao realizar pesquisas sobre TS no maior hospital da rede pública do RN. No estudo, constatou-se que nenhuma das pessoas que atendidas no setor de urgência e emergência, em consequência de uma TS, havia sido encaminhada para um profissional de saúde mental, segundo consta nos prontuários pesquisados.

Por sua vez, os estudos de depressão em crianças e adolescentes são recentes. Basta dizer que até a década de 1970 se acreditava que a depressão de crianças e jovens era rara. Segundo Bahls (2002), só se reconheceu a depressão em crianças e adolescentes em 1975, quando o Instituto Nacional de Saúde Mental (NIMH) oficialmente admitiu o fato. Atualmente, são inúmeros os estudos sobre a depressão em crianças e adolescentes, na tentativa de definir, caracterizar esse mal e, assim, produzir um saber que favoreça formas mais eficazes de prevenção (Bahls, 2002; Dutra, 2001; Gibbons; Hur, Bhaumik; Mann, 2006; Lima, 2004; Oquendo *et al.*, 2007).

Bahls (2002) considera que "a depressão maior na infância e adolescência apresenta natureza duradoura e pervasiva, afeta múltiplas funções e causa significativos danos psicossociais" (p. 360). O autor ainda diz que embora o DSM-IV e o CID-10 afirmem que os sintomas da depressão em crianças e adolescentes são os mesmos dos adultos, outros autores, entre os quais Calderaro e Carvalho, (2005), Cassorla (1987, 1991), Chabrol (1990), Dutra, (2001) sugerem que esses sintomas variam de acordo com a fase de desenvolvimento, principalmente entre crianças e adolescentes. Em crianças com menos de seis anos a depressão comumente se manifesta por meio de sintomas físicos. Dores de cabeça e abdominais, fadiga e tontura são comuns (Bahls, 2002). Ou seja, as queixas são predominantemente físicas, seguidas de ansiedade, fobias, agitação psicomotora, irritabilidade, diminuição do apetite e alteração do sono. Ainda são apontados comportamentos agressivos e autodestrutivos contra si e os outros. Embora se considere ausentes a ideação e tentativa de suicídio entre crianças, principalmente pelo fato de ainda não serem capazes de verbalizar suas emoções, autores como Cassorla (1984), Dutra (2001; 2002) e Calderaro e Carvalho (2005), entre outros, apontam alguns comportamentos que sugerem a presença de ideação suicida e gestos autodestrutivos. Por exemplo, quando a criança costuma se morder, engole objetos perigosos com frequência, bate a cabeça na parede repetidamente, além da tendência de sofrer acidentes. Certamente não se deve interpretar esses comportamentos e gestos como sinais inquestionáveis de ideação ou tentativa de morte pela criança, mas não há dúvidas de que podem ser um sinal de alerta. Já as crianças com idade entre sete e doze anos muitas vezes conseguem expressar emoções e sentimentos, os quais geralmente são relatados como tristeza, apatia, choro fácil e fadiga. Na escola, é frequente observar queda no rendimento da criança (Dell'Aglio; Hutz, 2004), pouca concentração, além de queixas somáticas, perda de peso e alterações do sono.

Pobreza e desigualdade social

Quando falamos em suicídio e em tentativas de suicídio, consideramos a saúde mental das pessoas e da população. No entanto, não só a saúde mental deve ser ressaltada, mas sim a saúde, de uma maneira geral, de acordo com a concepção da OMS, que considera a saúde não somente a ausência de doença, mas o completo bem-estar físico, mental e social. Portanto, não é possível ignorar as condições sociais, econômicas e culturais do contexto em que as mortes por suicídio ocorrem. Certamente, como já é do conhecimento dos estudiosos do suicídio, esse fenômeno ocorre em todas as culturas, classes sociais e econômicas distintas, o que nos leva a reiterar a ideia de que não é possível apontar, de forma determinística, uma só causa ou condição social responsável por esse ato. Por outro lado, também não podemos ignorar o fato de que uma sociedade que exclui os cidadãos do sistema educacional e de saúde e que elimina as oportunidades de uma melhor qualidade de vida é também uma sociedade que favorece a perda de sentido de vida e, desse modo, reforça, em algumas pessoas, o desejo de não mais viver. Nesse sentido, pensamos no nosso país, que apresentou um Índice de Desenvolvimento Humano (IDH), segundo o relatório da Organização das Nações Unidas (ONU, 2006), de 0,792, ocupando o 69º lugar entre 177 países. Embora, no último relatório, divulgado em 2007, o país tenha alcançado uma leve evolução no IDH, o Brasil permanece, ainda hoje, com milhões de cidadãos analfabetos, com a maioria da população vivendo em cidades sem esgoto sanitário e no qual somente uma pequena parcela da população jovem alcança o ensino universitário. Um país com taxa de mortalidade infantil entre os 20% mais ricos, de 15,8, enquanto que entre os 20% mais pobres essa taxa representa o dobro: 34,9, segundo o UNICEF (2004). No que se refere às crianças e aos adolescentes fora da escola, no ano de 2000, 20,1 estão entre os 20% mais pobres da população, enquanto somente 4,1 fazem parte dos 20% mais ricos (UNICEF, 2000). São 70 milhões de pobres e 20 milhões de miseráveis; 46,9% da renda estão nas mãos dos 10% mais ricos e 0,7% da renda encontra-se entre os mais pobres. Por outro lado, esse quadro se agrava ao sabermos que dezesseis crianças são assassinadas por dia no Brasil.

No Nordeste, está o maior bolsão de pobreza. Nessa região, o IDH é 0,517. Em Natal, capital do Rio Grande do Norte, por exemplo, o IDH é 0,705; ou seja, próximo ao índice do país, o que mostra que as cidades menores, do interior do estado e da região, portanto, as mais pobres, são as mais prejudicadas, nos quesitos qualidade de vida e desenvolvimento humano. No que se refere aos índices de violência nesse mesmo estado, somente no mês de julho de 2005, 28 jovens foram mortos em Natal, segundo dados do ITEP. A maioria dessas mortes foi de pessoas desempregadas e moradoras das regiões mais pobres da cidade. Esses dados tornam o Brasil um dos países mais desiguais do mundo. E tal realidade não deixa de influenciar e determinar, muitas vezes, o nível de saúde mental e de cidadania da população. E, consequentemente, o modo de viver e de morrer das pessoas.

Esse contexto psicossocial e econômico é o cenário de onde as estatísticas apresentadas acerca do suicídio se originam. Por isso não é possível desvincular as ocorrências de suicídio da sociedade em que esse ato ocorre. Como também não é possível desvincular os aspectos sociais, econômicos e culturais de quaisquer outros fenômenos psicossociais e comportamentais dos indivíduos de determinada sociedade. Essa questão, inclusive, tem relação com a subjetividade, tão focalizada nos estudos acadêmicos, principalmente nos últimos anos, ao se pensar no papel que os determinantes sociais representam na constituição das subjetividades. É pertinente pensarmos em algumas questões quanto aos protagonistas dessa população excluída socialmente: Como será conviver com o fosso social que existe neste país sem perder o equilíbrio emocional? Como se sentirão esses jovens que vivem nos sinais de trânsito, limpando para-brisas e convivendo com a desigualdade no seu dia a dia, com os carros luxuosos, com motoristas bem-vestidos, relógios importados e tudo o mais que evidencia a má distribuição de renda e a desigualdade entre as pessoas neste país? Como conter o desejo de consumo, de uma vida melhor, e manter-se numa posição de equilíbrio, de honestidade, sem perder o controle, roubar ou se envolver na criminalidade? Não seria essa realidade que exclui muitos de um projeto de vida minimamente humano e de uma vida decente, um dos fatores responsáveis pela violência no Brasil e, consequentemente, também, por muitas condutas autodestrutivas?

Contudo, essa falta de sentido que transparece nos atos de autoextermínio não é exclusiva das pessoas pobres ou das que vivem na marginalidade, excluídas socialmente. Se assim fosse, países como o Canadá, que possui um dos maiores IDH, não teria as estatísticas de suicídio que apresenta. No entanto, como já ressaltamos, não podemos ignorar a questão conjuntural de nosso país, a qual pode ser considerada o principal aspecto influenciador da violência, inclusive a autoviolência, como o suicídio; como também a impunidade, a falta de educação, enfim, a ausência de uma boa qualidade de vida. Tomando como base essa realidade, podemos afirmar que a pobreza, a desigualdade social e a má distribuição de renda constituem-se fatores de risco para as condutas autodestrutivas, pelo menos no que se refere ao nosso país.

É POSSÍVEL PENSAR EM PREVENÇÃO AO SUICÍDIO?

Sim, é possível. Tanto é assim que o Ministério da Saúde criou a Portaria GM n. 2.542 de 22/12/2005, a qual institui um grupo de trabalho com o objetivo de elaborar e implantar a Estratégia Nacional de Prevenção ao Suicídio. Tal plano visa criar uma rede nacional, envolvendo a sociedade civil, as instituições e os poderes públicos, com o objetivo de implementar estratégias para prevenir o suicídio e as condutas autodestrutivas. A iniciativa do Ministério da Saúde atende à necessidade de pensar mais concreta e objetivamente em alternativas para diminuir as altas estatísticas de suicídio no Brasil, o qual já se tornou uma questão de saúde pública. Não restam dúvidas de que a iniciativa do MS chega num momento oportuno, considerando-se o aumento das mortes por suicídio no Brasil. No nosso entendimento, esta é a mais importante estratégia de prevenção ao suicídio em nosso país, uma vez que resulta do reconhecimento, pelos poderes públicos oficiais, de que o suicídio é um fenômeno que tem de ser encarado realisticamente e abordado de forma séria, fundamentada em estudos científicos; portanto, distante dos mitos e preconceitos que cercam tal fenômeno e que só retardam seu enfrentamento.

PENSANDO ESTRATÉGIAS DE PREVENÇÃO E INTERVENÇÕES

Retomando as ideias apresentadas anteriormente, pensamos que não há nada mais urgente em nosso país do que a necessidade de corrigirmos o rumo que a violência, a pobreza e a desigualdade social – a despeito de todos os projetos sociais do governo em andamento impõem à maioria da população brasileira. Ou seja, a prevenção passa, necessariamente, pela correção dos rumos e das prioridades das políticas governamentais, principalmente no sentido de priorizar a *educação* e a *saúde* da população. É justamente por pensarmos nessa perspectiva que consideramos que uma melhor saúde – no sentido amplo do termo – exige, necessariamente, melhores condições: de acesso à saúde, à educação, melhores condições de moradia, de emprego e chances de poder pensar num projeto de vida; ou seja, o que a maior parte da população brasileira precisa é de cidadania. De respeito à condição humana. E isso é válido não só quando focalizamos a questão do suicídio, mas também quaisquer outras. Certamente uma pessoa com fragilidades emocionais, vivendo num contexto social desfavorável como o que vimos comentando até então, terá mais probabilidades de não mais desejar viver. Entretanto, como dito anteriormente, essa realidade, por si só, não é suficiente para constituir-se o principal motivo ou condição para que alguém deseje morrer. Se assim fosse, países de Primeiro Mundo não conviveriam com o suicídio. Temos de considerar, igualmente, os aspectos subjetivos que compõem a história de vida de cada pessoa. Além disso, é necessário que se pense em termos de políticas públicas de saúde, de iniciativas de cunho educacional, social, entre outras.

Em termos de **políticas públicas de saúde**, consideramos que é preciso atuar em várias dimensões:

a) Fortalecer programas de promoção de saúde, prevenção e intervenção. Isso significa não só informações sobre o suicídio, formas de prevenção etc., mas também a capacitação de profissionais de saúde para prestarem um atendimento adequado, desvinculado dos preconceitos e resistências que, muitas vezes, o permeiam.

b) Valorizar e manter a presença do profissional de psicologia no sistema público de saúde, uma vez que a especificidade desse profissional, em nossa opinião, é ouvir o outro, sua subjetividade, independente de sua atuação. E no que se refere ao suicídio e às tentativas de suicídio, o que sempre estará em evidência é o sofrimento psíquico do sujeito.

c) Implantação de atendimentos de plantão psicológico nos serviços públicos de saúde, inclusive, e principalmente, nos setores de urgência e emergência dos hospitais da rede pública. Consideramos essa modalidade de atendimento de extrema importância, por consistir uma forma de escuta no momento da urgência e emergência, sem agendamento, e que visa acolher o sofrimento psíquico da pessoa no momento em que ela necessita. Diferentemente de um processo psicoterápico, o plantão psicológico exige que um psicólogo, devidamente capacitado, exercite uma escuta acolhedora e ajude a pessoa a sair do atendimento com uma percepção mais clara dos significados do seu sofrimento e mais consciente das suas demandas psíquicas; e, se necessário, encaminhá-la para um atendimento psicoterápico ou de outra natureza. Isso não quer dizer que o atendimento consista numa triagem. Ao contrário, o plantão psicológico não objetiva somente selecionar ou triar a pessoa e a sua queixa, visando a um encaminhamento adequado. Essa modalidade é um atendimento realizado no momento da emergência de um sofrimento psíquico e que se fundamenta em princípios teóricos e metodológicos, já discutidos anteriormente (Dutra, 2004; 2005a; Melo; Dutra, 2007), que não cabe aprofundar aqui. Apenas ressaltamos a importância desse serviço como uma modalidade de atenção psicológica que atenda às necessidades de adequação da clínica psicológica às demandas sociais e psíquicas de nosso tempo.

d) Elaborar cartilhas educativas sobre os gestos, condutas e ações de autodestrutividade, para que a população encare a questão do suicídio como um problema de saúde pública e assim possa participar de forma mais efetiva de campanhas e ações preventivas e consiga cuidar melhor dos que estão ao seu redor.

Outras iniciativas de cunho social também são extremamente importantes quando se pensa em prevenção do suicídio. Um melhor controle na comercialização e no uso de substâncias tóxicas é uma necessidade, quando se pretende diminuir as ocorrências de suicídio e de TS. Isso porque um grande número de mortes por autoextermínio decorre do uso de substâncias como venenos de rato, agrotóxicos e alguns tipos de medicamentos vendidos livremente, para qualquer pessoa, sem que haja qualquer controle sobre isso nos estabelecimentos comerciais. Se houvesse uma fiscalização mais rigorosa na venda de determinados produtos, sem esquecer as bebidas alcoólicas e outras drogas, principalmente aos menores de idade, certamente muitas mortes seriam evitadas.

Outro aspecto importante é a prevenção e o tratamento dos transtornos mentais. Embora nosso país já conte com programas de atenção à saúde mental, ainda são insuficientes os serviços de atenção básica a esse problema e, principalmente, de serviços de atendimento nos casos de suicídio e de tentativas de suicídio; estes ainda são inexistentes na rede básica de saúde pública. Atualmente só contamos com o Centro de Valorização da Vida (CVV), que presta assistência, por contato telefônico, às pessoas que necessitam de escuta para seu sofrimento.

Na dimensão da **subjetividade**, esta é ainda mais complexa, quando se pensa em termos de prevenção ao suicídio. Quem pode afirmar que se conhece profunda e definitivamente e que jamais aventará a possibilidade de suicídio? No entanto, os estudos que se debruçam sobre esse fenômeno humano, embora, em sua maioria, não apontem para um perfil do suicida nem para causas determinantes, apresentam alguns aspectos que sempre se fazem presentes nas histórias de pessoas que vivenciaram uma experiência de quase morrer. É o que nos mostram estudos realizados por inúmeros autores, entre eles Cassorla (1984, 1985), Dutra (2000), Mioto (1994) e tantos outros. No que se refere à identificação de gestos e sinais que podem sugerir uma ação autodestrutiva, já tivemos oportunidade de chamar a atenção para os aqueles que, geralmente, as pessoas que pensam em morrer, de uma forma ou de outra, emitem (Dutra, 2002, p. 80) e que consideramos oportuno repetir aqui:

Fique atento aos sinais[15]:

- Ameaçar, falar ou brincar sobre suicídio;
- Preocupações com a morte e o morrer; desfazer-se de objetos pessoais, despedir-se das pessoas;
- Mudanças bruscas de comportamento, nos cuidados com a higiene pessoal;
- Distanciamento dos amigos e da família;
- Sinais de depressão: choro constante, mudança nos hábitos alimentares e transtornos do sono; pouca disposição e baixa energia para atividades usuais (perda de interesse pelas atividades de esporte, sociais); pouca capacidade de concentração;
- Abuso de drogas e álcool;

---

[15] Informações baseadas em orientações sugeridas por The American Association of Suicidology e distribuídas pelo SIEC (Suicide Information and Education Centre) (Calgary, Alberta, Canadá, 1977).

- Envolvimento em situações de risco, ilegais, fugas de casa, da escola, promiscuidade sexual, impulsividade, comportamentos rebeldes, destrutivos;
- Perdas recentes ou sucessivas de pessoas queridas;
- Tentativa de suicídio anterior;
- Sentimentos excessivos de culpa, desamparo, desesperança e baixa autoestima.

Se a maioria desses sinais persistirem por algum tempo, representam motivo de preocupação.

Como ajudar:

- Ouvir! Encoraje a pessoa a falar sobre seus problemas e a expressar seus sentimentos;
- Leve a sério seus problemas e sentimentos;
- Fale diretamente sobre suicídio;
- Se você está preocupado com a segurança da pessoa, não a deixe sozinha;
- Se não puder desenvolver esse plano de ajuda, procure intervenção de emergência: serviço de atendimento de crise, de saúde mental, polícia, ambulância, hospital;
- Vá com a pessoa a um profissional de ajuda: médico, psiquiatra, psicólogo.

Ao mesmo tempo, e de maneira geral, ressaltamos a necessidade de as pessoas estabelecerem relacionamentos mais positivos e cuidadosos com os outros. Isso significa, antes de tudo, cultivar relações mais próximas, principalmente com aqueles que nos são mais significativos e para os quais exercemos um papel importante, sejam eles quem for. No entanto, refiro-me, principalmente, às crianças e aos jovens, sejam eles nossos filhos, netos, amigos ou alunos. É preciso que prestemos mais atenção ao que se passa ao nosso redor. Muitas vezes, vivemos com uma pessoa, na mesma casa, e não a conhecemos, não temos ideia do que se passa com ela. Primeiro porque vivemos num mundo em que a pressa nos ordena que façamos inúmeras coisas ao mesmo tempo. A necessidade de consumo, de viver bem, com alegria e prazer, ou seja, a cultura que impregna o mundo contemporâneo, de eficiência e prazer, leva-nos a considerar um "tempo vago" ou "ocioso" um tempo inútil. A sensação de perda de tempo surge sempre que interrompemos alguma atividade de nosso interesse para ouvir alguém que está triste, com um problema, ou simplesmente quando iniciamos um relacionamento, de qualquer natureza, e precisamos de tempo para conhecer a pessoa e cultivar essa relação. E assim as pessoas vão se fechando, junto a os seus problemas. Pois não é certo incomodar alguém para falar de problemas e assuntos desagradáveis. Isso fica para os profissionais *psi*, uma vez que, sendo pagos, eles não deverão reclamar, pois é sua obrigação. Por isso os consultórios estão cheios, os laboratórios farmacêuticos cada vez mais ricos e as pessoas mais ansiosas, deprimidas, sofrendo de solidão, de síndrome do pânico e infelizes porque lhes falta algo que o remédio, a roupa de grife ou a cirurgia estética não preenchem. Parece que as pessoas perderam o bom hábito da conversa, do bate-papo, da comunicação simples e amiga, ou seja, da boa convivência. E, ironicamente, jamais tivemos tantos avanços nos meios de comunicação quanto neste século XXI. Conseguimos acompanhar as notícias em tempo real, podemos nos comunicar e até nos relacionar amorosamente com alguém do outro lado do mundo, além de podermos obter todas essas informações e meios de comunicação em um aparelho que cabe na palma da mão, como o *palm*. No entanto, nunca as pessoas estiveram tão solitárias, tão intolerantes e tão perdidas de si mesmas. Até as psicoterapias vivem a fase da eficiência, realizadas em tempo breve e antecipadamente planejadas. Como se o homem fosse uma máquina a ser programada para funcionar bem, o que significar viver sem sofrimentos e infelicidades.

    Infelizmente, nada poderá tornar o ser humano uma criatura de felicidade plena e permanente, em função da angústia que representa viver, existir, como já acreditavam alguns dos mais importantes filósofos da contemporaneidade, como Nietzsche, Heidegger e Sartre. Não há como fugir da condição de finitude que acompanha o viver humano, geradora de angústia e inquietude. Dessa angústia não nos livraremos jamais. Porém, além dessa condição de angústia, o homem constitui-se, originariamente, segundo a ontologia heideggeriana, como um ser-com, um ser-no-mundo, o que significa dizer que o homem não vive só. Ele só se constitui no mundo sendo-com-o-outro, e para isso ele precisa ser re-conhecido enquanto singularidade, enquanto um si-mesmo. Entretanto, ocorre que manter o que em mim é próprio e, ao mesmo tempo, não perder o outro, é o grande conflito que todos nós vivemos. O sofrimento de muitas vezes não vivermos nossa própria experiência, mais verdadeira, em função de e pelo amor do outro, é o que resulta desse conflito. E desse modo caímos em um modo-de-ser impróprio, como nos lembra Heidegger (1927/1999), o que pode favorecer a falta de sentido, o não ser; assim, o desespero e o desejo de sair do sofrimento podem se apresentar em forma de suicídio. O nosso objetivo aqui não é aprofundarmos essas questões nesse momento, limitamo-nos a sinalizar essas ideias, já discutidas com mais propriedade anteriormente (Dutra, 2000; 2004).

    Essas considerações reafirmam a ideia de que, embora reconheçamos a dificuldade de prever os atos e comportamentos humanos, acreditamos que, na maioria das vezes, é possível evitar que alguém cometa o ato do desespero final, que é o suicídio. Sim, porque longe de pensarmos se o suicídio seria covardia ou coragem, acreditamos que ele representa, antes de qualquer coisa, um ato de desespero. E embora tenhamos dito da impossibilidade de conhecer total e definitivamente alguém ou mesmo a nós próprios; de não ser possível prever determinado comportamento ou modo-de-ser dessa pessoa, uma vez que somos devir e um vir-a-ser constante, é possível perceber quando uma pessoa vive um sofrimento intenso e, desse modo, ajudá-la a superar esse momento de desespero. Para isso é necessário prestar atenção aos seus gestos, sinais e expressões de sofrimento. Porque estes sempre existirão. Só precisamos decifrar códigos e interpretar os pedidos de socorro e de ajuda que geralmente são emitidos por alguém em desespero. Enfim, é necessário, somente, o exercício do cuidado e da solicitude, como sugerem as ideias heideggerianas.

Como a desesperança é o sentimento e estado de espírito mais presente nos atos suicidas, é libertador pensarmos que uma palavra de esperança, acolhedora e compreensiva pode ser restauradora e ajudar alguém a retomar a sua caminhada na vida. E isso pode acontecer por meio de um gesto de alguém que se interesse pelo outro, por alguns minutos de escuta, ou por uma disponibilidade, sincera e verdadeira, de ajuda. Um pequeno gesto pode representar, para alguém que se perdeu nas vicissitudes da vida, a sinalização de um sentido, de uma direção aonde ir, de vida, enfim. E para aquele que ajuda, a certeza de realizar possibilidades e confirmar a vocação humana para a solicitude, condição esta inerente ao ser-no-mundo.

REFERÊNCIAS

ALVAREZ, A. (1929) *O Deus Selvagem*: Um estudo do suicídio. Trad.: S. Moreira. São Paulo: Companhia das Letras, 1999.

BAHLS, S. Aspectos clínicos da depressão em crianças e adolescentes. *Jornal de Pediatria*, vol. 78, n. 5, 2002, p. 359-366.

BARRIOS, L.; EVERETT, S.; SIMON, T.; BRENER, N. Suicide ideation among U.S. college students: associations with other injury risk behaviors. *Journal of the American College Health Association*, vol. 48, 2000, p. 229-233.

BENICASA, M.; REZENDE, M. M. Tristeza e suicídio entre adolescentes: fatores de risco e proteção. *Boletim de Psicologia*, vol. 56, n. 124, 2006, p. 93-110.

BORGES, V. R.; WERLANG, B. S. G. Estudo de ideação suicida em adolescentes de 15 a 19 anos. *Estudos de Psicologia*, vol. 11, n. 3, 2006, p. 345-351.

BOTEGA, N. J.; CANO, F. O.; KOHN, S. C.; KNOLL, A. I.; PEREIRA, A. B.; BONARDI, C. M. Tentativa de suicídio e adesão ao tratamento: um estudo descritivo em hospital geral. *Jornal Brasileiro de Psiquiatria*. vol. 44, n. 1, 1995, p. 19-25.

BRASIL. Ministério da Saúde. Secrataria de Vigilância Sanitária em Saúde. *Banco de dados dos sistemas de informação sobre a mortalidade e nascidos vivos 1998 a 2004*. 2006.

BRASIL. Ministério da Saúde. *Sistema de Informações sobre Mortalidade*. Disponível em: www.tabnet.datasus.gov.br/cgi/idb2006/matriz.htm. Acesso em: 21 de novembro de 2007.

BRENER, N.; HASSAN, S.; BARRIOS, L. Suicidal ideation among college students in the United States. *Journal of Consulting and Clinical Psychology*, vol. 67, 1999, p. 1004-1008.

CALAIS, S. L.; ANDRADE, L. M. B.; LIPP, M. E. N. Diferenças de sexo e escolaridade na manifestação de stress em adultos jovens. *Psicologia: Reflexão e Crítica*, vol. 16, n. 2, 2003, p. 257-263.

CALDERARO, R. S. dos S.; CARVALHO, C. V. de. Depressão na infância: um estudo exploratório. *Psicologia em Estudo*, vol. 10, n. 2, Maringá, p. 181-189, maio /ago. 2005.

CAMUS, A. *O mito de Sísifo*. Trad.: U. T. Rodrigues. Lisboa: LBL, 1970.

CASSORLA, R. M. S. Jovens que tentam suicídio. Características demográficas e sociais. Um estudo comparativo com jovens normais e com problemas mentais (I). *Jornal Brasilero de Psiquiatria*, vol. 33, n. 1, 1984, p. 3-12.

_____. Jovens que tentam suicídio. Relacionamento social, gravidez e abortamentos. Um estudo comparativo com jovens normais e jovens com problemas mentais (III). *Jornal Brasileiro de Psiquiatria*, vol. 34, n. 3, 1985, p. 151-156.

_____. Comportamentos suicidas na infância e adolescência. *Jornal Brasileiro de Psiquiatria*, vol. 36, 3, 1987, p. 137-144.

_____. (Org.). *Do suicídio:estudos brasileiros*. Campinas, SP: Papirus, 1991.

CASSORLA, R. M. S.; SMEKE, E. L. M. Autodestruição humana. *Cadernos de Saúde Pública*, vol.10, supl.1, Rio de Janeiro, 1994.

CENTRO BRASILEIRO DE INFORMAÇÕES SOBRE DROGAS PSICOTRÓPICAS. *V Levantamento Nacional sobre o consumo de drogas psicotrópicas entre estudantes do Ensino Fundamental e Médio da Rede Pública de ensino nas 27 capitais brasileiras*. São Paulo: Departamento de Psicobiologia da Escola Paulista de Medicina da Universidade Federal de São Paulo, 2004.

CHABROL, H. *A depressão do adolescente*. Campinas – São Paulo, [s.n.], 1990.

CORDÁS, T. A.; SENDACZ, A. M.; GONZÁLES, D.; TOSSOLI, A. L.; BERNARDI, A.; MIZRAHI, E. I.; LEEUW, L. L. L. Ideação e tentativa de suicídio em uma população de estudantes de Medicina. *Revista ABP – APAL*, vol. 10, n. 3, 1988, p. 100-102.

DELL'AGLIO, D. D.; HUTZ, C. S. Depressão e desempenho escolar em crianças e adolescentes institucionalizados. In: *Psicologia*: reflexão e crítica, v. 17, n. 3, 2004, p. 351-357.

DUTRA, E. M. S. Estudo epidemiológico do suicídio no RN no período 1985-1996. In: 50ª REUNIÃO DA SPBC, *Resumos de Comunicações Científicas*, Natal, 1997.

_____. Características epidemiológicas do suicídio de jovens de 10 a 24 anos no RN. In: REUNIÃO ANUAL DE PSICOLOGIA, *Resumos de Comunicações Científicas*, Ribeirão Preto: Sociedade de Psicologia de Ribeirão Preto, 1998, p. 27.

_____. *Características epidemiológicas das tentativas de suicídio no RN no ano de 1997*. (relatório de pesquisa apresentado à Pró-Reitoria de Pesquisa da UFRN). 1998b.

_____. *Ideação e tentativa de suicídio entre estudantes de psicologia*. (relatório de pesquisa apresentado à Pró-Reitoria de Pesquisa da UFRN). 1998c.

_____. *Compreensão de tentativas de suicídio de jovens no enfoque da Abordagem Centrada na Pessoa*. 2000. 195 p. Tese (Doutorado em Psicologia). Universidade de São Paulo. São Paulo.

_____. Depressão e suicídio em crianças e adolescentes. *Mudanças: Psicoterapia e estudos psicossociais*, São Bernardo do Campo, vol. 9, n. 15, p. 27-35, jan. /jun. 2001.

_____. *Epidemiologia do suicídio no RN: 1980 a 1984 e 1997 a 1999*. (relatório de pesquisa apresentado à Pró-Reitoria de Pesquisa da UFRN). 2001b.

_____. Comportamentos autodestrutivos em crianças e adolescentes. Algumas orientações que podem ajudar a identificar e prevenir. In: HUTZ, C. S. (Org.). *Situações de risco e vulnerabilidade na infância e adolescência*: aspectos teóricos e estratégias de intervenção. São Paulo: Casa do Psicólogo, 2002, p. 52-82.

_____. Considerações sobre as significações da psicologia clínica na contemporaneidade. *Estudos de Psicologia*, Natal, vol. 9, n. 02, 2004, p. 381-388.

_____. Plantão psicológico no pronto-socorro de um hospital geral no RN. In: ANAIS *do IV Congresso Norte-Nordeste de Psicologia*, Salvador, 2005a.

_____. Ideação e tentativa de suicídio entre estudantes de medicina da UFRN e profissionais de saúde da rede pública de Natal. In: BORGES, L. O. (Org.). *Os profissionais de saúde e seu trabalho*. São Paulo: Casa do Psicólogo, 2005b, p. 281-298.

_____. *Epidemiologia do suicídio no RN*: 2000 a 2003. (relatório de pesquisa apresentado à Pró-Reitoria de Pesquisa da UFRN). 2006.

FRANCO, M. H. P. *Estudos avançados sobre o Luto*. Campinas: Livro Pleno, 2002.

GIBBONS, R. D.; HUR, K.; BHAUMIK, D. K.; MANN, J. J. A relação entre taxas de prescrição de antidepressivos e taxa de suicídio entre adolescentes. *American Jornal of Psychiatry*, vol. 163, 2006, p. 1898-1904.

HEIDEGGER, M. *Ser e Tempo*. Vol. I e II. 8. ed. Petrópolis: Vozes, 1999.

KACHUR, S.; POTTER, L.; POWEL, K.; ROSENBERG, M. Suicide: epidemiology, prevention, treatment. *Adolescent Medicine: State of the Art Review*, vol. 6, n. 2, 1995, p. 171-182.

KITZROW, M. The mental health needs of today's college students: challenges and recomendations. *NASPA Journal*, vol. 41, n. 1, 2003, p. 165-179.

KOTILA, L.; LONNQUIST, J. Adolescents who make suicide attempts repeatedly. In: MIRANDA, P. S. C.; QUEIROZ, E. A. Pensamento suicida e tentativa de suicídio entre estudantes de Medicina. *Revista ABP – APAL*, vol. 13, n. 4, 1991, p. 157-160.

LIMA, D. Depressão e doença bipolar na infância e adolescência. *Jornal de Pediatria*, vol. 80, n. 2, sup. 11-20, Rio de Janeiro, 2004.

LIPP, M. E. N.; TANGANELLI, M. S. Stress e qualidade de vida em magistrados da Justiça do Trabalho: diferenças entre homens e mulheres. *Psicologia: Reflexão e Crítica*, vol. 15, n. 3, 2002, p. 537-548.

MELEIRO, A. M. A. S. Suicídio entre médicos e estudantes de medicina. *Revista da Associação Médica Brasileira*, vol. 44, n. 2, 1998, p. 135-140.

MELLO, M. F. de. O suicídio e suas relações com a psicopatologia: análise de seis casos de suicídio racional. *Cadernos de Saúde Pública*, vol. 16, n. 1, Rio de Janeiro, jan. /mar. 2000.

MELO, S.; DUTRA, E. Implantação do serviço de plantão psicológico em instituições do município de Natal: um relato de experiência. In: ANAIS do V Congresso Norte-Nordeste de Psicologia, Maceió, 2007.

MINAYO, M. C. S. A autoviolência, objeto da sociologia e problema de saúde pública. *Cadernos de Saúde Pública*, Rio de Janeiro, vol. 14, n. 2, abr. /jun. 1998.

MIOTO, R. C. T. *Famílias de jovens que tentam suicídio*. 1994. Tese. UNICAMP. Campinas.

MIRANDA, P. S. C.; QUEIROZ, E. A. Pensamento suicida e tentativa de suicídio entre estudantes de medicina. *Revista ABP – APAL*, vol. 13, n. 4, 1991, p. 157-160.

NATIONAL INSTITUTE ON ALCOHOL ABUSE AND ALCOHOLISM. Changing the culture of campus drinking. *Alcohol Alert*, vol. 58, 2002.

NUNES, S. V. Atendimento de tentativas de suicídio em um hospital geral. *Jornal Brasileiro de Psiquiatria*, vol. 37, n. 1, 1988, p. 39-41.

OLIVEIRA, M. L. F. de; NISHIYAMA, P.; STEINMACHER, D. I.; RAMOS, B. S.; SALMAZO, J. C.; ITINOSE, A. M.; SILVA, A. A.; MACHINSKI JUNIOR, M. Análise epidemiológica das tentativas de suicídio atendidas pelo Centro de Controle de Intoxicações de Maringá, no período de 1991-1994. *Psicologia em Estudo*, vol. 2, n. 2, 1997, p. 75-87.

Organização das Nações Unidas. *Relatório do Desenvolvimento Humano*, 2006. Disponível em: www.pnud.org.br/arquivos/rdh/rdh2006/rdh2006_IDH.pdf. Acesso em: 15de janeiro de 2008.

OQUENDO, M. A.; BONGIOVI-GARCIA, M. E.; GALFALVY, H.; GOLDBERG, P. H.; GRUNEBAUM, M. F.; BURKE, A. K.; MANN, J. J. Diferenças de sexo nos preditores clínicos de atos suicidas após depressão maior: um estudo prospectivo. *American Jornal of Psychiatry*, vol. 164, 2007, p. 134-141.

SARRIERA, J. C. (Org.). *Psicologia Comunitária*: estudos atuais. 2. ed. Porto Alegre: Sulina, 2004.

SILVERMAN, M.; MEYER, P.; SLOANE, F.; RAFFEL, M.; PRATT, D. The big ten student suicide study. *Suicide and Life Threatening Behavior*, vol. 27, 1997, p. 285-303.

SOUZA, E. R. de.; MINAYO, M. C. S.; MALAQUIAS, J. V. Suicídio de jovens nas principais capitais do Brasil. *Cadernos de Saúde Pública*, Rio de Janeiro, vol. 18, n. 3, p. 673-683, maio /jun. 2002.

SUICIDE PREVENTION CENTER. *Promoting Mental Health and Preventing Suicide in College and University Settings.* U.S. Department of Health and Human Services, 2004

TEIXEIRA, A. M. F.; LUIS, M. A. V. Distúrbios psiquiátricos, tentativas de suicídio, lesões e envenenamento em adolescentes atendidos em uma unidade de emergência, Ribeirão Preto, São Paulo, 1988-1993. *Cadernos de Saúde Pública*, Rio de Janeiro, vol. 13, n. 3, jul. /set. 1997, p. 517-525.

TEIXEIRA, E. S. Ocorrência de suicídio na região sudoeste do Paraná. *Contato.* ano 17, n. 87, set. /out. 1997.

UNICEF. *Adolescentes de 12 a 17 anos fora da escola por nível de riqueza*, Brasil, 2000. Disponível em: www.devinfo.info/galleries/brazilchildequity/adolescencia/G040.htm. Acesso em: 15 de janeiro de 2008.

UNICEF. *Percentual de crianças pobres*, Brasil, 2004. Disponível em: www.unicef.org/brasil/wfc.htm. Acesso em: 15 de janeiro de 2008.

WATERS, T.; DUTRA, E. Agression direct inward: substance abuse, suicide, and self-harm. In: MCCARTHY, S. N.; HURTZ, C. S. (Orgs.) *Preventing teen violence. A guide for parents and professionals.* Westport: Praeger Publishers, 2006, p. 63-77.

WECHSLER, H.; LEE, J.; KUO, M.; LEE, H. College binge drinking in the 1990s: a continuing problem: results of the Harvard School of Public Health 199 College Alcohol Study. *Journal of American College Health*, vol. 48, 2000, p. 199-210.

WEISS, R. D.; HUFFORD, M. R. Substance abuse and suicide. In: JACOBS, D. G. (ed.) *The Harvard Medical School Guide to Suicide Assessment and Intervention.* San Francisco: Jossey-Bass Publisher, 1999, p. 300-310.

WERNECK, G. L.; HASSELMAN, M. H.; PHEBO, L. B.; VIEIRA, D. E.; GOMES, V. L. de O. Tentativas de suicídio em um hospital geral no Rio de Janeiro, Brasil. *Cadernos de Saúde Pública*, vol. 22, n. 10, Rio de Janeiro, p. 2201-2206, out. 2006.

WORLD HEALTH ORGANIZATION. Disponível em: www.who.int/mental_health/prevention/suicide_rates/en/index.html. Acesso em: 21 de novembro de 2007.

9

O QUE APRENDEMOS NOS ESTADOS UNIDOS COM A EXPERIÊNCIA DE INCLUSÃO DE ESTUDANTES MINORITÁRIOS NA UNIVERSIDADE: SUGESTÕES PARA APOIAR ESTUDANTES COTISTAS EM UNIVERSIDADES BRASILEIRAS

Aida Hutz, Bradley Midgett,
Maryl Baldridge[16]

Nos Estados Unidos, o estudo das questões multiculturais tem se destacado na literatura psicológica nas últimas décadas. As raízes da investigação envolvendo membros de grupos minoritários tendem a patologizar aqueles cujos antecedentes etnoculturais eram diferentes do branco, europeu-americano, heterossexual, de classe média ou alta. Como resultado, a profunda

---

[16] Aida Hutz é doutora em Aconselhamento Psicológico e professora do Counselor Education na Universidade de Boise State, Idaho, Estados Unidos. Também atua como adida cultural e consultora clínica para a Simple Projects, uma organização que atende comunidades em situação de risco e pobreza na Bahia, Brasil. Pode ser contactada através do e-mail: aidahutz@boisestate.edu. Bradley Midgett é mestre em Serviço Social pela Walla Walla University (Estados Unidos). Ele é o fundador e diretor da Simple Projects e atua também como terapeuta na Partnership, uma agência de saúde mental em Missoula, Montana (Estados Unidos). Maryl Baldridge é doutoranda na University of Montana, Estados Unidos, na área de Aconselhamento Psicológico e Saúde Mental no Programa de Aconselhamento Psicológico. Ela obteve bacharelado em Sociologia e Estudos Feministas na Universidade do Colorado (Estados Unidos).

desconfiança entre os grupos minoritários foi fomentada em direção ao muitas vezes chamado de *Establishment*, organizações, instituições, campos profissionais, ou de uma cultura global dominante que não leva em consideração cosmovisões diversas, como as de integrantes de minorias. Os sociólogos reconhecem que a pesquisa incidiu sobre um "modelo geneticamente deficiente" de indivíduos de grupos minoritários e mudou o foco para um "modelo culturalmente deficiente". Embora esta tenha sido uma tentativa bem intencionada de ver as minorias de uma forma menos negativa, seguia centrada na comparação entre os grupos minoritários e brancos, classificando os "brancos" como uma cultura superior. Atualmente, o movimento multicultural procura descrever e compreender a diversidade dos grupos sócio-raciais buscando revelar seus pontos fortes e, ao mesmo tempo, levantar o véu do privilégio dos "brancos", presente em todos os níveis da nossa sociedade (Sue; Sue, 2003; LaFountain; Bartos, 2002).

O foco deste capítulo é rever a literatura pertinente no que diz respeito ao processo de ajustamento dos indivíduos de grupos de minorias nas universidades, na tentativa de identificar importantes facetas da experiência universitária que podem aumentar as chances de sucesso para negros, pardos e indivíduos das classes socioeconômicas mais baixas, uma vez que eles são identificados como grupos relevantes que devem ser incluídos nas universidades brasileiras. O ajustamento na universidade é um processo psicossocial multifacetado que gera estressores nos estudantes e exige um conjunto de habilidades e estratégias de *coping* adequadas. Espera-se que todos os estudantes apresentem ou experienciem demandas de ajustamento nas seguintes áreas: (a) acadêmica; (b) social; (c) pessoal-emocional; e (d) apego à instituição (Baker; Siryk, 1989).

Além de experienciar as várias demandas de ajustamento que tendem a afetar todos os universitários, estudantes de minorias sócio-raciais enfrentam dificuldades específicas que não atingem a maioria dos estudantes. É importante observar que como na maioria das universidades nos Estados Unidos os estudantes tendem a ser majoritariamente brancos, europeu-americanos e pessoas de classe média, aqueles que pertencem a um grupo minoritário frequentemente enfrentam desafios únicos de ajustamento social (Kenny; Stryker, 1996). Dentre esses desafios estão: a percepção de um clima racialmente hostil (Hurtado; Carter, 1997; Schwitzer, Griffin, Ancis; Thomas, 1999), o sentimento de isolamento social (Schwitzer *et al.*, 1999; Smedley, Myers; Harrel, 1993) e um sentimento geral de incongruência com o ambiente universitário (Chavous, 2000).

Em suas publicações, especialistas em multiculturalismo (Sue, W.; Sue D.; Helms; Cartar e Constantine) apontaram que é importante levar em consideração tanto as variáveis intragrupos como as intergrupos ao abordar questões inerentes aos indivíduos que pertencem aos diferentes cenários culturais. Embora seja verdadeiro que há diferenças comuns entre os grupos sócio-raciais, é importante levar em consideração que seus membros são, em primeiro lugar, e principalmente, indivíduos, pessoas com experiências únicas de vida. Portanto, mesmo que nossa vontade seja aprender sobre a influência da raça e da cultura na experiência universitária, ainda devemos procurar entender cada estudante como um indivíduo único que é membro de um grupo em particular. Neste capítulo, vamos discutir como o ajuste etnocultural pessoa-ambiente e o desenvolvimento da identidade racial impactam no ajustamento dos integrantes de minorias dentro da universidade. Também vamos descrever programas universitários com o objetivo de apoiar os estudantes oriundos de minorias que frequentam escolas de maioria branca. Finalmente, procuraremos dar algumas sugestões para criação de serviços de apoio para esses alunos que ingressam agora nas universidades brasileiras.

DESENVOLVIMENTO DA IDENTIDADE ÉTNICA/RACIAL

O termo identidade étnica tem sido amplamente utilizado para estudar o relacionamento psicológico entre um indivíduo e seu próprio grupo sócio-racial (Phinney, 1990). Aspectos dessa relação incluem observações e a internalização das respostas que culturas dominantes (brancos, europeu-americano, classes média e alta e heterossexuais) emitem com relação a grupos sócio-raciais minoritários e, consequentemente, a internalização das facetas positivas e negativas de seus próprios grupos. Um resultado positivo da internalização leva frequentemente a um sentimento de pertencer, enquanto que uma visão negativa pode levar à rejeição e à negação de seu próprio grupo sócio-racial (Phinney, 1990).

Houve três grandes cenários conceituais para o estudo de identidade étnica. O primeiro a ser descrito é a teoria da identidade social. Psicólogos sociais afirmam que para manter o sentimento de bem-estar, as pessoas precisam identificar-se com o grupo e desenvolver um sentimento de pertencer (Phinney, 1990; Phinney; Alipuria, 1990). Segundo Tajfel (1978), indivíduos oriundos de minorias enfrentam um desafio especial quando as culturas dominantes possuem percepções negativas sobre eles. Isso pode ocorrer em um nível consciente ou inconsciente, e o comportamento pode ser dissimulado ou ostensivo (Sue Sue, 2002). Essas percepções geralmente têm resultado negativo na identidade étnica e produzem baixo autorrespeito (Tajfel, 1978). Por isso, buscando melhorar seu *status*, indivíduos tentam se identificar com a maioria, membros da cultura dominante, e rejeitam seu próprio grupo. No entanto, não é uma opção para aqueles que são racialmente diferentes da maioria (Tajfel, 1978). Uma alternativa mais saudável é desenvolver orgulho próprio e se identificar com aspectos exclusivos do seu grupo sócio-racial (Cross, 1978).

O segundo cenário a ser descrito é o da aculturação. O conceito de identidade cultural perderia seu significado se um único grupo étnico estivesse isolado, sem interagir com outros grupos sócio-raciais. Em outras palavras, a identidade étnica é estudada quando existe o contato entre diferentes grupos (Phinney, 1990). No entanto, uma distinção tem de ser feita entre aculturação e identidade étnica. Aculturação lida com mudanças nos valores culturais, comportamentos e atitudes que ocorrem quando duas culturas entram em contato. O enfoque está na forma como grupos minoritários ou de imigrantes se relacionam com a cultura majoritária (Phinney, 1990). Por outro lado, o foco da identidade étnica está no indivíduo, acima do grupo. Phinney (1990) indica que a identidade étnica pode ser vista como um aspecto de aculturação. Entretanto, o foco está em como o indivíduo se relaciona com seu próprio grupo dentro do contexto influenciado pela cultura dominante (isto é, a cultura dominante consciente e inconscientemente percebe o resultado do comportamento com relação os grupos de minorias). Um modelo vê identidade étnica como um *continuum*, em que a aculturação leva a um enfraquecimento da identidade étnica, enquanto que uma forte identidade étnica leva a uma fraca aculturação. Outro modelo sugere que existem quatro grupos extremos nos quais os indivíduos podem: (a) ter forte identificação com seus próprios grupos e com o grupo dominante; (b) ter forte identificação com seu próprio grupo e fraca identificação com o grupo dominante; (c) ter fraca identificação com seu próprio grupo e forte identificação com o grupo dominante; e (d) ter fraca identificação com seu próprio grupo e também com o grupo dominante (Phinney, 1990). As implicações da investigação relacionam-se com as formas com que o indivíduo se identifica com seu grupo ao longo do tempo, e como isso se relaciona com o bem-estar psicológico e o ajustamento social (Phinney, 1990). Em uma situação ideal, um indivíduo pertencente a um grupo minoritário pode ter forte identificação com seu grupo cultural e sentir-se pertencente em um ambiente com predominância de indivíduos brancos e de classes média e alta – como é o caso na maioria das universidades.

O terceiro cenário a ser descrito é o da formação da identidade étnica. Phinney (1990) descreve a formação da identidade étnica como um processo de desenvolvimento que "ocupa espaço ao longo do tempo, à medida que as pessoas tomam decisões sobre a influência da etnia em suas vidas" (Phinney, 1990, p. 502). Alguns modelos foram desenvolvidos para grupos minoritários específicos, como o modelo de identidade racial de Helms que é a extensão do modelo conceitual de consciência negra de Cross. Adicionalmente, Kim (1981) desenvolveu um modelo de identidade asiático-americano, e Arce (1981) desenvolveu o modelo de identidade *chicano*.

O desenvolvimento da teoria de identidade racial de Helms foi proeminente na literatura, com forte suporte empírico, como Carter, DeSole, Sicalides, Glass, e Tyler, 1997; Carter e Constantine, 2000; Carter e Helms, 1987; Brookings, 1994; Pyant e Yanico, 1991; Taylor e Howard-Hamilton, 1995; McCowan e Alston, 1998; Taub e McEwen, 1992; Carter, 1991; Mitchell e Dell, 1992; Pope, 1998; 2000. Helms propôs modelos de desenvolvimento de identidade racial negra e branca. Os pressupostos subjacentes do modelo são os seguintes: (a) em uma sociedade em que prêmios e punições são dispensados de acordo com um uma ostensiva classificação racial de grupos, indivíduos internalizam um racismo que fundamenta a sua vantagem (se eles são brancos) ou desvantagem (se eles não o são); (b) por causa das diferenças entre as recompensas de grupos raciais, ao fazer parte de um grupo, o indivíduo cria um aspecto crítico em sua identidade psicossocial; (c) o desenvolvimento saudável da identidade ocorre por um processo de maturação no qual a pessoa aprende a substituir definições internas e padrões raciais de identidade por definições externas ou sociais impostas; e (d) o processo de maturação potencialmente envolve aumento e sofisticações das diferenciações do ego, chamado de "ego status" (Helms, 1994, p. 126).

Helms lembra que embora o processo de exploração seja semelhante, o conteúdo dos estatutos para indivíduos negros e brancos é diferente devido aos poderes existentes nos grupos sócio-raciais nos Estados Unidos (Helms, 1984). O modelo de desenvolvimento da identidade racial negra de Helms é estruturado em termos de diferentes situações, nas quais a pessoa se move da menor para a máxima consciência de dinâmicas raciais existentes na sociedade. A primeira situação é de **Pré-Encontro**. Nesse momento, a pessoa é abstraída de forças sociopolíticas e históricas, desvaloriza fortemente seu próprio grupo racial e alia-se com os brancos (Helms, 1994). A segunda situação é a de **Encontro**. Essa situação é caracterizada pela ambivalência no sentido do grupo racial e pela repressão da ansiedade – provocativa da informação relativa à verdadeira natureza do racismo (Helms, 1994). Durante a terceira situação de identidade racial, **Imersão/Emersão**, a pessoa idealiza seu próprio grupo racial enquanto desgosta e menospreza qualquer coisa percebida como pertencente ao grupo dos brancos. A pessoa demonstra um pensamento dicotômico e utiliza como referência o *in-group, out-group* (Helms, 1994). Durante a quarta situação, **Internalização**, um novo sentimento de autodefinição emerge. O indivíduo é comprometido com seu grupo, utiliza-se de definições internas de atitudes raciais e tem habilidade para responder objetivamente aos membros do grupo dominante (Helms, 1994). A situação final do desenvolvimento da identidade racial negra é a de **Conscientização Integrativa**. Nesse ponto, o indivíduo é capaz de valorizar sua identidade coletiva, trabalhar com membros de outros grupos (isto é, maiorias e outras minorias), tem a habilidade de ser flexível e de entender a complexidade da dinâmica racial (Helms, 1994).

Em geral, pesquisas sugerem que indivíduos com baixo nível de identidade racial tendem a demonstrar baixos níveis de funcionamento psicológico, bem-estar e ajustamento emocional. Um estudo investigou a relação entre o desenvolvimento da identidade racial e a saúde psicológica em mulheres negras (Pyant; Yanico, 1991). Atitudes de Pré-Encontro (isto é, aceitação do branco como uma cultura, sem conhecimento da sociopolítica e das forças históricas e preocupação com a aceitação por parte dos brancos) eram negativamente relacionadas com sintomas depressivos (Pyant; Yanico, 1991). Resultados similares foram encontrados em outro estudo por Carter (1991). Quando universitários afro-americanos apresentaram atitudes de Pré-Encontro, eles tiveram uma significativa experiência de maior ansiedade, sofreram maiores prejuízos mentais, demonstraram mais pensamentos paranoicos, mais alucinações auditivas, maiores preocupações com relação ao álcool e maiores níveis de sofrimento psicológico global do que os indivíduos afro-americanos com maiores escores em atitudes de identidade racial. Além disso, universitários afro-americanos que apresentaram atitudes de Imersão/Emersão tiveram mais problemas com o uso de drogas. Houve, no entanto, uma correlação negativa entre atitudes de Imersão/Emersão e comprometimento de memória. De acordo com Carter (1991), esses resultados sugerem que os estudantes dedicavam energias emocionais e psicológicas para reter informações que aprendiam com seu grupo étnico. Além disso, houve também uma relação positiva entre internalização e paranoia, o que, de acordo com Carter (1991), indica um tipo diferente de paranoia que pode ser apresentada na situação de Pré-Encontro, ao qual se relaciona o estresse psicológico. Paranoia na situação de internalização associa-se a atitudes adaptáveis, refletindo o reconhecimento de dinâmicas raciais (Carter, 1991).

Pope (2000) verificou que na medida em que os indivíduos progrediram em elevar o grau de identidade racial, eles também o fizeram no desenvolvimento psicossocial, enquanto indivíduos com graus menos elevados de identidade racial apresentaram menores níveis de desenvolvimento psicossocial. Mais especificamente, universitários de minorias étnicas com maior *status* seguidamente apresentavam metas acadêmicas, de carreira ou projetos de vida claramente definidos, enquanto que aqueles com menos *status* não as apresentavam na mesma quantidade e com clareza (Pope, 2000). Em um estudo anterior, Pope (1998) verificou que estudantes universitários negros em situação de Internalização estavam também mais aptos a estabelecer e clarificar seus sentimentos sobre objetivos de vida, desenvolvendo mais maturidade nas relações interpessoais.

Atitudes de identidade racial também foram relacionadas com as experiências de estudantes universitários. Taylor e Howard-Hamilton (1995) mencionam a relação entre atitudes de identidade racial e alunos afro-americanos do sexo masculino envolvidos predominantemente em universidades em que a maioria dos estudantes é branca. A afiliação contribui significativamente para as atitudes de identidade racial e de envolvimento universitário. Em outras palavras, afro-americanos homens aliados ou membros de fraternidades (organizações que reúnem estudantes de graduação nas universidades americanas) tiveram maior grau de identidade do que os que não tinham essa afiliação (Taylor; Howard-Hamilton, 1995). Adicionalmente, indivíduos que apresentavam atitudes de Pré-Encontro se envolviam menos em clubes e organizações, com professores e funcionários e com os estudantes como um todo (Taylor; Howard-Hamilton, 1995). Os autores indicam que é importante para os relacionamentos profissionais dos estudantes reconhecer a importância do desenvolvimento da identidade racial na relação da retenção de homens afro-americanos em universidades de predominância branca. Adicionalmente, experiências institucionais, como a participação em atividades extracurriculares, foram descritas como fatores importantes na influência da percepção da integração social (Christie; Dinham, 1991). Portanto, é importante para alunos afro-americanos que eles sejam encorajados a participar das atividades extracurriculares da universidade como um todo. Atividades como essas serão exemplificadas ainda neste capítulo.

Pesquisas sugerem que as universidades devem dar maior atenção e reconhecimento para o desenvolvimento da identidade racial como um importante aspecto do progresso do aluno na universidade. McCowan e Alston (1998) afirmaram que mulheres no último ano de graduação em universidades que historicamente têm um grande número de alunos negros demonstraram mais atitudes de Internalização do que mulheres no primeiro ano. No entanto, as universidades de predominância branca não apresentaram diferenças significativas entre o primeiro e último anos no fator internalização. De acordo com McCowan e Alston (1998), isso é um indicativo de que o clima no *campus* não promove o desenvolvimento de identidade racial. Outro achado interessante desse estudo é que a maioria dos estudantes de primeiro ano de universidades de predominância branca estava mais constantemente na fase de Encontro ou Imersão/Emersão, o que sugere que possa ser decorrente de eventos provocativos (por exemplo, passar pela situação de ter pichações racistas nos dormitórios), o que levaria mulheres afro-americanas a explorarem mais a sua relação com o seu grupo sócio-racial.

Carter e seus colegas (1997) encontraram uma diferença de gênero nas atitudes de identidade racial em universitários. Enquanto mulheres apresentavam mais atitudes de Encontro, os homens apresentavam mais atitudes de Pré-Encontro. Para as mulheres da amostra, raça tem um significado mais pessoal do que para os homens. Os homens têm maior tendência a se verem como indivíduos e não como negros (Carter *et al.*, 1997). De acordo com esses autores, homens e mulheres têm diferentes experiências no processo de socialização. Nesse processo, mulheres negras são mais oprimidas por seu gênero e, assim, rejeitam mais seguidamente as atitudes de Pré-Encontro aceitas pelos homens negros da amostra (Cartes *et al.*, 1997).

A atitude de identidade racial dos universitários poderia ser predita a partir das atividades nas quais eles participavam no *campus* universitário. Segundo Mitchell e Dell (1992), quando estudantes afro-americanos demonstraram atitudes de internalização (isto é, quando eles se comprometeram com o próprio grupo étnico e entenderam a natureza do racismo na sociedade, sua objetividade e flexibilidade diante dos membros de outros grupos sócio-raciais), eles apresentavam o hábito mais constante de participar das atividades culturais dos afro-americanos, bem como as não culturais do *campus* universitário como um todo. O maior envolvimento na vida acadêmica é uma forma de aumentar as atitudes positivas com relação à universidade. De acordo com Hutz *et al.* (2003), atitudes positivas na relação com a universidade predizem positivamente o ajustamento do universitário. Parece que o impacto do desenvolvimento da identidade racial é estendido além da configuração da faculdade até as questões relacionadas à carreira. Indivíduos afro-americanos que demonstraram atitudes de Encontro estavam engajados na reflexão da natureza de dinâmicas raciais com a sociedade e consigo mesmos (Carter; Constantine, 2000). Atitudes de Imersão/Emersão são associadas à "raiva contra instituições brancas e é um estímulo para o envolvimento na vida dos americanos negros" (Carter; Constantine, 2000, p. 183). Atitudes de Internalização foram relacionadas a um "sentimento de orgulho e investimento na raça negra e na sua cultura" (Carter; Constantine, 2000, p. 183). Para os asiáticos americanos, atitudes conscientes (como de autorrealização, discernimento e aceitação de alguns valores da cultura dominante e a Internalização positiva da identidade étnica/racial) relacionavam-se à maturidade da carreira. Asiáticos americanos que demonstraram atitudes raciais conscientes foram caracterizados por apresentarem uma visão realística de raça e das dinâmicas culturais nos Estados Unidos, cumprindo com "aspectos práticos de desenvolvimento de carreira" (Carter; Constantine, 2000, p. 184). Em adição às relações profissionais dos estudantes, os autores sugerem que conselheiros de carreira também precisam levar em consideração o desenvolvimento da identidade racial quando trabalham com estudantes provenientes de minorias sócio-raciais.

PESSOA ETNOCULTURAL – ADEQUAÇÃO AO AMBIENTE

Junto ao processo de desenvolvimento de identidade racial, o ajustamento pessoa-ambiente, ou a adequação ao contexto, é outra dinâmica importante que desempenha um papel crítico no ajustamento de estudantes de minorias em instituições de maioria branca, classes média e alta, como é o caso das universidades em geral. A ideia de que existe uma relação entre o ambiente do indivíduo e seu sentimento de congruência e pertencimento a ele foi pela primeira vez proposta, possivelmente, por Platão ao sugerir que um indivíduo não está necessariamente preparado ou não é necessariamente apto para ter sucesso em qualquer ambiente, mesmo que ele ou ela tenham sido bem-sucedidos em alguns ambientes. A teoria do ajustamento pessoa-ambiente nasceu no século XX diante do reconhecimento de que existe uma relação entre as habilidades que alguém obtém durante as experiências de vida e seu conhecimento ocupacional. A evolução do modelo de ajustamento pessoa-ambiente como teoria vocacional também esclarece uma faceta da experiência humana constantemente negligenciada– a de que seguidamente navegamos no nosso ambiente baseados na percepção pessoal de conexão com ele. Assim, uma pessoa com habilidades sólidas em engenharia tende para uma profissão mecânica, e uma pessoa inclinada a conduzir pesquisas a ser professor em uma boa universidade. No entanto, considerando o objetivo deste capítulo, precisamos olhar além da vocação e dentro da raça e da etnia para examinar o que acontece quando um indivíduo está em um ambiente que não é necessariamente bom para ele.

Seguindo adiante, pode ser muito útil estabelecer diversas hipóteses relacionadas à teoria de ajustamento pessoa-ambiente. Para iniciar, Chartrand (1991) diz que indivíduos têm a habilidade de tomar decisões racionais. O segundo pressuposto é de que indivíduos têm constelações exclusivas de traços de personalidade e, da mesma forma, ambientes apresentam características únicas que lhes são próprias. Ainda que não haja um único tipo de pessoa apropriada para cada área de trabalho, "importantes padrões podem ser identificados e utilizados para organizar pessoas e ambientes" (Chartrand, 1991, p. 520). Um terceiro pressuposto teórico é de que quanto maior for o número de características que uma pessoa tem em comum com seu ambiente, maiores serão as chances de ajustamento e sucesso (Holland, 1985). Além disso, a utilização de instrumentos de avaliação das correspondências pessoa-ambiente pode aumentar as chances de uma boa combinação (Chartrand, 1991). O pressuposto final a ser discutido é de que a teoria de ajustamento pessoa-ambiente é uma abordagem dinâmica, na qual há influência recíproca entre a pessoa e o ambiente (Chartrand, 1991). Em um sentido geral, o ajustamento pessoa-ambiente discute o relacionamento entre a pessoa e seu ambiente. Dessa perspectiva teórica, existe uma troca dinâmica na qual a pessoa afeta o ambiente, o ambiente afeta a pessoa e, como resultado, os dois mudam continuamente (Hutz; Martin; Beitel, 2007).

De uma perspectiva cultural, a adaptação psicossocial pode ser vista como uma osmose entre a pessoa (seus comportamentos, temperamentos, *background* etnocultural) e o ambiente etnocultural (Swartz-Kulstad; Martin, 2000). Para produzir ajustamentos, o ambiente pode requerer certas características culturais, sociais, étnicas ou raciais de uma pessoa. Isso pode se tornar um problema para indivíduos que não estão familiarizados com os valores, expectativas, modos de vida e comportamentos majoritários da etnocultura. Além das regras formais para o sucesso, os ambientes, geralmente, têm regras e expectativas não verbais. Essas regras e expectativas são conhecidas e visíveis para a maior parte dos indivíduos. Porém, para as populações minoritárias, elas são desconhecidas e invisíveis, pois não fazem parte de sua visão de mundo, de suas experiências e seus valores (Sue; Sue, 2008). É importante que o leitor não presuma que as regras da maioria no ambiente sejam mais desejadas do que as das minorias; de toda forma, é importante conceituar essa dinâmica com o objetivo de tornar conscientes para os grupos majoritários (brancos de classes média e alta) essas regras de sucesso não verbais e invisíveis. É necessário que elas sejam inicialmente reconhecidas para que possa haver abertura e flexibilidade para que mudem como resultado de uma relação dinâmica com os novos estudantes que ingressam no ambiente universitário pela primeira vez.

Swartz-Kulstad e Martin (1999) apontam que quando se trabalha com pessoas de diversas minorias, os profissionais precisam ser capazes de discernir e entender discrepâncias entre mudanças que devem ocorrer no indivíduo, mudanças a serem realizadas no contexto ambiental e mudanças necessárias na interação pessoa-ambiente. No entanto, tendo em vista que nem todos os indivíduos têm controle sobre o ambiente onde interagem, é necessário investigar as variáveis relacionadas com a cultura e o contexto que influenciam o ajustamento pessoa-ambiente. De acordo com Swartz-Kulstad e Martin (1999), orientação cultural, satisfação contextual e contextualização da satisfação explicam a relação entre adaptação psicossocial, cultura e contexto. A orientação etnocultural é avaliada a partir das experiências culturais únicas dos indivíduos. É necessário explorar a influência da família e o sistema social como a participação em atividades, as práticas e os processos relacionados com a cultura nativa (Swartz-Kulstad; Martin, 1999). A satisfação contextual diz respeito a quanto as necessidades dos indivíduos são atendidas através de sua interação com o ambiente. Isso pode ser avaliado explorando o apoio social por parte dos membros da família, pares e redes comunitárias (Swartz-Kulstad; Martin, 1999). O último fator discutido por Swartz-Kulstad e Martin (1999), que deve ser abordado quando determinamos a influência cultural e contextual no ajustamento pessoa-ambiente, é a contextualização do que é satisfatório. Satisfação contextual envolve atender aos requerimentos do ambiente para ter um ajustamento psicossocial. Os indivíduos precisam desenvolver mecanismos de *coping* para lidar com demandas ambientais (Swartz-Kulstad; Martin, 1999). Pesquisas mostram que quando estudantes universitários percebem um maior nível de congruência com o ambiente, eles provavelmente usarão mecanismos de *coping* mais adaptáveis e eficientes do que alunos que não sentem congruência com o ambiente (Eagan, 1995).

No entanto, em um estudo com importantes implicações sócio-raciais no ajustamento de estudantes universitários, Chavous (2000) encontrou que universitários afro-americanos que se identificavam com seu grupo racial percebiam menores níveis de ajustamento pessoa-ambiente do que os que não eram fortemente identificados com a raça. É importante refletir diante dessa conclusão quando consideramos nossa discussão no desenvolvimento da identidade racial. Quanto maior o *status* de identidade racial, mais identificado com seu grupo sócio-racial o indivíduo fica, e pesquisas mostram que as facetas mais saudáveis de identidade são propensas a também estarem presentes. Portanto, a literatura fornece uma racionalidade para configurações universitárias, que sejam lugares onde todos os estudantes, independente de seu *status* sócio-racial, se sintam bem-vindos e tenham uma oportunidade genuína de sucesso. Especialistas em multiculturalismo apontariam a importância do papel ativo que os funcionários e professores da universidade devem desempenhar para alterar o sistema visando torná-lo mais adequado e propício à aceitação e ao ajustamento dos alunos minoritários. Nas universidades brasileiras, como nas americanas, estudantes minoritários passam por uma transformação (de uma perspectiva de identidade racial com grandes perdas e eventuais ganhos) para serem bem-sucedidos em um ambiente predominantemente branco. De toda forma, de uma perspectiva do ajustamento pessoa-ambiente, o ambiente também deve sofrer mudanças, como um resultado de ajustamento com os novos alunos que apresentam diferentes visões de mundo.

SERVIÇOS DE APOIO

Universidades espalhadas pelos Estados Unidos têm desenvolvido programas de atividades para ajudar alunos de minorias sócio-raciais a alcançarem maiores níveis de educação. Embora haja diferenças entre esses programas, eles compartilham um mesmo objetivo: o de melhorar a experiência universitária de seus alunos. Enfatizando a educação, a liderança e a comunidade, os programas de atividades fornecem uma oportunidade única para os alunos que podem, em outras circunstâncias, se sentir isolados ou desconectados da comunidade universitária, descobrirem e apoiarem a conexão com outros estudantes, professores e funcionários. A seguir, faremos uma descrição de alguns fatores que os programas de atividades parecem ter em comum, mesmo sendo importante salientar que tendem a ser altamente individualizados e que os serviços oferecidos são tão diversificados quanto os alunos que eles representam.

Muitos programas de atividades se descrevem como programas "para todos". Primeiramente a intenção é servir a seus estudantes. Portanto, eles tentam acomodar quaisquer necessidades que sejam apresentadas. Qualquer necessidade de cuidados infantis e creches até aconselhamento psicológico pode ser incluída, e, às vezes, os mais importantes são os serviços básicos. De acordo com Douglas, coordenador e conselheiro do Centro de Serviços para alunos índios americanos na universidade de Montana, atividades simples, que visam apoiar os estudantes a navegar pelo sistema da universidade ou fornecer um lugar no *campus* onde eles possam se sentir aceitos, fazem uma grande diferença na experiência dos alunos e podem afetar a decisão de permanecer na universidade ou abandonar os estudos (Douglas, 2007).

Educação e desempenho acadêmico são um importante foco dos programas de atividades. Muitos programas fornecem orientação pedagógica para seus alunos. Eles também oferecem bolsas de estudos baseada na necessidade ou no desempenho acadêmico quando têm um financiamento suficiente para isso. Programas de atividades podem oferecer serviços de aconselhamento acadêmico para os alunos, permitindo assim que os membros da equipe do programa incentivem os alunos a cursarem disciplinas relacionadas com sua própria cultura ou história quando disponível. Alguns programas comemoram o desempenho acadêmico atingido por seus estudantes com uma cerimônia separada de graduação para homenagear cada aluno individualmente por suas conquistas na universidade.

A maioria dos programas encoraja os alunos a assumirem um papel de liderança educacional, criando oportunidades para que eles possam dar aulas ou seminários para novos alunos que podem assim aprender mais sobre sua própria cultura. Uma forma de fazer isso é treinando estudantes para fazerem apresentações nas classes com tópicos relacionados à sua raça ou etnia, ou permitindo que eles se envolvam com a criação de *websites* e outras formas de mídia que forneçam informações e notícias de seu programa para o restante do *campus*. Os alunos podem organizar clubes do livro relacionados à sua cultura, ou criar grupos de línguas nos quais podem praticar ou até mesmo aprender a sua língua nativa juntos.

Por exemplo, na Universidade de Montana, o Serviço para o Estudante Índio-Americano oferece um programa de tutoria por pares no qual os estudantes mais antigos acompanham e orientam os mais novos. Outra forma através da qual os estudantes que estão envolvidos com programas de atividades podem se educar e aos outros é organizando palestras com visitantes relacionados à sua etnia ou raça e apresentações no *campus* (embora isso requeira financiamento). Os programas de atividades permitem oportunidades sem limites para os estudantes enriquecerem seus conhecimentos com esse tipo de liderança.

Os programas também fazem um esforço para criar uma comunidade envolvendo os estudantes e funcionários. Uma forma de fazer isso é tornando as salas do programa um lugar divertido e convidativo para que os estudantes se reúnam no *campus*. As salas do programa, sua localização e atmosfera podem ter um grande impacto sobre o envolvimento e participação dos alunos nas atividades. Um lugar informal, onde os estudantes podem simplesmente passar o tempo entre as aulas e aproveitar a companhia dos outros, cria oportunidade para os alunos minoritários interagirem com outros estudantes de sua raça e encontrarem maior conexão com sua cultura. Muitos desses ambientes fornecem incentivos para os estudantes os visitarem, mesmo que eles não queiram usar nenhum serviço do programa. Como resultado, alunos que precisarem de ajuda no futuro se sentirão mais confortáveis para utilizar os recursos do programa do que se não tivessem tido nenhum contato com o Centro de Atividades até então. Esses incentivos podem ser tão simples como oferecer lanches ou doces para qualquer estudante que apareça por lá (Ann Douglas, 2007). Se os programas têm espaço suficiente nas suas instalações, podem acomodar uma biblioteca com livros e filmes relacionados à raça ou etnia dos estudantes que representa. Algumas vezes, os programas, inclusive, adquirem computadores para uso dos estudantes. Todos esses serviços criam um ambiente mais atraente para alunos que poderiam hesitar em usar recursos do programa.

Outra forma efetiva que os programas de atividades têm para construir uma comunidade é realizar eventos sociais. Às vezes o programa realiza encontros somente para os estudantes que dele participam, como piqueniques na primavera ou festas de Natal. Salena Beaumont Hill, assessora e coordenadora do escritório de Serviço para o estudante índio americano na Universidade de Montana, sugere que os membros da família sejam convidados para os eventos. Outra opção é que os estudantes associados ao programa realizem eventos para todos os alunos do *campus*, para criar consciência e prover educação sobre suas tradições e culturas. Esses eventos podem também servir para arrecadar fundos e fornecer uma oportunidade para diferentes programas colaborarem no projeto, formando alianças com os demais.

Festivais de filmes, *workshops*, danças, churrascos, *shows*, exibições de arte e jantares tradicionais com comidas típicas da cultura são alguns exemplos de eventos sociais e educacionais que a ação multicultural pode organizar. Independente de a ocasião ser aberta ao público ou realizada somente para o grupo, conexões sociais são feitas e fortalecidas por eventos que celebrem a cultura e criem o sentimento de pertencer. Eventos sociais também fornecem oportunidades para os estudantes de se conectarem com professores e outros adultos de sua mesma raça ou etnia no *campus*.

Para que esses eventos sejam realizados pelos programas, para que seja criado um ambiente com uma atmosfera divertida e os serviços acadêmicos sejam ofertados, é necessário que se tenha dinheiro. Financiamento é uma preocupação constante e sistemática para os programas, pois sempre há mais eventos a serem realizados, mais bolsas de estudo a serem concedidas, mais funcionários para serem contratados, se houver dinheiro para isso. Aqueles que estão envolvidos com esses programas nas universidades americanas passam muito tempo negociando com administradores e outros programas do *campus* para garantir verbas e ter certeza de que são adequadamente apoiados pela Universidade (HILL, 2007). Mesmo quando esses programas são garantidos financeiramente pela universidade ou por financiamentos federais, os recursos concedidos geralmente podem apenas apoiar serviços básicos. Aqueles que trabalham para programas que envolvem muita diversidade, seguidamente aparecem com ideias criativas para gerar patrocínios, e são muito criteriosos na elaboração e execução de seus orçamentos.

 Embora os serviços oferecidos pelos programas de atividades sejam semelhantes em todo o país, seu número varia em cada universidade, dependendo das necessidades da população e dos recursos disponíveis. Algumas universidades têm um grande programa para representar cada raça ou a coletividade dos grupos de minoria étnica, enquanto outras têm programas para representar os diferentes grupos individualmente. Em universidades menores, ou que tenham uma etnia dominante de população minoritária, a tendência é ter somente um ou dois centros de ação no *campus*. Por exemplo, na Universidade de Montana, em Missoula, o único programa para etnia específica minoritária é o Serviço para Estudantes Nativo-Americanos. Isso é baseado na população que frequenta a Universidade de Montana. A maior população étnica é a de nativos americanos, então a universidade foca nessa necessidade. A Universidade de Montana também tem um programa chamado Aliança Multicultural que oferece serviços para estudantes de todas as outras etnias ou raças minoritárias.

Nas grandes universidades ou naquelas com diferentes grupos minoritários em proporções semelhantes, em geral, há diversos programas. Por exemplo, Na Universidade do Estado do Colorado, em Fort Collins, no Colorado, há centros e programas que incluem serviços aos estudantes asiáticos/pacífico-americanos, serviços ao estudante negro, Centros de Serviços para estudantes latinos e latinas, e serviços para estudantes nativo-americanos. De forma similar, a Universidade do Texas, em Austin, tem cinco diferentes agências por meio de um grande Centro Multicultural de Informações. Essas agências incluem assuntos de estudantes afro-americanos, Coligação de asiáticos/pacífico-americanos, Conselho de Liderança Latina, Conselho Índio-Americano de Longhorn, e uma agência denominada Estudantes pela Equidade e Diversidade.

O desenvolvimento dos centros de atividades nas universidades é um passo positivo em direção à promoção do aumento na diversidade étnica e racial entre os estudantes de maior nível de educação e para melhorar a qualidade de suas experiências. Mas há muito mais trabalho para ser feito depois da implantação desses serviços na universidade. A luta por equidade é uma batalha contínua e mesmo que vários ganhos sejam conquistados ao longo dos anos, discriminações, assédio, racismo e intolerância são realidades que os estudantes de minorias ainda enfrentam dentro e fora da universidade. Os programas de atividade trazem a esperança de um futuro melhor. Com uma liderança forte, recursos suficientes e envolvimento estudantil, não há limites para as mudanças positivas que podem ser produzidas.

SUGESTÕES DE APOIO A ESTUDANTES DE MINORIAS NAS UNIVERSIDADES BRASILEIRAS

Nos Estados Unidos, deu-se muita atenção tanto às questões relacionadas ao ajustamento e à retenção de alunos oriundos de grupos minoritários como às questões associadas à redução das lacunas entre estudantes negros e brancos, pobres e de classes média e alta. Essas questões têm sido focadas e discutidas na academia e na política por muitos anos.

Há alguns anos, o antigo presidente Bush aprovou uma parte de uma legislação ambiciosa, *Nenhuma criança fica para trás*, indicando que até 2010 a lacuna educacional entre crianças negras e brancas, pobres e de classes média e alta estudando em escolas públicas iria desaparecer. Não é uma surpresa que haja controvérsias com relação à legislação. O fechamento da lacuna educacional é avaliado, por lei federal, com testes padronizados nas áreas de leitura e matemática. Alguns relatórios indicam que a lacuna educacional tem sido rapidamente diminuída enquanto outros criticam os resultados e sugerem que os critérios de avaliação são muito liberais para serem levados a sério (Tough, 2006).

Essa legislação tem produzido resultados contraditórios, especialmente quanto às questões raciais ou de classe socioeconômica. Além disso, a pesquisa que tem sido conduzida em instituições acadêmicas não parece direcionada ou focada nas necessidades do pessoal que trabalha nas escolas. Finalmente, há diferenças filosóficas nas metodologias de pesquisa que visam aprender mais sobre os efeitos da pobreza na educação. Alguns estudos condenam a vítima e descrevem famílias pobres como "carentes" na habilidade de criar os filhos, quando comparadas com famílias de classe média. Outros estudos abordam o problema a partir de uma perspectiva sistêmica, na qual sistemas educacionais e a sociedade em geral são descritos como reagindo e reforçando mais positivamente os valores da classe média do que os de famílias pobres (Ver Tough, 2006, para uma discussão mais completa).

Numa visão multicultural competente, um aspecto importante que se torna saliente como um resultado do debate que rodeia a legislação do *Nenhuma criança fica para trás* é que o foco de nossa atenção precisa ser dirigido para o processo, bem como para os desfechos a fim de fechar a lacuna educacional. Como Tough (2006) aponta, "métodos mais intensivos e radicalmente diferentes" precisarão ser empregados no lugar dos métodos utilizados, principalmente nas escolas públicas de classe média, branca. Além disso, em adição à motivação e às boas intenções, recursos suficientes precisam ser alocados para programas que têm por objetivo o fechamento da lacuna educacional. Claro, a partir de uma perspectiva multicultural, o foco deve mudar da condenação da vítima (por exemplo, famílias pobres que apresentam deficiências em suas práticas educativas em comparação com as famílias de classe média) para uma abordagem sistêmica na qual o grande sistema social começa a desafiar o *status-quo* do *Establishment* branco de classes média e alta.

Enquanto pensamos em como o que nós aprendemos nos Estados Unidos pode ser aplicado nas universidades brasileiras que receberão, e esperançosamente muito bem, estudantes negros, pardos, pobres em um ambiente que anteriormente era composto principalmente por jovens adultos brancos de classes média e alta, precisamos ficar alertas não somente para facetas acadêmicas, mas também para o desenvolvimento socioemocional. Sands e Schuh (2007) apontam que, no nível universitário, alunos negros não dispõem de tanto apoio sistêmico, incluindo modelos e mentores, como os estudantes brancos. Os autores também indicam que assuntos referentes à relação de ajustamento pessoa-ambiente são frequentemente relacionados com o fato de que estudantes negros apresentam maiores taxas de evasão e mais problemas de ajustamento na universidade do que os estudantes brancos. Allen (1991) também indica como resultado o estar em uma universidade predominantemente branca: alunos negros não dispõem de grupos de pares, o que resulta em "isolamento, alienação e carência de apoio" (p. 5). Estudantes negros têm indicado que é muito útil receber apoio social e acadêmico de funcionários que têm conhecimento sobre assuntos que pertinentes aos estudantes, bem como ter mais professores e funcionários negros (Taylor; Olswang, 1997). Outros estudos destacaram também o impacto e a importância tanto da relação entre professores e alunos como das relações familiares e das organizações estudantis para o ajustamento de estudantes minoritários (para uma discussão mais detalhada, ver Guiffrida 2005; 2004; 2003).

Para que as universidades brasileiras possam receber bem a nova diversidade em seu corpo estudantil e melhorem as chances de retenção e ajustamento emocional dos estudantes negros e pobres, é necessário criar sistemas de apoio. A seguir, algumas sugestões que poderiam ajudar na transição:

1) Programas de Mentores – Cada estudante cotista no nível de graduação deveria receber um tutor ou conselheiro – um professor que esteja qualificado e, sobretudo, disposto a trabalhar de perto com o aluno ou a aluna. O professor deve se encontrar com o estudante regularmente, no mínimo uma vez por semana no início do ano acadêmico, e ajudar com quaisquer necessidades e/ou dificuldades. No campo do aconselhamento psicológico, isso é regularmente referido como "encontrar com o estudante onde ele ou ela estiver". Trata-se de uma abordagem desenvolvimentista de integração com a pessoa onde quer que ela esteja em sua jornada psicológica, acadêmica, ou socioemocional. No entanto, é importante que o professor mentor/tutor esteja aberto e envolvido no trabalho com o estudante sem fazer prejulgamentos e verdadeiramente interessado e investindo pessoalmente no sucesso do aluno. De outra forma, o mentor pode se tornar uma pessoa opressora, e assim uma relação de confiança e

ajuda não será desenvolvida. O professor mentor deve ter flexibilidade especialmente com relação aos papéis acadêmicos que desempenhava tradicionalmente e buscar desenvolver uma relação mais pessoal, buscando conhecer o estudante de uma forma mais ampla.

2) Oportunidade para Envolvimento Familiar – Se as famílias dos alunos cotistas estiverem interessadas e dispuserem de tempo e oportunidade para aprender a respeito da universidade, poderia ser realizado um "dia da família", durante o qual os parentes são recebidos no *campus*, fazem um *tour* pelas instalações e principais prédios, e lhe é dada a oportunidade de conhecerem e se familiarizarem com esse novo e desconhecido ambiente. Isso pode resultar em mais apoio e compreensão para com o novo estilo de vida do aluno no seu lar. As famílias podem apoiar o desenvolvimento de hábitos de estudos dos alunos, em vez de encorajá-los a trabalhar mais horas e ganhar mais dinheiro.

3) Orientação Estudantil – Antes do primeiro dia de aula, os alunos cotistas poderiam ser recebidos no *campus* por um pequeno grupo de professores e funcionários que lhes apresentariam o novo ambiente, explicariam suas características, as dificuldades previsíveis e os apresentariam a seus professores-tutores. Esse seria um momento descontraído para responder quaisquer dúvidas que tenham. Mais uma vez, para que seja um evento bem-sucedido e de ajuda efetiva para os novos estudantes cotistas, os professores e funcionários envolvidos devem estar qualificados e treinados para essas atividades, e dispostos a fazer um investimento pessoal nos novos estudantes. Não é uma atividade que represente apenas o cumprimento de mais uma obrigação de trabalho que eles prefeririam não fazer.

4) Apoio Sistemático por Pares – Estudantes cotistas devem ter a oportunidade de conhecer outros estudantes que são como eles, e iniciantes na experiência universitária. Com o passar dos anos, estudantes cotistas que já estão na universidade por algum tempo e bem ajustados e tendo sucesso nas suas atividades acadêmicas podem ser aproveitados como mentores ou monitores. Isso seria uma grande vantagem para a universidade, demonstraria interesse nesses novos alunos e certamente aumentaria em muito suas chances de sucesso. Porém, é necessário algum investimento em infraestrutura, fornecendo espaço físico adequado para os encontros e orientando os professores a incentivarem os alunos a frequentarem esses espaços. Durante essas reuniões, os alunos podem ser estimulados a conversar abertamente sobre suas experiências em um ambiente de predominância branca, de classes média e alta, incluindo aspectos de desenvolvimento de identidade racial e da relação entre pessoa e ambiente. Adicionalmente a isso, eles poderiam compartilhar com os colegas sugestões e informações sobre como navegar com sucesso nesse novo e pouco conhecido ambiente, e também ajudar a criar um sentimento de que eles têm um lugar onde podem conseguir apoio de seus pares.

5) Apoio para Professores e Funcionários – Os professores e funcionários envolvidos em ajudar os alunos cotistas na transição e em serem bem-sucedidos devem receber apoio da administração da universidade. Esse apoio pode ser monetário ou envolver a redução na carga de trabalho em outra área relacionada a serviços para a universidade. Essa alocação de recursos é um componente necessário para investir no ajustamento e

retenção de alunos cotistas. É aqui podemos ver se o sistema social está genuinamente interessado em mudança, ou simplesmente fazendo o que é visto como politicamente correto, mas na prática dando continuidade e apoiando os privilégios da maioria branca e rica.

Em conclusão, este é um momento emocionante para as universidades brasileiras. Elas estão prestes a entrar numa nova era de desenvolvimento. Em um curto espaço de tempo, muito será aprendido sobre como os sistemas das universidades brasileiras precisam operar para integrar alunos pobres, negros e índios ao seu corpo discente, composto majoritariamente por estudantes brancos de classes média e alta. Embora algumas ideias de experiências nos Estados Unidos possam ser aproveitadas para melhor apoiar os alunos cotistas brasileiros, as universidades terão de criar programas culturalmente apropriados e relevantes para os estudantes minoritários. Uma lição importante que deve ser importada dos Estados Unidos é que os desafios a serem enfrentados são complexos e difíceis e que envolve muitos níveis em adição ao acadêmico. Isso inclui estar consciente do desenvolvimento da identidade racial, da relação entre pessoa e ambiente e, obviamente, do apoio na jornada pessoal de exploração de vieses e estereótipos, conscientes e inconscientes, que todos possuem sobre pessoas que são visual e culturalmente diferentes de nós.

REFERÊNCIAS

AMERICAN INDIAN STUDENT SERVICES. Disponível em: http://life.umt.edu/AISS. Acesso em: 30 de dezembro de 2007.

ARCE, C. A reconsideration of Chicano culture and identity. *Daedulas*, vol. 110, 1981, p. 177-192.

BAKER, R.; SIRYK, B. *SACQ:* student adaptation to college questionnaire manual. Los Angeles: Western Psychological Services, 1989.

BROOKINS, C. The relationship between afrocentric values and racial identity attitudes. *Journal of Black Psychology*, vol. 20, 1994, p. 128-142.

CARTER, R. Racial identity attitudes and psychological functioning. *Journal of Multicultural Counseling and Development*, vol. 19, 1991, p. 105-114.

CARTER, R.; CONSTANTINE, M. Career maturity, life role salience, and racial/ethnic identity in Black and Asian American college students. *Journal of Career Assessment*, vol. 8, 2000, p. 173-180.

CARTER, R.; DeSOLE, L.; SICALIDAS, E.; GLASS, K.; TYLER, F. Black racial identity and psychosocial competence: A preliminary study. *Journal of Black Psychology*, vol. 23, 1997, p. 58-73.

CARTER, R.; HELMS, J. The relationship of Black value-orientations to racial identity attitudes. *Measurement and Evaluation in Counseling and Development*, 1987, p. 185-195.

CHARTRAND, J. The evolution of trait-and-factor career counseling: A person x environment fit approach. *Journal of Counseling and Development*, vol. 69, 1991, p. 518-524.

CHAVOUS, T. The relationships among racial identity, perceived ethnic fit, and organization involvement for African American students at a predominantly White university. *Journal of Black Psychology*, vol. 26, 2000, p. 79-101.

CHRISTIE, N.; DIHMAN, S. Institutional and external influences on social integration in the freshman year. *Journal of Higher Education*, vol. 62, 1991, p. 412-436.

COLORADO STATE UNIVERSITY OFFICE OF EQUAL OPPORTUNITY AND DIVERSITY. Disponível em: http://www.diversity.colostate.edu/advocacy.aspx. Acesso em: 30 de dezembro de 2007.

CROSS, W. The Thomas and Cross models of psychological nigrescence: A literature review. *Journal of Black Psychology*, vol. 4, 1978, p. 13-31.

DOUGLAS, Ann. Personal Communication. s.l., 17 out. 2007.

EAGAN, A. E. Person-environment congruence and coping strategies. *Career Development Quarterly*, vol. 44, 1995, p. 246-256.

HELMS, J. Racial identity and career assessment. *Journal of Career Assessment*, vol. 2, 1984, p. 199-209.

HILL, Salena. Personal Communication. s.l., 24 out. 2007.

HOLLAND, J. *Making vocational choices:* a theory of vocational personalities and work environments. Englewood Cliffs: Prentice-Hall, 1985.

HURTADO, S.; CARTER, D. F. Effects of college transition and perceptions of the *Education*, vol. 70, 1997, p. 324-345.

HUTZ, A. *et al.* Predictors to college adaptation for ethnocultural majority and minority students. *Arizona Counseling Journal*, vol. 23, 2003, p. 14-21.

HUTZ, A.; MARTIN, B.; BEITEL, M. Ethnocultural person-environment fit and college adjustment: Some implications for college counselors. *Journal of College Counseling*, vol. 10, 2007, p. 130-141.

KENNY, M.; STRYKER, S. Social network characteristics and college adjustment among racially and ethnically diverse first-year students. *Journal of College Student Development*, vol. 37, 1996, p. 649-658.

KIM, J. The process of Asian-American identity development: a study of Japonese American women's perceptions of their struggle to achieve positive identities. 1981. Tese (University of Massachusetts).

LaFOUNTAIN, R. M.; BARTOS, R. B. *Research and statistics made meaningful:* in counseling and student affairs. Pacific Grove: Brooks: Grove, 2002.

MCCOWAN, C.; ALSTON, R. Racial identity, African self-consciousness, and career decision making in African American college women. *Journal of Multicultural Counseling and Development*, vol. 26, 1998, p. 28-38.

MINORITY RESOURCES. Disponível em: http://www.umt.edu/ResourcesFor/Minority. Acesso em: 30 de dezembro de 2007.

MITCHELL, S.; DELL, D. The relationship between Black students' racial identity attitude and participation in campus organizations. *Journal of College Student Development*, vol. 33, 1992, p. 39-43.

PHINNEY, J. Ethnic identity in adolescence and adults: Review of research. *Psychological Bulletin*, vol. 108, 1990, p. 499-514.

PHINNEY, J.; ALIPURIA, L. Ethnic identity in college students from four ethnic groups. *Journal of Adolescence*, vol. 13, 1990, p. 171-183.

POPE, R. L. The relationship between psychosocial development and racial identity of Black college students. *Journal of College Student Development*, vol. 39, 1998, p. 273-282

_____. The relationship between psychosocial development and racial identity of college students of color. *Journal of College Student Development*, vol. 41, 2000, p. 302-311.

PYANT, C.; YANICO, B. Relationships of racial identity and gender-role attitudes to Black women's psychological well-being. *Journal of Counseling Psychology*, vol. 38, 1991, p. 315-322.

SANDS, N.; SCHUH, J. Identifying interventions to improve the retention of biracial students. *In Minority Student retention; The best of The Journal of College Student Retention Research, theory, and Practice*. Amityville: Baywood Pub, 2007, p. 197-210.

SCHWITZER, A. M.; GRIFFIN, O.; ANCIS, J.; THOMAS, C. Social adjustment experiences of African-American college students. *Journal of Counseling and Development*, vol. 77, 1999, p. 187-197.

SMEDLEY, B.; MYERS, H.; HARREL, S. Minority-status stresses and the college adjustment for ethnic minority freshmen. *Journal of Higher Education*, vol. 64, 1993, p. 434-452.

SUE, D. W.; SUE, D. *Counseling the culturally different*: theory and practice. New York, NY: Wiley & Sons, Inc., 2002.

_____. *Counseling the culturally different. Theory and practice*. New York: Wiley & Sons, Inc., 2008.

SWARTZ-KULSTAD, J.; MARTIN, W. Impact of culture and context on psychosocial adaptation: the cultural and contextual guide process. *Journal of Counseling and Development*, vol. 77, 1999, p. 281-293.

SWARTZ-KULSTAD, J.; MARTIN, W. Culture as an essential aspect of person-environment fit. In: MARTIN JÚNIOR, W. E.; SWARTZ-KULSTAD, J. L. (ed.). *Person-environment psychology and mental health:* assessment and intervention. Mahwah: Lawrence Erlbaum Associates, 2000, p. 169-195.

TAJFEL, H. *The social psychology of minorities.* New York: Minority Rights Group, 1978.

TAUB, D.; McEWEN, M. The relationship of racial identity attitudes to autonomy and mature interpersonal relationships in Black and White undergraduate women. *Journal of College Student Development*, vol. 33, 1992, p. 439-446.

TAYLOR, C.; HOWARD-HAMILTON, M. Student involvement and racial identity attitudes among African American males. *Journal of College Student Development*, vol. 36, 1995, p. 330-336.

TAYLOR, E.; OLSWANG, S. G. Crossing the color line: African Americans and predominantly white universities. *College Student Journal*, vol. 31, 1997, p. 11-18.

THE MULTICULTURAL INFORMATION CENTER. Disponível em: http://www.utexas.edu/student/mic/. Acesso em: 30 de dezembro de 2007.

TOUGH, P. What it will really take to close the education gap: Can teaching poor children to act more like middle-class children close the education gap? *The New York Times,* 2006.

TRIO STUDENT SUPPORT SERVICES. http://www.umt.edu/triosss/default.htm.

10

APOIO INSTITUCIONAL A ESTUDANTES ESTRANGEIROS E MINORITÁRIOS NO BRASIL: ALGUMAS CONSIDERAÇÕES[17]

Marucia Patta Bardagi (UFRGS),
Ana Maria Jung de Andrade (UFSM) e
Marco Antônio Pereira Teixeira (UFRGS)

Embora ainda sejam poucos os brasileiros entre 18 e 24 anos no Ensino Superior – apenas 12,1% dos jovens (MEC, 2007) –, houve um grande crescimento tanto de cursos e instituições quanto de alunos universitários no país nos últimos anos. O número de vagas oferecidas em cursos de graduação diurnos e noturnos, conforme o Ministério da Educação (MEC/INEP/Censo da Educação Superior) aumentou em 395% entre 1995 e 2005, passando de 610.355 para 2.429.737. Já o número total de alunos nesses cursos evoluiu de 1.759.703 em 1995 para 4.453.156 no ano de 2005, o que representa mais de 250% no aumento das matrículas. Entre as razões para esse crescimento estão as próprias características do mundo do trabalho atual – necessidades cada vez maiores de qualificação profissional e aperfeiçoamento continuado para a integração à Sociedade do Conhecimento (Santos, 2000), e a possibilidade de ascensão

---

[17] Correspondência sobre este capítulo deve ser endereçada para a primeira autora através do e-mail: marucia74@yahoo.com.br

social, reconhecimento social e melhores condições de colocação profissional representada pelo diploma.

No entanto, apesar do crescimento, ao longo do tempo houve pouco interesse científico pelas experiências do contexto universitário. Na área do desenvolvimento vocacional, no entanto, há uma crescente necessidade de conhecer com profundidade e extensão o comportamento vocacional do indivíduo durante o período da formação superior, tradicionalmente um contexto negligenciado pelas pesquisas, embora fundamental para a consolidação da identidade profissional e a elaboração de projetos futuros. Somente a partir das últimas décadas vêm sendo desenvolvidos estudos que visam identificar os efeitos que as vivências universitárias têm sobre o desenvolvimento dos estudantes, sobre o seu desempenho acadêmico e sua adaptação ao contexto da universidade (Ferreira; Almeida; Soares, 2001). Isso indica que a preocupação com o aluno universitário – para além do assistencialismo – é ainda recente, especialmente em termos de serviços de apoio e orientação. Os estudos sobre o impacto da vivência universitária nos estudantes têm mostrado que a universidade é um contexto importante para o desenvolvimento global do indivíduo e que facilita (ou ao menos deveria facilitar) a transição para o mundo do trabalho (Ferreira *et al.*, 2001).

Nesse sentido, o propósito deste capítulo é discutir aspectos relacionados à integração à universidade, de forma geral, e as particularidades enfrentadas pelos alunos minoritários, especificamente o aluno estrangeiro que vem estudar integral ou parcialmente no Brasil e o aluno cotista, que ingressa no Ensino Superior através de algum programa de ação afirmativa. Espera-se contribuir com questionamentos acerca das necessidades específicas desses grupos de alunos e com a sistematização de informações relevantes para a futura criação de programas de apoio ao desenvolvimento da carreira desses alunos.

A integração à universidade tem sido um fator central na decisão entre a permanência ou o abandono do objetivo de graduação (Polydoro Primi Serpa Zaroni; Pombal, 2001). Esse sentimento de integração à vida acadêmica decorre da correspondência entre as expectativas do estudante em relação ao curso e à instituição e o que o ambiente universitário lhe oferece, tanto em termos estruturais quanto de oportunidades de convivência social (Vendramini; Santos; Polydoro, 2004). Outros fatores relacionados à integração do estudante à universidade incluem a adaptação às demandas acadêmicas, interpessoais e sociais da vida universitária; as características pessoais do universitário e o comprometimento com a instituição (qualidade da ligação do estudante com o curso e a instituição) (Polydoro *et al.*, 2001).

As atitudes, as crenças, os comportamentos e valores culturais que os estudantes trazem para a universidade (baseados em suas experiências anteriores), os seus modos de enfrentamento de dificuldades, a abertura à exploração e a capacidade de buscar redes de apoio no novo contexto são algumas características individuais que afetam a adaptação (Bardagi, 2007; Ruiz, 2003; Wang; Mallinckrodt, 2006). Além disso, contribuem para a integração ao contexto da universidade a influência do grupo de colegas (quando há identificação do indivíduo com os valores do grupo), as características do ambiente de aprendizagem, a natureza e intensidade das relações interpessoais (especialmente aluno-aluno, aluno-professor), o grau de envolvimento na experiência universitária e o engajamento em atividades não curriculares (Bardagi, 2007; Ferreira *et al.*, 2001). De qualquer forma, a transição para a universidade geralmente exige muito do estudante, acostumado até então com o modelo escolar e, muitas vezes, com modelos e expectativas sociais muito diferentes. A aprendizagem das respostas deve ser rápida, desde o domínio da linguagem e do espaço acadêmicos até a assimilação dos valores e procedimentos da universidade.

Os desafios da formação universitária e da transição para a universidade se incluem em quatro domínios principais, segundo Almeida e Soares (2003): a) aspectos acadêmicos, que englobam a adaptação às novas estratégias de aprendizagem, sistemas de ensino e avaliação e ao próprio *status* de aluno universitário; b) aspectos sociais, que englobam a necessidade de desenvolver novos padrões de relacionamento com a família, professores e colegas, além da ampliação da rede social e construção de relacionamentos de intimidade; c) aspectos pessoais, que incluem o estabelecimento de um sentido mais forte de identidade, autoestima, maior conhecimento de si próprio e visão mais pessoal do mundo; e d) aspectos vocacionais, que se referem à consolidação da identidade vocacional, com ênfase na especificação da escolha profissional realizada anteriormente. Essas tarefas, embora frequentes no cotidiano de todos os alunos, compõem uma série de rupturas em relação aos vínculos anteriores, ao ambiente familiar, à metodologia de ensino escolar, entre outras, podendo se transformar em fontes de estresse e preocupação (Pachane, 2004) e podendo aumentar as chances de insatisfação acadêmica e evasão universitária.

Nesse âmbito, em diversos países (inclusive no Brasil), observa-se um significativo aumento da procura de estudantes de graduação e adultos jovens por processos de orientação profissional (Benton; Robertson; Tseng; Newton; Benton, 2003; Rivas-Olmeda, 2003). Concomitante a esse aumento da demanda por atendimento, a evasão universitária é outro fenômeno representativo das dificuldades enfrentadas pelos alunos de nível superior. O abandono ou trancamento de matrículas nas universidades brasileiras (e também de outros países) é um fenômeno em expansão (Ghizoni; Teles, 2005; Lehman, 2005; Mercuri; Polydoro, 2003b; Palma; Palma; Brancaleoni, 2005). Para lidar com essas dificuldades no ambiente universitário, diversos autores (Esbroeck; Watts, 1998; Lucas; Berkel, 2005) ressaltam a necessidade premente de elaborar estratégias de auxílio aos estudantes universitários que sejam criadas em função das dificuldades específicas apresentadas por eles, e que não repitam fórmulas preestabelecidas para outros públicos.

No entanto, apesar do crescente interesse em avaliar o impacto da vivência universitária nos estudantes brasileiros (por exemplo, ver Mercuri; Polydoro, 2003a), são escassos os estudos que analisam como os estudantes internacionais ou minoritários se adaptam ao ensino superior brasileiro. Quanto aos estudantes internacionais (na maior parte africanos ou oriundos de países latino-americanos), pouco se conhece sobre sua integração à universidade e ao próprio país. Alunos estrangeiros também apresentam uma série de dificuldades de adaptação que são comuns entre os estudantes brasileiros, como as exigências acadêmicas, o desempenho nos cursos, as pressões familiares e as preocupações financeiras. No entanto, as percepções das dificuldades e as estratégias de *coping* podem ser diferentes entre os membros de diferentes culturas. Os estudantes estrangeiros possuem ainda preocupações que lhes são específicas, como a burocracia de documentação e dos processos imigratórios, as dificuldades com a língua e a aprendizagem dos valores da nova cultura (Constantine; Kindaichi; Okazaki; Gainor; Baden, 2005; Duru; Poyrazli, 2007; Misra; Castillo, 2004; Misra; Crist; Burant, 2003; Nilsson; Anderson, 2004; Ruiz, 2003; Sarriera; Pizzinato; Meneses, 2005; Sarriera; Wagner; Frizzo; Berlim, 2002; Wang; Mallinckrodt, 2006; Wei; Heppner; Mallen; Ku; Liao; Wu, 2007).

Já com relação aos estudantes minoritários nacionais (prioritariamente negros, índios e oriundos de famílias de baixa renda), não há muitos estudos que avaliem sua integração à universidade, em termos institucionais, interpessoais e acadêmicos. A política de expansão universitária no país (MEC, 2007; Petruccelli, 2004; Sampaio, 2002), que aumentou o número de instituições de ensino superior e o número de vagas universitárias, alcançando hoje 2.431 instituições e cerca de 3 milhões de alunos, não foi acompanhada de uma política sistemática de apoio aos novos alunos. Considerando que o cenário atual de trabalho hoje se caracteriza por baixo dinamismo na criação de oportunidades de inserção e manutenção no mercado de trabalho, que as exigências são cada vez maiores sobre a formação e a qualificação dos profissionais (Sampaio, 2002) e que as funções da universidade não são apenas a profissionalização, mas também a produção de ciência, a oferta de cultura e a formação plena do indivíduo (Pires, 1997; Santos, 2005), entre outras, a simples ampliação e democratização do acesso à universidade não cumprem as expectativas de melhor preparação global dos jovens para o mundo produtivo.

Inicialmente, com relação aos estudantes estrangeiros, na literatura internacional, eles têm sido foco de diversos estudos, pois os pesquisadores consideram a adaptação à nova cultura e ao novo ambiente um importante processo psicossocial que pode afetar de diferentes maneiras o desempenho e o desenvolvimento de um indivíduo (Duru; Poyrazli, 2007). O aluno estrangeiro vivencia uma série de experiências singulares que exigem adaptação rápida e são potencialmente estressoras (Gunter; Gunter, 1986). Pesquisas que têm buscado compreender os fatores que afetam a adaptação de alunos internacionais no contexto dos Estados Unidos indicam que muitos estudantes experimentam o choque cultural, confusão sobre expectativas de papel no novo país, perda de suporte social, alienação e discriminação (Constantine; Kindaichi *et al.*, 2005; Wei *et al.*, 2007).

A transição para a nova cultura requer dois processos de adaptação paralelos: psicológico e sociocultural (Wang; Mallinckrrodt, 2006). A adaptação psicológica refere-se ao bem-estar psicológico e emocional, usualmente avaliado por meio da autorreferência de sintomas psicológicos e estresse percebido. É afetada por fatores de personalidade, estratégias de *coping* e suporte social disponível. A adaptação sociocultural refere-se à habilidade de adquirir e expressar competências culturais apropriadas e comportamentos que se ajustam à cultura majoritária. Envolve aprendizado cultural e aquisição de competências sociais e depende mais de fatores como tempo de vivência na nova cultura, conhecimento cultural e habilidade com o idioma. Obviamente, os processos psicológicos e socioculturais de adaptação estão estreitamente relacionados.

Nilsson e Anderson (2004) indicam que o grau de dificuldade experienciado pelos estudantes internacionais tende a estar associado com quão diferente é a cultura de origem do estudante da cultura em que ele está inserido. Na Teoria de Schlossberg sobre transição (em Gunter; Gunter, 1986), são indicados três grupos de fatores que interagem e produzem adaptação ou falha de adaptação: as próprias características da transição, as características dos suportes sociais anteriores e posteriores à transição e as características do indivíduo. Embora alguns estudantes internacionais concluam os estudos sem muitas dificuldades, outros experimentam problemas, como pouca integração social, dificuldades com tarefas diárias, saudades de casa, preocupações acadêmicas, depressão, ansiedade e dificuldades de adaptação cultural (Constantine; Anderson, Berkel; Caldwell; Utsey, 2005; Wang; Mallinckodt, 2006). Em função disso, estudantes estrangeiros (inclusive no Brasil) deveriam ser acompanhados, a fim de identificar fatores facilitadores dessa transição e minimizar o estresse ou outros problemas.

O processo de aprendizado de novos significados e habilidades, paralelo ao sentimento de ser aceito, provoca no estrangeiro a tensão entre o empenho para uma maior adaptação sociocultural e a preservação da identidade com seu país de origem (Sarriera *et al.*, 2005). A aculturação é o termo definido para descrever o processo de mudança cultural que se dá quando pessoas ou grupos entram em contato regular com outra cultura diferente da qual procedem, na qual têm de se adaptar por determinado tempo e refazer sua vida (Duru; Poyrazli, 2007; Sarriera, 2000, 2003). Segundo Sarriera (2003), o estudo da aculturação evoluiu de um modelo bidimensional, em que o sujeito deveria afastar-se de sua cultura de origem para adotar os novos valores culturais e ser considerado adaptado, para modelos mais interativos, em que é considerada uma constante inter-relação entre o indivíduo e o novo contexto, que modifica ambos. Assim, a aculturação é um processo complexo e dinâmico, de abandono e manutenção das características culturais originais e de interação entre grupos culturais diferentes, no qual um e outro provocam mudanças e influenciam no modo como cada grupo tenderá a interagir no futuro (Macedo, 2005).

Deixar o que é familiar ao indivíduo, os símbolos conhecidos de interação social da sua cultura, pode provocar sentimentos de não pertencer ao novo contexto e também de menos-valia. Chama-se *estresse aculturativo* (Constantine; Kindaichi *et al.*, 2005; Duru; Poyrazli, 2007; Wang; Mallinkridt, 2006) as consequências sociais e psicológicas negativas que decorrem de mudanças desse tipo. Muitas pessoas que viajam a outro país para trabalhar ou estudar por um período significativo de tempo passam por esse período de choque cultural, de ajuste ao novo contexto. Em uma cultura nova, inicialmente há um senso de excitação e antecipação e, mais tarde, descobre-se que as diferenças percebidas entre o país de origem e o atual podem ser frustrantes.

Como referido anteriormente, o nível de desorientação depende do *background* e das experiências passadas de cada um, e as pesquisas também apontam que o tempo de inserção na nova cultura, as características do novo ambiente e a percepção de aceitação na nova cultura também são fatores importantes nesse aspecto (Constantine; Anderson *et al.*, 2005; Nilsson; Anderson, 2004; Sarriera, 2000). Alguns estudos referem que o processo de adaptação a uma cultura diferente requer certa disposição ou tendência a enfrentar riscos (Macedo, 2005), e depende também de características demográficas e sociais do indivíduo (Wang; Mallinckrodt, 2006). Idade, recursos financeiros, gênero, nível de escolaridade e experiências interculturais anteriores à entrada na nova cultura são prováveis moderadores do processo de aculturação e dos resultados obtidos. Assim, indivíduos com maior experiência em viagens por culturas diferentes teriam maior habilidade para adaptar-se ao novo contexto cultural e, dessa maneira, experienciar menor estresse aculturativo se comparados com aqueles que nunca viajaram para fora de seu país (Wang; Mallinckrodt, 2006).

Diversos estudos apontam a inter-relação entre aculturação e variáveis psicológicas, acadêmicas e sociais, entre outras. A aculturação foi uma importante variável preditora de ajustamento sociocultural e sintomas psicológicos no estudo de Wang e Mallinckrodt (2006). Wei e colaboradores (2007) ainda encontraram efeitos significativos do estresse de aculturação na depressão de estudantes internacionais. Apesar de não encontrarem diferenças significativas em relação ao gênero ou à idade, Duru e Poyrazli (2007), em seu estudo, obtiveram como resultado que uma fraca rede social, dificuldades de ajustamento, entre outros fatores demográficos e de personalidade, foram preditores de estresse de aculturação. Em relação às questões mais acadêmicas e à formação profissional, Nilsson e Anderson (2004) fizeram uma pesquisa com alunos internacionais em formação em aconselhamento nos Estados Unidos, e os resultados indicaram que esses estudantes, com menor grau de aculturação, em geral, enfrentavam mais dificuldades, sentiam-se menos eficientes trabalhando com clientes e supervisores, percebiam maior necessidade de discutir questões culturais na supervisão e apresentavam mais incertezas e maior ambiguidade sobre a natureza da relação de supervisão do que estudantes aculturados.

Esse estudo indicou a necessidade de os professores e supervisores de alunos estrangeiros, em qualquer área, buscarem definir claramente as expectativas sobre eles, auxiliando-os no desenvolvimento de habilidades.

O despreparo dos estudantes estrangeiros em relação à vida no exterior contribui para que as dificuldades sejam percebidas de uma maneira mais intensa e de modo mais negativo. Comparando estressores acadêmicos e reações a estresse em estudantes americanos e internacionais, Misra e Castillo (2004) obtiveram resultados que reforçam a necessidade de levar em consideração as diferenças culturais na percepção do estresse. Os estudantes internacionais percebem mais estressores acadêmicos quando enfrentam também dificuldades de ajustamento e adaptação, produzidas por fatores ligados à frustração (atrasos, falta de recursos, fracasso escolar e sensação de isolamento social), à pressão (competição, prazos, trabalhos, responsabilidades e sobrecarga) e a mudanças (muitas mudanças e mudanças abruptas) (Misra *et al.*, 2003).

Além dessas dificuldades, a adaptação à universidade pelos alunos internacionais muitas vezes envolve, ainda, aspectos ligados ao relacionamento com os professores (Subuhana, 2007). Em diferentes países, a relação dos docentes com os alunos pode ser mais ou menos próxima, e os estudantes estrangeiros precisam se acostumar e adaptar-se ao novo estilo de lecionar, aos métodos de avaliação e ainda desenvolver estratégias para satisfazer as exigências acadêmicas. Esses estudantes frequentemente têm fortes expectativas de sucesso acadêmico; eles podem perceber as expectativas sociais da família ou a importância do bom desempenho acadêmico e se sentirem pressionados a ter sucesso (Wei *et al.*, 2007). No entanto, se os estudantes internacionais percebem que há um suporte disponível para lidar com suas dificuldades, eles sentem-se menos pressionados e percebem menos dificuldades (Misra *et al.*, 2003).

A preocupação das universidades em oferecer um ensino de qualidade implica considerar as variáveis envolvidas, e o bem-estar dos estudantes é um elemento-chave nesse processo (Schleich; Polydoro; Santos, 2006). Assim, é preciso estar atento ao papel desempenhado pela rede de relações sociais no contexto de sala de aula e na vida acadêmica, bem como reconhecer que a aprendizagem é facilitada ou prejudicada pelas emoções (Ruiz, 2003). A depressão é frequentemente listada como uma das principais preocupações entre estudantes internacionais que buscam auxílio nos centros universitários dos EUA. Para essa população, um dos fatores de vulnerabilidade ligados à depressão é o estresse aculturativo (Duru; Poyrazli, 2007; Moradi; Risco, 2006; Wang; Mallinckrodt, 2006; Wei *et al.*, 2007). As fontes desse estresse incluem pressões acadêmicas, sentimentos de inferioridade, dificuldades de adaptação à alimentação e aos valores sociais, falta de apoio, percepção de discriminação e saudade de casa (Wei *et al.*, 2007).

Discriminação étnica percebida é vista como um importante estressor com efeitos adversos na adaptação, no bem-estar e na saúde mental de minorias raciais e étnicas (Lee, 2005; Moradi; Risco, 2006). Os estudos de Lee (2005) e Moradi e Risco (2006), em suas revisões de literatura sobre o tema, citam diversas pesquisas com diferentes grupos de estudantes internacionais que avaliaram a relação entre percepção de discriminação e bem-estar psicológico. Os resultados apontaram a forte influência da primeira variável sobre a segunda, indicando a necessidade de considerar essa relação ao trabalhar e interagir com minorias étnicas. E a importância de avaliar a discriminação percebida justifica-se no fato de que, mesmo entre membros de uma mesma população minoritária, algumas pessoas têm mais facilidade para detectar que são discriminados do que outras, em função de características e experiências pessoais. O estudo de Subuhana (2007), desenvolvido no Brasil, também investigou os aspectos da discriminação percebida pelas entrevistas. Entre os estudantes que reconheceram já ter passado pessoalmente por discriminação no Brasil (mais especificamente no Rio de Janeiro), alguns avaliaram que o preconceito aqui é mais socioeconômico do que racial. A mesma pesquisa avaliou que a imagem que o brasileiro constrói sobre o negro estrangeiro varia de acordo com o continente de que provém. As representações construídas sobre os negros africanos são bem negativas, geralmente associadas à vida na selva, entre elefantes, guerras, pobreza e miséria, o que faz que eles sejam sujeitos a ações preconceituosas e estigmatizantes (Subuhana, 2007).

Para lidar com os efeitos do estresse aculturativo, falta de planejamento, discriminação e outras dificuldades de adaptação, estudos apontam fatores que agem como protetores para o bem-estar dos alunos internacionais, como forte identidade étnica e suporte social entre pares e amigos (Duru; Poyrazli, 2007; Lee, 2005; Mira *et al.*, 2003). Suporte social é um importante recurso de *coping* para estudantes que experienciam mudanças como adaptação a uma cultura não familiar. Uma boa rede de apoio social é facilitadora de um processo de adaptação adequado. No entanto, as pessoas também criam e percebem sua rede de apoio de formas diferentes. Duru e Poyzarli (2007) trazem em seu estudo o conceito de *conectividade social*, que é um aspecto subjetivo. Algumas pessoas sentem uma relação próxima com outros membros da família, amigos, colegas, e até estranhos; enquanto outras podem não sentir essa relação. Esse sentimento de conexão é mais uma variável importante que influencia a adaptação de alunos em um contexto desconhecido, e que merece atenção tanto nas pesquisas quanto nas intervenções realizadas junto a estudantes estrangeiros.

Embora no âmbito internacional estudos sobre alunos estrangeiros e serviços específicos voltados às necessidades desse público já existam há algum tempo, no Brasil a preocupação com os estudantes internacionais ainda é pequena. Uma possível explicação para o baixo interesse por essa temática é que, provavelmente, a proporção de estudantes estrangeiros em relação ao total de estudantes de ensino superior não seja significativa a ponto de chamar a atenção dos gestores para as dificuldades e necessidades desse segmento da população estudantil. De fato, pesquisas sobre a população de estudantes universitários no Brasil, mesmo de estudantes "típicos", ainda são pouco numerosas quando comparadas com o volume de pesquisas feitas no exterior. A presença sistemática de estudantes internacionais no contingente de alunos de graduação no Brasil, porém, não é tão recente. O Programa Estudante Convênio-Graduação (PEC-G), um programa de cooperação educacional internacional, coordenado pelos Ministérios da Educação e das Relações Exteriores dos países envolvidos e que conta com a participação das universidades, existe desde 1964.

A sistemática de distribuição de vagas do PEC-G, em muitos casos, não favorece a adaptação do estudante no novo país. Inicialmente, as universidades conveniadas disponibilizam vagas e são feitos contatos entre os Ministérios responsáveis nos países. O candidato então indica suas preferências por curso, mas caso não haja vaga no curso pretendido ou não seja selecionado, existe a possibilidade de o candidato ser realocado em algum outro curso. Isso faz que muitos estudantes venham ao Brasil para estudarem em cursos que não são compatíveis com seus interesses, o que por si só já pode ser um aspecto desfavorável à adaptação. Uma vez no Brasil, o estudante estrangeiro do convênio PEC-G deve seguir um conjunto de normas que constam no Manual do Estudante-Convênio Graduação (MEC, 1994), entre as quais se destacam a proibição de exercer atividades remuneradas no Brasil, a proibição de ser reprovado em mais de uma disciplina por semestre ou de ser reprovado em uma mesma disciplina duas vezes, e a obrigatoriedade de deixar o país em, no máximo, três meses após o término da graduação.

Existem poucos estudos brasileiros enfocando as experiências de universidade e sociais de estudantes do PEC-G no Brasil. Em um estudo sobre a experiência aculturativa de estudantes internacionais na cidade de Porto Alegre, Sarriera e colaboradores (2002) avaliaram doze aspectos de adaptação em um grupo de alunos do PEC-G provenientes da África (idioma, moradia/habitação, alimentação, família, amizades, vida acadêmica, atividades produtivas, lazer, religião, tradição/costumes, saúde/assistência e cidadania). Os autores verificaram maiores dificuldades em questões como moradia, cidadania e família. Por outro lado, idioma, alimentação, religião e saúde/assistência foram considerados de menor dificuldade pelos participantes. Os fatores que mais contribuíram para o desajustamento foram o sentimento de distância da família de origem, a precariedade da rede de relações sociais e a dupla discriminação social, em função de serem estrangeiros e africanos.

Em outra pesquisa realizada na Universidade Federal do Rio Grande do Sul, também na cidade de Porto Alegre, verificou-se que os maiores problemas enfrentados pelos estudantes internacionais se relacionavam à moradia, comida e instabilidade do clima (Andreatta, 1990). Outros resultados do estudo foram semelhantes aos de Sarriera e colaboradores (2002), nos quais se observou ainda um grande despreparo dos alunos para a experiência de viver no exterior: por exemplo, muitos não tinham sequer ideia de onde se localizava a cidade de Porto Alegre quando foram selecionados através do PEC-G (Andreatta, 1990). Esses resultados apontam para a necessidade de preparar esses alunos nos países de origem, para a experiência de estudar no exterior, por seminários, encontros com ex-intercambistas, *workshops* etc. Essas iniciativas poderiam minimizar as dificuldades enfrentadas pelos alunos.

Mais recentemente, o estudo de Andrade (2007) com alunos africanos e latino-americanos da Universidade Federal do Rio Grande do Sul (em Porto Alegre) buscou avaliar o nível global de adaptação e integração dos mesmos ao novo contexto de vida, além de identificar dificuldades percebidas de adaptação e integração ao ambiente universitário e à comunidade, níveis de satisfação de vida e depressão. Embora a maior parte dos alunos tenha referido estar razoavelmente adaptado (55,2%) e satisfeito ou muito satisfeito (48,3%), houve diferenças étnicas, em que os alunos de origem africana referiram estar menos adaptados e satisfeitos ao atual contexto. Ainda, as maiores dificuldades foram observadas quanto à manutenção do vínculo familiar, a cuidados com a saúde e moradia. Todos os alunos da amostra referiram ser necessário um serviço de apoio específico ao estudante internacional por causa da falta de orientação na chegada à cidade brasileira, das diferenças culturais com as quais têm de lidar e da falta de um espaço ou serviço que ouça suas dificuldades e favoreça a convivência e integração dos alunos à universidade e aos demais integrantes da instituição.

Ao escolher um país para estudar, os alunos internacionais muitas vezes percebem o Brasil com algumas vantagens por causa da imagem do país no exterior, do idioma e de aspectos sociais, econômicos, educacionais ou culturais comuns ao país de origem do estudante. Em um estudo com alunos do PEC-G provenientes de Moçambique e que estudavam na cidade do Rio de Janeiro, Subuhana (2007) identificou que a língua portuguesa era um fator de interesse pelo país, juntamente a uma imagem idealizada de que o Brasil seria um lugar de desenvolvimento, progresso e oportunidades. Percebe-se, assim, que muitas vezes falta ao estudante estrangeiro uma visão mais realista do que vai encontrar no país, o que pode provocar frustração de expectativas e dificuldades de adaptação.

Além da falta de informações sobre o país, o despreparo dos alunos estrangeiros também se dá no âmbito vocacional. Muitos vêm buscar uma formação superior, mas não chegam a ter um projeto profissional bem definido, que os auxilie a dar um sentido positivo à experiência de estudar e viver no exterior e assim enfrentar melhor as inevitáveis dificuldades. Essa falta de sentido pode gerar desmotivação, insatisfação e até mesmo insucesso e abandono do curso (Almeida; Soares; Ferreira, 2002). O estudo de Subuhana (2007) mostrou que, para alguns grupos de estrangeiros, estudar no Brasil virou "moda", e assim o fato de já terem familiares ou amigos aqui se torna um critério de escolha mais relevante do que o curso em si. Assim, é necessário auxiliar os alunos estrangeiros a desenvolverem um projeto profissional e de vida adequado a suas aspirações e seus contextos de vida, sob pena de abandonarem os estudos ou subaproveitarem essa experiência de vida no exterior. Sentimentos, necessidades e metas são elementos importantes na determinação do comportamento e do desempenho do estudante (Gong; Fan, 2006; Ruiz, 2003), e precisam ser levados em consideração na construção do projeto profissional. Além disso, elaborar um projeto profissional ao longo da formação também indica sucesso da experiência na universidade, e não apenas a aprovação nas disciplinas ou a obtenção do diploma.

Embora muitas instituições, especialmente no exterior, ofereçam programas ou serviços voltados a facilitar a integração do estudante à vida acadêmica (Almeida *et al.*, 2002; Polydoro *et al.*, 2001), esses serviços ainda são pouco procurados por estudantes internacionais, em virtude da preferência por buscar auxílio com familiares e amigos (evitando assim o estereótipo de procurar um serviço psicológico), do fato de acharem que estariam importunando o serviço se levassem seus problemas até ele e também da crença de que o aconselhamento traria pouco benefício (Andreatta, 1990; Constantine, Anderson *et al.*, 2005;

Merta Ponterotto Brown, 1992; Wei *et al.*, 2007). Buscar um serviço de aconselhamento seria uma última alternativa, e ainda assim possivelmente uma experiência desconfortável em virtude de ter de revelar suas dificuldades a um estranho (Constantine Kindaichi *et al.*, 2005; Merta *et al.*, 1992).

A percepção de falta de apoio e a hesitação em conversar com os outros sobre suas dificuldades pode produzir consequências negativas em cascata. Por exemplo, é possível que o estudante comece a guardar seus sentimentos e sua decepções consigo mesmo, tornando-se vulnerável à somatização e à depressão (Wei et al., 2007). Muitos estudantes internacionais, assim, tenderiam a buscar um serviço de saúde em vez de buscar um auxílio psicológico ou de aconselhamento quando se percebem sob estresse (Misra; Castilho, 2004). No entanto, quando o aluno internacional procura o centro universitário de aconselhamento ou orientação, muitas vezes o serviço não está preparado para lidar com as questões culturais e específicas que envolvem a demanda do aluno estrangeiro, seja por falta de conhecimento ou de estrutura da universidade para atender essa população. Apesar disso, pesquisas realizadas no Brasil mostram que os estudantes internacionais gostariam que lhes fosse dada mais atenção, com a criação de espaços de convivência e serviços de apoio que possam lhes oferecer assistência social, cultural e orientação de carreira (Andrade, 2007; Andreatta, 1990).

Mas a preocupação com o aluno internacional não é a única que deve nortear a criação de serviços de apoio e incentivo à integração. Os chamados "alunos minoritários" brasileiros também se encontram majoritariamente desassistidos pela universidade. Esse fato parece contraditório se pensarmos que há um esforço político e social pela inclusão de jovens de diferentes níveis socioculturais e étnicos no ensino superior e que a manutenção desses jovens nas instituições foi um compromisso assumido pelo Ministério da Educação.

As ferramentas de ação afirmativa para inclusão de alunos minoritários no ensino superior brasileiro diversificam ainda mais o perfil do aluno universitário e trazem novos desafios ao entendimento da adaptação acadêmica. É notória a sub-representação de alunos de escolas públicas e alunos negros e índios na universidade brasileira (Guimarães, 2003; Henriques, 2001). Por exemplo, sabe-se que menos de 15% dos brasileiros entre 18-24 anos estão na universidade, entretanto, entre os negros, não passam de 2,3%. Entre os estudantes que concluem o ensino superior, apenas 14,3% são pardos ou negros (Araújo; Araújo, 2003), índice que se mantém estável desde a década de 1990, mesmo com o aumento do número de alunos universitários. Nesse sentido, e partindo-se do pressuposto de que a educação é o ponto fundamental da mobilidade social ascendente no Brasil (Pastore; Silva, 2000), há alguns anos vêm sendo implementadas ações afirmativas para corrigir essa distorção.

As chamadas ações afirmativas, segundo Bernardino (2002), são políticas públicas ou privadas de combate à desigualdade estrutural (social e econômica) de determinados grupos ou pessoas mais vulneráveis à discriminação, como minorias étnicas, raciais ou sexuais. As principais áreas contempladas são o mercado de trabalho, com a contratação, qualificação e promoção de funcionários; o sistema educacional, especialmente o ensino superior; e a representação social e política. São medidas de caráter temporário, que momentaneamente privilegiam os que estão em desvantagem em busca de equilíbrio, cujo tempo de vigência varia conforme os objetivos ou a situação específica em que se intervém.

No âmbito do ensino superior, a partir da medida provisória n. 63, de 26 de agosto de 2002, assinada pelo presidente da República, criou-se o Programa Diversidade na Universidade, com a finalidade de implementar e avaliar estratégias para a promoção do acesso ao ensino superior de pessoas pertencentes a grupos socialmente desfavorecidos, especialmente dos afrodescendentes e dos indígenas brasileiros (Guimarães, 2003). Hoje existem várias formas de ação afirmativa voltadas para o ensino superior, como o PROUNI (Programa Universidade para Todos), que fornece bolsas de estudo para alunos carentes nas instituições privadas, e o FIES (Programa de Financiamento Estudantil), que financia a formação de alunos de baixa renda. Ainda, dentro do conjunto de estratégias para aumentar a representatividade dos alunos de baixa renda e oriundos de minorias na universidade, juntamente aos cursos pré-vestibulares inclusivos e gratuitos, está o sistema de cotas, que reserva vagas nas universidades públicas e privadas para alunos negros, índios e oriundos de escola pública. No entanto, o debate sobre a adoção do sistema de cotas nas universidades existe no Brasil desde o final dos anos 1990, e algumas universidades brasileiras já adotam o sistema desde o início dos anos 2000, entre elas a Universidade Estadual do Rio de Janeiro (UERJ), a Universidade do Estado da Bahia (UNEB), a UNB e a UFBA (Queiroz; Santos, 2006). Segundo levantamento de Guarnieri (2008), até o segundo semestre de 2008, havia 43 instituições superiores com algum programa de reserva de vagas em vigor no Brasil.

A produção de conhecimento sobre o impacto dessas ações afirmativas, no entanto, é bastante incipiente. Mesmo nos EUA, onde as políticas de favorecimento da maior representatividade das minorias (especialmente raciais) já completam quarenta anos, somente a partir dos anos 1990 os estudos passaram a ser mais sistemáticos (Moehlecke, 2004). Entre os três diferentes âmbitos de discussão teórica sobre o tema, um estudo de revisão feito por Guarnieri e Melo-Silva (2007) apontou que, nos EUA, havia a tendência em deixar a discussão sobre a dicotomia "contra ou a favor" das ações afirmativas e passar à discussão sobre as definições de diversidade e seu impacto sobre as políticas, tendência oposta àquela observada nos estudos brasileiros; o terceiro âmbito, de discussões dialéticas sobre o tema, ainda era pouco frequente, tanto no contexto americano quanto no brasileiro.

A discussão nacional acerca do sistema de cotas, segundo um estudo de Ferreira e Mattos (2007) que analisou artigos de jornais e revistas sobre o tema, costuma compreender majoritariamente seis âmbitos: ético/jurídico (questões sobre os princípios de igualdade); étnico (dificuldade de classificação racial); político/assistencial (políticas universais ou políticas específicas); ideológico (questão do mérito pessoal); pedagógico (qualidade do ensino e integração do aluno no sistema de cotas) e das relações raciais (modificação na percepção racial e relações sociais). Ainda alguns estudos empíricos desenvolvidos sobre o tema costumam avaliar o apoio ou rejeição à política de cotas (Brandão; Marins, 2007; Guarnieri, 2008; Vasconcelos; Silva, 2005), normalmente com resultados contraditórios. A dimensão pedagógica engloba os temas de interesse para a área do desenvolvimento vocacional e de carreira: como se dá a adaptação acadêmica e social do aluno cotista e quais variáveis possuem um impacto positivo sobre essa adaptação. Nessa dimensão, os estudos são ainda mais escassos.

Entre os poucos estudos sobre o tema a partir dessa dimensão, Queiroz e Santos (2006) observaram que, além de efetivamente aumentar de 38% para 51% a participação de alunos da rede pública na UFBA, inclusive em cursos de maior prestígio, os resultados dos cotistas em termos de desempenho se aproximavam e muitas vezes ultrapassavam os resultados dos alunos não cotistas, apesar das médias mais baixas no exame vestibular. Guimarães (2003) aponta que questões como tempo de preparação e motivação, apoio familiar e comunitário interferem no desempenho do vestibular, também sendo possível que interfiram no desempenho ao longo do curso entre os cotistas. Ainda, talvez o sentimento de baixa autoconfiança e baixa autoestima dos membros de grupos minoritários ao enfrentarem situações de grande competitividade seja responsável por um menor engajamento do aluno cotista, tanto acadêmica quanto socialmente, trazendo prejuízos à adaptação. O estudo de Guarnieri (2008) aponta, inicialmente, que há muito desconhecimento sobre o funcionamento das políticas de cotas e outras formas de acesso e permanência na universidade, enfatizando a necessidade de maior disseminação de informações, principalmente entre os jovens. Essa falta de informação consistente, tanto de quem é favorecido quanto de quem não é favorecido pelas políticas de cotas pode ser parcialmente responsável por eventuais problemas de integração e autoestima apresentados por esses alunos.

Por isso, Munanga (2001) enfatiza a importância de a universidade, com seus recursos humanos, criar serviços e estratégias para remediar as eventuais lacunas dos alunos cotistas. Guarnieri (2008) recomenda, como possibilidades de investigação, a comparação do impacto de diferentes modalidades de cotas, estudos longitudinais que acompanhem alunos cotistas, durante e após a graduação, entre outras, para compreender as particularidades do desenvolvimento pessoal e de carreira do aluno cotista. No entanto, como o ingresso de alunos cotistas ainda é uma realidade recente na universidade brasileira, não se conhece exatamente as semelhanças ou particularidades da experiência universitária do aluno cotista em comparação ao aluno regular. Nesse sentido, percebe-se a carência de um corpo de literatura que aponte direções de ação para as instituições, tanto em termos de políticas de integração quanto de serviços de apoio às dificuldades e barreiras enfrentadas por esses estudantes.

O aluno universitário brasileiro há muito tempo já não corresponde ao perfil do jovem branco de classe média ou média alta, com boa formação escolar de base, que compartilha interesses, valores e projetos profissionais de forma homogênea. Há uma diversidade étnica, racial, de orientação sexual, etária e social que precisa ser contemplada nas políticas educacionais, a fim de oferecer ao aluno um ambiente real de desenvolvimento e aperfeiçoamento cognitivo e pessoal e que não favoreça a sectarização e a discriminação. Isso vale tanto para o aluno estrangeiro como para o aluno brasileiro oriundo de minorias.

REFERÊNCIAS

ALLEN, W. R. *College in Black and White*: African American students in predominantly white and in historically black public universities. Nova Iorque: State University of New York Series: Frontiers in Education, 1991.

ALMEIDA, L. S.; SOARES, A. P. Os estudantes universitários: Sucesso escolar e desenvolvimento psicossocial. In: MERCURI, E.; POLYDORO, S. A. J. (ed.) *Estudante universitário*: características e experiências de formação. Taubaté: Cabral Editora: Livraria Universitária, 2003, p. 15-40.

ALMEIDA, L. S.; SOARES, A. P. C.; FERREIRA, J. A. Questionário de vivências acadêmicas (QVA-r): avaliação do ajustamento dos estudantes universitários. *Avaliação Psicológica*, vol. 1, n. 2, 2002, p. 81-93.

ANDRADE, A. M. J. *Adaptação e integração de estudantes-convênio graduação à UFRGS*. Monografia de especialização do curso de Orientação de Carreira da Universidade Federal do Rio Grande do Sul. Porto Alegre, RS, 2007.

ANDREATTA, S. F. O. *Percepção dos estudantes universitários da graduação Alunos-Convênio da UFRGS*. Porto Alegre: Sem editora, 1990.

ARAÚJO, U. C.; ARAÚJO, C. H. *Desigualdade racial e desempenho escolar*. 2003. Disponível em: www.inep.gov.br/imprensa/artigos/araujo_ubiratan.htm. Acesso em: 25 de abril de 2006.

BARDAGI, M. P. *Evasão e comportamento vocacional de universitários*: estudos sobre o desenvolvimento de carreira na graduação. 2007. Tese (Mestrado em Psicologia). Universidade Federal do Rio Grande do Sul. Porto Alegre.

BENTON, S. A.; ROBERTSON, J. M.; TSENG, W.; NEWTON, F. B.; BENTON, S. L. Changes in counseling center client problems across 13 years. *Professional Psychology*: Research and Practice, vol. 34, n. 1, 2003, p. 66–72.

BERNARDINO, J. Ação afirmativa e a rediscussão do mito da democracia racial no Brasil. *Estudos Afro-Asiáticos*, vol. 24, n. 2, 2002, p. 247-273.

BRANDÃO, A. A.; MARINS, M. T. A Cotas para negros no Ensino Superior e formas de classificação racial. *Educação e Pesquisa*, vol. 33, n. 1, 2007, p. 27-45.

CONSTANTINE, M. G.; ANDERSON, G. M.; BERKEL, L. A.; CALDWELL, L. D.; UTSEY, S. O. Examining the cultural adjustment experiences of African international college students: a qualitative analysis. *Journal of Counseling Psychology*, vol. 52, n. 1, 2005, p. 57-66.

CONSTANTINE, M. G.; KINDAICHI, M.; OKAZAKI, S.; GAINOR, K. A.; BADEN, A. L. A qualitative investigation of the cultural adjustment experiences of Asian international college women. *Cultural Diversity and Ethnic Minority Psychology*, vol. 11, n. 2, 2005, p. 162-175.

DURU, E.; POYRAZLI, S. Personality dimensions, psychosocial-demographic variables, and English language competency in predicting level of acculturative stress among Turkish international students. *International Journal of Stress Management*, vol. 14, n. 1, 2007, p. 99-110.

ESBROECK, R. V.; WATTS, T. New skills for a holistic careers guidance model. *The International Careers Journal*, 1998. Disponível em: http://213.130.37.89/article.php3?num=6. Acesso em: 13 de janeiro de 2003.

FERREIRA, J. A.; ALMEIDA, L. S.; SOARES, A. P. C. Adaptação acadêmica em estudante do 1º ano: diferenças de gênero, situação de estudante e curso. *PsicoUSF*, vol. 6, n. 1, 2001, p. 1-10.

FERREIRA, R. F.; MATTOS, R. M. O afro-brasileiro e o debate sobre o sistema de cotas: Um enfoque psicossocial. *Psicologia: Ciência e Profissão*, vol. 27, n. 1, 2007, p. 46-63.

GONG, Y.; FAN, J. Longitudinal examination of the role of goal orientation in cross-cultural adjustment. *Journal of Applied Psychology*, vol. 91, n. 1, 2006, p. 176-184.

GUARNIERI, F. V. *Cotas universitárias:* perspectivas de estudantes em situação de vestibular. 2008. Tese (Mestrado em Psicologia e Educação). Universidade de São Paulo. Ribeirão Preto.

GUARNIERI, F. V.; MELO-SILVA, L. L. Ações afirmativas na educação superior: rumos da discussão nos últimos cinco anos. *Psicologia & Sociedade*, vol. 19, n. 2, 2007, p. 70-78.

GUIFFRIDA, D. African American student organizations as agents of social integration. In: *Journal of College Student Development*, vol. 44, 2003, p. 304-319.

_____. Othermothering as a framework for understanding African American students' definitions of student-centered faculty. In: *Journal of Higher Education*, vol. 76, 2005, p. 88-98.

_____. Friends from home: asset and liability to African American students attending a predominantly White institution. In: *NASPA Journal*, vol. 4, 2004, p. 693-708.

GUIMARÃES, A. S. A. Acesso de negros às universidades públicas. *Cadernos de Pesquisa*, vol. 118, 2003, p. 247-268.

GUIZONI, L. D.; TELES, M. M. R. Escolha e re-escolha profissional: Um estudo sobre estudantes universitários noturnos. In: LASSANCE, M. C. P. et al. (ed.) *Intervenção e compromisso social*: orientação profissional - teoria e técnica, vol 2. São Paulo: Vetor, 2005, p. 291-301.

GUNTER, I. A.; GUNTER, H. Desenvolvimento adulto entre estudantes brasileiros nos EUA: em busca de um modelo. *Estudos de Psicologia*, Campinas, vol 3, n. 1:2, 1986, p. 84-105.

HENRIQUES, R. Desigualdade racial no Brasil: evolução das condições de vida na década de 90. Brasília. *Texto para discussão*, n. 807, 2001.

LEE, R. M. Resilience against discrimination: ethnic identity and other-group orientation as protective factors for Korean Americans. *Journal of Counseling Psychology*, vol. 52, n. 1, 2005, p. 36-44.

LEHMAN, Y. P. *Estudo sobre evasão universitária:* as mudanças de paradigmas na educação e suas consequências. 2005. Tese (Livre-Docência em Psicologia Social e do Trabalho). Universidade de São Paulo. São Paulo.

LUCAS, M. S.; BERKEL, L. A. Counseling needs of students who seek help at a university counseling center: A closer look at gender and multicultural issues. *Journal of College Student Development*, vol. 46, n. 3, 2005, p. 251-266.

MACEDO, V. M. V. Análisis de la relación existente entre aculturación y nacionalidad. *Revista de la Unión Latinoamericana de Psicología*, vol. 3, 2005. Disponível em: www.psicolatina.org. Acesso em: 04 jul. 2007.

MERCURI, E.; POLYDORO, S. A. J. (ed.) *Estudante universitário*: características e experiências de formação. Taubaté: Cabral, 2003a.

MERCURI, E.; POLYDORO, S. A. J. O compromisso com o curso no processo de permanência/evasão no Ensino Superior: algumas contribuições. In: MERCURI, E.; POLYDORO, S. A. J. (ed.) *Estudante universitário*: características e experiências de formação. Taubaté: Cabral, 2003b, p. 219-236.

MERTA, R. J.; PONTEROTTO, J. G.; BROWN, R. D. Comparing the effectiveness of two directive styles in the academic counseling of foreign students. *Journal of Counseling Psychology*, vol. 39, n. 2, 1992, p. 214-218.

MINISTÉRIO DA EDUCAÇÃO. *Manual do Estudante-Convênio Graduação*, 1994.

_____. *MEC/INEP/Censo da Educação Superior*, 2007.

MISRA, R.; CASTILHO, L. G. Academic stress among college students: comparison of American and international students. *International Journal of Stress Management*, vol. 11, n. 2, 2004, p. 132-148.

MISRA, R.; CRIST, M.; BURANT, C. J. Relationships among life stress, social support, academic stressors, and reactions to stressors of international students in the United States. *International Journal of Stress Management*, vol. 10, n. 2, 2003, p. 137-157.

MOEHLECKE, S. *Fronteira da igualdade no Ensino Superior:* excelência e justiça social. 2004. Tese (Doutorado em Educação). Universidade de São Paulo. São Paulo.

MORADI, B.; RISCO, C. Perceived discrimination experiences and mental health of Latin American persons. *Journal of Counseling Psychology*, vol. 53, n. 4, 2006, p. 411-421.

MUNANGA, K. Políticas de ação afirmativa em benefício da população negra no Brasil: Um ponto de vista em defesa das cotas. *Sociedade e Cultura*, vol. 4, n. 2, 2001, p. 31-43.

NILSSON, J. E.; ANDERSON, M. Z. Supervising international students: the role of acculturation, role ambiguity, and multicultural discussions. *Professional Psychology: Research and Practice*, vol. 35, n. 3, 2004, p. 306-312.

PACHANE, G. G. A experiência universitária e sua contribuição ao desenvolvimento pessoal do aluno. In: MERDURI, E.; POLYDORO, S. A. J. (ed.) *Estudante universitário*: características e experiências de formação, Taubaté, SP: Cabral Editora: Livraria Universitária, 2004, p. 155-186.

PALMA, A. M. P. V.; PALMA, S. P. V.; BRANCALEONI, A. P. L. Prevenção à evasão no ensino superior: necessária implementação de orientação profissional a graduandos em desligamento. In: LASSANCE, M. C. P. *et al.* (ed.) *Intervenção e compromisso social*: orientação profissional - teoria e técnica, vol. 2. São Paulo: Vetor, 2005, p. 303-320.

PASTORE, J.; SILVA, N. V. *Mobilidade social no Brasil*. São Paulo: Macron Books, 2000.

PETRUCCELLI, J. L. *Mapa da cor no Ensino Superior brasileiro*. Série Ensaios & Pesquisas 1. Laboratório de Políticas Públicas. Programa Políticas da cor na educação brasileira. Brasília: Governo Federal, 2004.

PIRES, M. F. de C. O materialismo histórico-dialético e a educação. *Interface: Comunicação, Saúde e Educação*, vol. 1, n. 1, 1997, p. 83-92.

POLYDORO, S. A. J.; PRIMI, R.; SERPA, M. N. F.; ZARONI, M. M. H.; POMBAL, K. C. P. Desenvolvimento de uma escala de integração ao ensino superior. *PsicoUSF*, vol. 6, n. 1, 2001, p. 11-17.

QUEIROZ, D. M.; SANTOS, J. T. Sistema de cotas: Um debate dos dados à manutenção de privilégios e de poder. *Educação e Sociedade*, vol. 27, n. 96, 2006, p. 717-737.

RIVAS-OLMEDA, M. E. Orientación bi-cultural com latinos/as en el ambiente universitário de los Estados Unidos. In: MELO-SILVA, L. L.; SANTOS M. A.; SIMÕES J. T. *et al.* (ed.) *Arquitetura de uma ocupação – orientação profissional*: Teoria e técnica. São Paulo: Vetor, 2003, p. 35-50.

RUIZ, V. M. Motivação na universidade: uma revisão da literatura. *Estudos de psicologia*, Campinas, vol. 20, n. 2, 2003, p. 15-24.

SAMPAIO, H. *A desigualdade no acesso ao Ensino Superior:* observações preliminares sobre os afro-descendentes. NUPES. São Paulo: USP, 2002.

SANTOS, B. S. *Pelas mãos de Alice*: o social e o político na pós-modernidade. 10. ed. São Paulo: Cortez, 2005.

SANTOS, S. M. As responsabilidades da universidade no acesso ao ensino superior. In: SOARES, A. P.; OSÓRIO, A.; CAPELA, J. V.; ALMEIDA, L. S.; VASCONCELOS, R. M.; CAÍRES, S. M. (ed.) *Transição para o ensino superior*. Braga: Universidade do Minho, 2000.

SARRIERA, J. C. Educação para a integração entre culturas e povos: da aculturação para o multiculturalismo. In: SARRIERA, J. C. (Org.). *Psicologia Comunitária*: estudos atuais. Porto Alegre: Sulina. 2000.

SARRIERA, J. C. Estudios actuales sobre aculturacion en latinos: revision y nuevas perspectivas. *Revista Interamericana de Psicologia*, vol. 37, n. 2, 2003, p. 341-364.

SARRIERA, J. C.; PIZZINATO, A.; MENESES, M. P. R. Aspectos psicossociais da imigração familiar na Grande Porto Alegre. *Estudos de Psicologia*, Natal, vol. 10, n. 1, 2005, p. 5-13.

SARRIERA, J. C.; WAGNER; A., FRIZZO, K. R.; BERLIM, C. S. Experiência multicultural em um grupo de conveniados africanos do programa PEC-G. *Psico*, vol. 33, n. 2, 2002, p. 447-460.

SCHLEICH, A. L. R.; POLYDORO, S. A. J.; SANTOS, A. A. A. Escala de satisfação com a experiência acadêmica de estudantes do ensino superior. *Avaliação Psicológica*, vol. 5, n. 1, 2006, p. 11-20.

SUBUHANA, C. Estudantes Moçambicanos no Rio de Janeiro, Brasil: sociabilidade e redes sociais. *Imaginário – USP*, vol. 13, n. 14, 2007, p. 321-355.

VASCONCELOS, S. D.; SILVA, E. G. Acesso à universidade pública através de cotas: uma reflexão a partir da percepção dos alunos de um pré-vestibular inclusivo. *Ensaio: Avaliação de Políticas Públicas em Educação*, vol. 13, n. 49, 2005, p. 453-468.

VENDRAMINI, C. M. M.; SANTOS, A. A. A.; POLYDORO, S. A. J. Construção e validação de uma escala sobre avaliação da vida acadêmica (EAVA). *Estudos Psicológicos*, vol. 9, n. 2, 2004, p. 259-268.

WANG, C.; MALLINCKODT, B. Acculturation, attachment, and psychosocial adjustment of Chinese/Taiwanese international students. *Journal of Counseling Psychology*, vol. 53, n. 4, 2006, p. 422-433.

WEI, M.; HEPPNER, P. P.; MALLEN, M. J.; KU, T., LIAO K. Y.; WU, T. Acculturative stress, perfectionism, years in the United States, and depression among Chinese international students. *Journal of Counseling Psychology*, vol. 54, n. 4, 2007, p. 385-394.

Impresso por :

gráfica e editora

Tel.:11 2769-9056